2014年江苏沿海沿江发展研究报告集

主　编　成长春　周威平
副主编　陈长江　冯　俊

苏州大学出版社

图书在版编目(CIP)数据

2014年江苏沿海沿江发展研究报告集 / 成长春,周威平主编. —苏州：苏州大学出版社,2015.9
ISBN 978-7-5672-1495-8

Ⅰ.①2… Ⅱ.①成… ②周… Ⅲ.①区域经济发展－研究报告－南通市－文集②社会发展－研究报告－南通市－文集 Ⅳ.①F127.533－53

中国版本图书馆CIP数据核字(2015)第211474号

2014年江苏沿海沿江发展研究报告集

主编　成长春　周威平

责任编辑　周建国

苏州大学出版社出版发行
(地址：苏州市十梓街1号　邮编：215006)
苏州恒久印务有限公司印装
(地址：苏州市友新路28号东侧　邮编：215128)

开本 700 mm×1 000 mm　1/16　印张 16　字数 238千
2015年9月第1版　2015年9月第1次印刷
ISBN 978-7-5672-1495-8　定价：48.00元

苏州大学版图书若有印装错误,本社负责调换
苏州大学出版社营销部　电话:0512—65225020
苏州大学出版社网址　http://www.sudapress.com

目录

第一编 长江经济带研究

长江经济带协调性均衡发展的战略构想　　　　成长春 / 3

打造江海联动升级版　服务长江经济带大发展

　　　　　　　　　　　　　　　　　　　　成长春 / 17

对接长江经济带　推进跨江大融合　　　　　成长春 / 24

长江经济带产业分工合作与江苏作为

　　　　　　　　　　　　　　　　徐长乐　孟越男 / 34

长江经济带协同发展中的江苏方略

——"'一带一路'背景下长江经济带跨区域合作研讨会"

　　专家学者献策江苏发展观点综述　陈长江　杨凤华 / 48

协同打造中国经济新支撑带

——"'一带一路'背景下长江经济带跨区域合作"研讨会

　　综述　　　　　　　　　　　　　　　周威平等 / 55

推动长江经济带跨区域合作

——"一带一路"背景下长江经济带跨区域合作研讨会

　　专家观点　　　　　　　　　　　　　　王超等 / 59

长江经济带建设给南通带来的重大发展机遇　管怀鎏 / 66

优化南通长江岸线资源布局　策应长江经济带

战略实施　　　　　　　　　　　　季建林　季晶晶 / 69

第二编　沿海开发研究

江苏沿海城乡统筹与产业优化耦合　　　王玉霞　孙　林 / 85

南通沿海前沿区域产业空间布局优化研究　李　汝等 / 96

基于南通空间结构形成及演化的沿海开发研究

　　　　　　　　　　　　　　　　　　　　　王英利 / 110

南通沿海地区重点城镇差异化建设与发展研究

　　　　　　　　　　　　　　　　　　　　倪羌莉等 / 119

南通沿海各港区功能定位及错位发展、融合发展、

统筹发展研究　　　　　　　　　　　　　　王世秀 / 129

南通沿海地区盐土绿化问题研究　　　　　　丁　宁等 / 143

通州湾开发建设中项目引领与产业带动对策研究

　　　　　　　　　　　　　　　　　　杨春蕾　蒋　俊 / 152

第三编　南通经济研究

南通市海洋经济发展现状及"十三五"展望　杨凤华 / 165

南通市推进海洋经济创新发展问题研究　　崔新进等 / 183

欧洲内河开发实践对南通的启示　　　　　　冯　俊等 / 193

以"三集中"推动南通市新型城镇化研究　　陈长江 / 207

营业税改征增值税对南通地区服务业影响及对策

研究　　　　　　　　　　　　　　　　　　沈小燕等 / 220

启东市科技创新现状及政策带动效应研究　潘国红等 / 235

第一编

长江经济带研究

长江经济带协调性均衡发展的战略构想

摘　要　长江经济带的发展大致会经历"低水平均衡→非均衡→高水平均衡"的"倒U型"动态演进过程。当前长江经济带正处于向高水平均衡——"协调性均衡"演进的起步阶段，需要及时把握新常态的特征和要求，以国家促进各地区协调发展、协同发展、共同发展的新方针为统领，以推进长江经济带实现区域单元之间和区域单元内部融合发展为战略指引，以促进各地区之间形成互利共生关系为价值取向，从宏观上设计好新常态下推动长江经济带协调性均衡发展的战略愿景及对策方略。

引　言

从20世纪80年代初开始，陆大道等学者研究提出的由沿长江地带与沿海地带共同构成的"T"字型发展轴线被普遍认为是全国地域分工的核心区域，同时，由于沿长江地带横跨我国东中西三大地带，在国土开发和经济发展方面存在着明显的地域差异，因而对于沿长江地带的开发、利用及其均衡发展问题一直是政府和学术界关注的焦点。总体而言，关于长江经济带发展问题的研究进展和趋势大致可划分为以下几个时期：

一是概念萌动期。20世纪80年代初期，国务院发展研究中心原主任孙尚清在联合20余名专家、学者对长江开发进行调查研究后战略性地提出，长江综合开发必须由20世纪50至70年代的以防洪排涝为主转向以协同、有序推进航运振兴与水利水电开发为主，同时还应逐步建设一条横贯东西、带动南北的"产业密集带"。该研究中提出的"长江产业密集带"可以说是"长江经济带"较为早期的概念萌芽。

二是战略构想期。20世纪80年代末至90年代末,一些专家和学者分别从推动沿长江地带整体和局部发展的视角提出了内涵上更为丰富的"长江经济带"概念及其发展战略构想。他们指出,长江经济带是我国重要的产业带、资源带、城市带、能源带和财富聚集带,建设长江经济带既是沿海开放战略的重要支撑,又是推动中西部地区加快发展的重大举措,应遵循自然规律和经济规律,以流域为整体,加强长江沿岸地区的联合与协作。

三是成果丰富期。进入21世纪以来至长江经济带国家战略提出前,学者们开始从内部结构优化、协调发展机理等方面不断丰富对长江经济带的研究。主要包括对长江经济带的空间结构形成基础及其优化、区域经济差异、空间分异的变化过程等方面的研究,尤其是对长江经济带的联动发展、协调发展、协同发展等问题展开了广泛而深入的研究。

四是视野拓展期。长江经济带上升为国家战略后,学者们开始从新常态下打造中国经济新支撑带的更高视野拓展了对长江经济带的研究。多数学者认为,加快推进长江经济带建设的关键之一,就是要把重点放在中上游地区,通过上中下游协同发展和东西部双向开放,改变上中下游发展不协调、不平衡的局面,实现长江经济带共同富裕、共同发展。

综合而言,随着形势的发展,专家和学者们围绕长江经济带发展问题研究的成果不断丰富、视野不断拓展,且关于长江经济带协调发展、均衡发展问题的研究是其永恒的主题,相关研究成果有力支撑、指导着长江经济带的发展实践。当前,长江经济带上升为国家战略后,已在通关一体化、综合立体交通建设、产业转移诸多领域取得初步进展,并与"一带一路"、京津冀协同发展共同成为今后一段时期国家的三大重点区域发展战略,这意味着围绕长江经济带发展的一系列重大战略部署将进入加快制定和实施阶段。

从宏观上确定长江经济带发展战略,其核心就是要根据社会经济所处阶段和水平,正确处理长江经济带经济增长与均衡发展之间的关系。为此,笔者在剖析长江经济带的演变历程及其发展趋势的基础上,从战略构想上提出新常态下长江经济带经济增长与均衡发展关系的新走向及其实现路径,以便为打造中国经济新支撑带提供参考。

一、改革开放以来长江经济带发展格局演进的三个阶段

2014年9月,国务院出台了《关于依托黄金水道推动长江经济带发展的指导意见》(以下简称《指导意见》),明确将长江经济带的覆盖范围确定为包括地处我国东部地带的苏、浙、沪两省一市(以下简称"长江经济带东部地区")、地处中部地带的皖、赣、鄂、湘四省(以下简称"长江经济带中部地区")以及地处西部地带的黔、川、滇、渝三省一市(以下简称"长江经济带西部地区"),共11省市。按此范围界定,改革开放后至《指导意见》发布期间,如果以长江经济带东部地区GDP和中西部地区GDP分别在长江经济带总体中所占比重的变动趋势作为判断依据,则长江经济带的发展格局基本可分成低水平均衡、梯度性非均衡和调整中趋衡三大发展阶段(参见图1)。

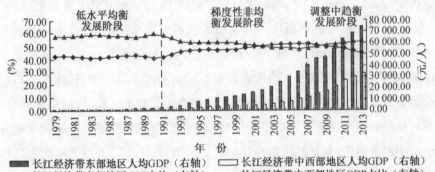

图1　1979—2013年长江经济带东部地区与中西部地区GDP占比及人均GDP变化情况
　　数据来源:根据《新中国60年统计资料汇编》及国家统计局网站数据整理分析。

(一) 1979—1991年低水平均衡发展阶段

1979—1991年期间,在不平衡区域发展战略主导下,国家在生产力布局上的东倾政策使得沿海地区成为推动经济高速增长的重要力量,但长江经济带的"龙头"城市上海,由于一直停留在以国有制为主的传统经济体制内裹足不前,经济转轨相对滞后,导致长江经济带东部地区不仅总体增速低于

全国平均水平,而且其 GDP 在长江经济带总体中所占的比重,相对稳定地保持在低于长江经济带中西部地区约 15~18 个百分点。与此同时,由于生产力水平较低,社会生产和生活较为封闭,交通等跨区域性基础设施水平较低,长江经济带各地区之间的交流十分有限,其发展格局总体上处于相对稳定的、静态的低水平均衡发展状态。

(二) 1992—2007 年梯度性非均衡发展阶段

1992—2007 年期间,在上海浦东开发开放的带动下,长江经济带逐步呈现出东高西低的梯度发展格局。1992 年党的十四大明确提出了"以上海浦东开发开放为龙头,进一步开放长江沿岸城市"的重大决策,指引着长江开发开放由此进入一个新的阶段,以上海为核心的长江经济带东部地区经济一体化进程不断加速。但由于空间距离较远、基础较差等多种因素的影响,浦东开发开放对长江经济带中西部地区的带动作用较为有限。虽然中央政府针对沿海和内陆地区不断扩大的发展差距,提出了促进地区经济协调发展的指导方针,形成了由"西部大开发""中部崛起""东北老工业基地振兴""东部率先发展"等四大板块共同驱动的区域发展总体战略,进一步开放了重庆、岳阳、武汉、九江、芜湖、黄石、宜昌、万县、涪陵等沿江城市,并设立了成都、重庆全国统筹城乡综合配套改革试验区和武汉都市圈、长株潭城市群全国资源节约型和环境友好型社会建设综合配套改革试验区,但总体而言,相对良好的区位优势和发展基础导致长江经济带东部地区的发展速度明显快于中西部地区,长江经济带东部地区的 GDP 在长江经济带中的比重逐步提升直至超越了后者约 3 个百分点,长江经济带自东向西呈现出显著的梯度性非均衡发展格局。

(三) 2008—2014 年调整中趋衡发展阶段

2008—2014 年期间,在国际金融危机的冲击下,长江经济带东部地区由于经济外向度高、要素成本上升、环保压力提升等多种因素的影响,经济增速逐步放缓并低于中西部地区经济增速的发展格局。中西部地区则因受到国家西部大开发、中部崛起等战略的持续支持,经济发展基础和条件逐步改善,再加上国家为实现"稳增长、促内需、调结构"等目标而赋予中西部地区

许多新的政策支持,比如,国务院先后主导发布和批复了《促进中部地区崛起规划》《关于大力实施促进中部地区崛起战略的若干意见》《关于皖江城市带承接产业转移示范区规划的批复》《关于鄱阳湖生态经济区规划的批复》《关于深入实施西部大开发战略的若干意见》《关于同意设立重庆两江新区的批复》《关于同意设立四川天府新区的批复》等,这些都有力增强了长江经济带中西部地区的内生增长动力和承接国内外产业转移的能力,导致其 GDP 所占的比重开始持续增加并最终超过东部地区,2013 年超过东部地区近 9 个百分点。这在一定程度上表明,长江经济带的增长极已出现了一定的空间调整,长江经济带的发展格局正逐步趋向新的均衡。

二、新常态下长江经济带发展格局的新走向

近年来,中国经济发展呈现出新的态势和特征:在发展速度上正阶段性地从高速增长转向中高速增长,在经济结构上正从增量扩能为主转向调整存量、做优增量并存的深度调整,在发展动力上正从传统增长点转向新的增长点,在发展方式上正从规模速度型粗放增长转向质量效率型集约增长。这些新的态势和特征表明,我国经济正在向结构更合理、分工更复杂、形态更高级的阶段演化。为了充分发挥好我国经济韧性好、潜力足和回旋空间大的优势,确保在这一演化过程中经济增长能够保持在合理区间,避免陷入"中等收入陷阱",必然要求国家区域发展战略做出适应性调整。其中,作为当前国家三大重点区域战略之一的长江经济带的发展就应在充分考虑各地区发展阶段不同、资源禀赋各异、能量等级有别的基础上,从全国乃至全球的大格局中进行定位谋略,将现行梯度式推进色彩较为浓厚的"调整中趋衡"发展格局加快转向协同性特征更为明显的"协调性均衡"发展格局。

(一)协调性均衡发展的提出缘起

国家区域发展方针的调整。 新常态下国家确定的区域发展新方针为协调性均衡发展新格局的提出奠定了思想基础。为了更好地适应新常态,进一步优化经济发展空间格局,2014 年 12 月召开的中央经济工作会议明确提出了今后一段时期的区域发展方向,即在继续实施区域发展总体战略和主

体功能区战略的同时,要"完善区域政策,促进各地区协调发展、协同发展、共同发展"。这是新常态下指导长江经济带加快发展的新方针,蕴涵着明显的协调性均衡发展思想。

中国经济支撑带的延展。新常态下中国经济支撑带由沿海向沿江内陆的新拓展为协调性均衡发展新格局的提出赋予了内源需求。经过30多年来的发展,东部沿海发展轴线已成为中国经济发展较为坚实的支撑带,而沿长江轴线地区的整体发展水平与其战略地位尚存在较大差距,极大地影响着中国经济增长潜力的发挥。在中西部地区基础性条件已基本得到改善、地区间要素资源流动日渐加快的新时期,长江经济带发展的目标之一就是要以形成协调性均衡发展格局为导向,促进我国经济增长空间从沿海向沿江内陆拓展,充分挖掘中西部广阔腹地蕴含的巨大内需潜力,有力推动国家区域结构和内需结构等的优化。

陆海双向对外开放新走廊的建设。新常态下推动形成陆海双向对外开放新走廊为协调性均衡发展新格局的提出提供了外源支撑。扩大内陆沿边开放,加紧培育参与和引领国际经济合作竞争新优势,对新常态下提升我国综合国力和国际竞争力具有重要意义。长江经济带和其他经济区的最大不同就在于,它依托黄金水道,不仅可以将我国东中西三大地带连接起来,还可以向东、向西分别与21世纪海上丝绸之路和丝绸之路经济带连接起来,形成开发开放新局面。长江经济带的建设任务之一就是要通过协调性均衡发展,深化向东开放,加快向西开放,扩大沿边开放,充分利用好海陆双向开放的区位资源,在促进自身形成全方位开放新格局的同时,也为21世纪海上丝绸之路以及丝绸之路经济带建设提供坚实支撑。

（二）协调性均衡发展的基本内涵

由于各地时空背景、基础条件和发展潜力等客观因素的差异,区域经济发展过程中始终面临着均衡与非均衡的矛盾关系,伴随着它们间的交替演进,区域系统不断从低层次向高层次演化。区域经济发展进程大致会经历"低水平均衡→非均衡→高水平均衡"的动态发展过程。为了确切证明这种演进过程,1965年美国经济学家威廉姆逊利用24个国家的时间序列数据和横截面数据,通过实证分析,得出了描述经济增长与区域均衡发展之间关系的"倒U型理论":在国家经济发展的起步阶段,区域间差距将会扩大,倾向于由低水平均衡发展转向非均衡发展;随着区域经济的不断发展,不同地区间的非均衡发展将日渐稳定;当达到成熟阶段时,不同地区间的发展差异渐趋缩小,体现为由非均衡转向高水平均衡。

虽然由于"倒U型理论"忽视了区际差异缩小过程中政府的干预作用而受到一些人的质疑,但如果不考虑引致"倒U"型波动的因素,仅从数据的变动趋势来看,若以1979—2013年长江经济带东部地区GDP所占比重与中西部地区GDP所占比重的差作为时间序列数据,利用二阶多项式拟合其变动趋势线(见图2),则大致可以判断,当前长江经济带各地区间的非均衡关系已逐步趋于稳定,基本达到了"倒U"曲线的顶部,正处于走向新的更高层次均衡的起步阶段。这种新的更高层次的均衡,与改革开放初期的低水平和低效率、地区间缺乏交流合作的分散式和静态型均衡不同,它是在区域协调发展理念指引下形成的一种地区之间经济交往密切,空间相互作用程度大,发展中关联互动、优势互补、分工协作的高水平、高效率、共生型均衡,故笔者称之为"协调性均衡"。

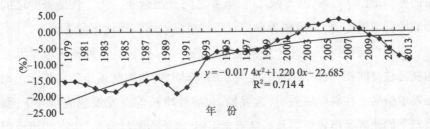

图2 1979—2013年长江经济带东部与中西部GDP占比的差及其二阶多项式趋势线

协调性均衡发展作为一种高水平的发展格局,它是一种以创新驱动为新动力保持经济运行在合理区间的发展格局。改革开放以来,尽管在以要素驱动和投资驱动为主要特征的发展模式下中国经济取得了巨大的发展成就,但值得注意的是，我们为这种成功也付出了巨大代价，那就是资源大量消耗和环境过度透支。随着长江经济带开发开放力度的进一步加大，资源和环境压力将日益加剧，单纯依靠各地采取传统的资源要素互补式合作来发展经济的做法已经面临严峻的挑战，经济新常态下的区域开发应着眼于提高各地的创新能力，走创新发展互助式合作之路。推动形成协调性均衡发展格局，就是要使经济发展由低水平的要素驱动、投资驱动转向高水平的创新驱动，通过跨区域技术转移和技术合作，使长江经济带发展更多地依靠科技进步、劳动者素质提高和管理创新驱动，更好地促进自主创新成果在该流域推广。

协调性均衡发展作为一种高效率的发展格局，是一种通过全流域的协同融合实现资源优化配置和经济结构优化调整的发展格局。新常态下区域经济的发展更强调通过地区间的规划对接、产业联动，推动更广领域、更深层次的经济合作与协同发展，建立起统一开放和竞争有序的全流域现代市场体系，不断优化空间布局，完善区域分工，增进优势互补，提高资源配置效率，释放经济发展潜力。推动形成协调性均衡发展格局，就是要合理发挥好政府与市场的调节作用，既从空间上促进区域单元之间形成融合发展态势，又从发展内容上促进区域单元内部工业化、信息化、城镇化、农业现代化（以下简称"四化"）之间、港产城之间、城乡之间及制造业与生产性服务业之间形成融合发展态势，促进资源在更宽广领域高效率实现优化配置。

协调性均衡发展作为一种共生型的发展格局，它是一种各区域单元之间在通过空间相互作用结成共生关系的基础上由非均衡逐步转向均衡的动态发展格局。在科学发展、持续发展、包容性增长等新发展观的指导下，新常态下的地区经济发展将从一味追求GDP增长而牺牲自然、生态的粗放型经济发展模式转向绿色、生态、可持续的区域共生发展模式，各地区之间以及人与自然及生态之间将更加注重加强协作共生、互利共赢、形成合力。推动形成协调性均衡发展格局，并非是指长江经济带不同地区间绝对平衡地发展或者预先设想一个静态的目标，而是更强调一种各地区间、各经济主体间以及人与自然间在形成互利共生关系的基础上实现优势互补、联动发展、可持续发展，不断增进区域经济各单元间的共生价值。

因此，所谓长江经济带协调性均衡发展新格局，就是指以科学发展观和区域协调发展思想为指导，以在新常态下打造中国经济新支撑带为目标，以推动不同区域单元之间和同一区域单元内部形成融合发展态势为抓手，以促进不同经济主体之间以及人与自然之间形成互利共生关系为根本，将区域内分散的经济社会活动有机地组织起来，充分发挥东部地区的辐射引领作用，有效激活中西部地区潜在的经济活力，不断提高长江经济带发展的整体性和联动性，形成东中西部之间协调发展、协同发展、共同发展、可持续发展的新型发展格局。

（三）协调性均衡发展的重要意义

在中国经济增速放缓、结构转型等一系列新趋势、新状态下，依托黄金水道推动长江经济带形成协调性均衡发展新格局，有利于从以下方面打造中国经济新支撑带。

有利于打造具有全球影响力的内河经济带。推动形成协调性均衡发展格局，有利于充分发挥黄金水道的串联效应，在长江上中下游构建起贯通的综合立体交通运输网络，推动沿江产业结构和布局优化，培育形成具有国际水平的产业集群，促进沿江城市群联动发展、互动协作，撑起我国三大地带发展的重要骨架，有效缓解东部与中西部人均GDP差距不断扩大的趋势，使长江经济带成为新常态下积极参与国际竞争与合作的内河经济带。

有利于打造东中西互动合作的协调发展带。推动形成协调性均衡发展格局，有利于将当前支持长江经济带东中西部发展的分散式区域发展形成战略联动化，进一步增加其科学性、可操作性和联动效率，并和新常态下新型城镇化建设等其他国家发展战略紧密结合，有效增强不同地区之间的联动效应，使长江经济带成为推动我国区域协调发展的示范带。

有利于打造沿海沿江沿边全面推进的对内对外开放带。推动形成协调性均衡发展格局，有利于用好海陆双向开放的区位资源，将长江经济带对东中西部的开放，以及通过渝新欧大通道对中亚和西亚乃至东欧地区的开放连接起来，形成新常态下全方位开放新格局，在通过自贸区建设创新东部地区开放引领模式的同时，加快推动中西部地区同周边国家和地区基础设施实现互联互通，加强与"一带一路"的衔接互动，使长江经济带成为横贯东中西、连接南北方的开放合作走廊。

有利于打造生态文明建设的先行示范带。推动形成协调性均衡发展格局，有利于在全流域建立严格的水资源和水生态环境保护制度，构建起跨省域的长江流域生态补偿制度，形成区域联动的环境保护工作格局，将区域经济社会发展、生态环境保护从过去的局部问题提升为流域共同体的全局问题，确保自"三江源"蜿蜒奔腾的一江清水绵延后世、永续利用，走出一条绿色生态的发展新路。

三、融合与共生：长江经济带协调性均衡发展的战略愿景

新常态下推动长江经济带形成协调性均衡发展新格局，有助于将长江经济带相互独立的区域单元融合成一个有机整体，不断增进区域经济发展的共生价值。

（一）融合发展是长江经济带协调性均衡发展的本质特征

长江经济带协调性均衡发展，是区域内相互独立的地区单元、产业部门、经济主体等融合成为一个具有整体性和层次性等特征的复杂系统的过程，融合发展是长江经济带协调性均衡发展的本质特征。作为典型的流域经济形态，长江经济带在历经多年发展后仍未很好地形成一体化大格局，非均衡化、碎片化发展痕迹十分明显。因此，长江经济带协调性均衡发展的重要抓手就是要以推动整个区域实现融合发展为指向，促进各地在经济规划、基础设施、产业发展、城镇建设和环境保护等领域加强协调、联通和联合，使各地区经济在一个更大的区域尺度上提升资源要素的配置效率。

推进融合发展，涉及多个领域，既包括以长江经济带东中西一体化发展和跨江两岸同城化发展为主体内容的不同区域单元之间的融合，也包括区域单元内部的"四化"融合、港产城融合、城乡融合以及制造业与生产性服务业的有机融合等。总之，推动形成协调性均衡发展格局，首先要求各地区之间和各地区内部在交通、产业、城镇、生态、生活等多方面展开规划协调，从战略层面上共同推动各地在经济、社会、文化、生态等各方面实现融合发展。

（二）共生发展是长江经济带协调性均衡发展的价值取向

区域经济发展的新趋势就是要促进区域经济共生发展。所谓区域经济共生发展，是指以实现不同区域单元间和谐共生的共生价值为目标，以推动形成互利共生关系为核心，以区际、代际、生态、发展、制度等共生资源为主线，以人与人、人与自然、自然与自然的包容性发展为模式，促进各区域单元之间在共生利益的基础上形成共生意愿和行为，最终形成经济共生体和生态共生体。区域经济共生发展的内涵可以解构为这样的逻辑架构，即"共生利益—共生资源—共生价值"。其中共生利益是区域经济共生发展的动力，共生资源是区域经济共生发展的源泉，共生价值则是区域经济共生发展的目标。

推动长江经济带协调性均衡发展，就是要促进区域内各经济利益主体之间以及人与自然、生态之间，以追求共生利益为动力，以共生资源利用方式对区域资源进行整体性、系统性综合开发和利用为原则，以兼顾实现经济价值和生态价值的共生价值为追求目标，将长江经济带各单元之间从被动的他组织融合行为转向主动的自组织共生行为，构建起科学、合理、互惠的地域分工、地域运动和地域组织管理体系，恢复曾因行政区划而被切断了的资源共生本性，使各单元之间不断消除区域内耗，持续放大共生乘数效应。

（三）长江经济带走向协调性均衡发展的战略架构

长江经济带协调性均衡发展的战略架构总体上可分为三个层面：一是在战略手段上，以推动在空间整体上及各地发展内容上形成融合发展态势为抓手，将长江经济带内分散式的区域发展战略和政策联动化，进一步增强其科学性、可操作性和联动效率。比如，在空间整体上，既要将分散的东部率先、中部崛起和西部大开发战略串联起来，促进东中西部一体化贯通融合，又要通过实施跨江对接举措，促进沿江两岸地区同城化融合发展。同一区域单元内则要加快推进"四化"、港产城、城乡等的融合，促进经济发展提质增效升级；二是在战略目标上，以推动形成互利共生关系为根本，促进各区域单元之间在共生利益的基础上形成共生意愿，促成共生行为，形成共生资源，实现共生价值；三是在对外战略上，要加大支持长江上游地区向西开放的力度,加快形成长江经济带东西双向开放的新格局。通过以上三个层面战略架构的推动实施,有效促进长江经济带由当前的分散式、单向开放下的松散型梯度发展格局加快转变成融合、共生、双向开放下的协调性均衡发展格局(如图3所示)。

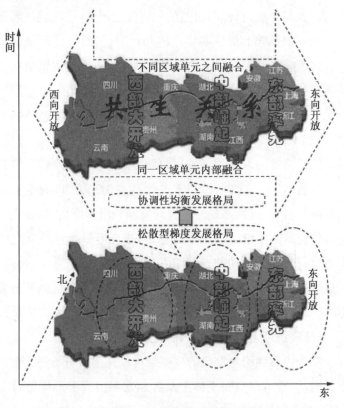

图3 长江经济带通过协调性均衡发展实现融合与共生的战略愿景图

四、促进长江经济带协调性均衡发展的路径选择

新常态下推动长江经济带协调性均衡发展,需要以融合与共生发展为导向,从协同推进长江水运能力提升、联动推进产业转型升级、优化城镇化布局和形态、形成全方位开放新格局等方面加快建设步伐,大力提升沿长江轴线在我国区域发展总体格局中的重要战略地位。

（一）以提升黄金水道运输能力为核心建设综合立体交通网络

充分利用长江水运成本低、运能大、能耗少的优势，构建起以长江黄金水道为依托，水路、铁路、公路、民航、管道等多种运输方式协同发展的综合立体交通网络，为长江上中下游协调性均衡发展提供基础性保障。以此为支撑，推动长江经济带东中西三大区域联动发展，促进长江上中下游要素合理流动、产业分工协作，使下游地区资金、技术、人才和管理优势与中上游地区资源丰富、市场广阔的优势有机结合，将长江经济带打造成上中下游良性互动、共同繁荣的经济带。

（二）以创新驱动为引领促进产业转型升级

顺应全球新一轮科技革命和产业变革趋势，营造有利于吸引创新型人力资本的环境条件，建立、健全相关配套制度。充分利用长江经济带沿线各地区的大学、科研院所、大企业以及国家级园区等丰富的科教资源，积极组建科技创新战略联盟和协同创新平台，促进科技成果加快转化。充分激发国有企业、外资企业与民营企业三大创新主体的积极性，让三大创新主体在科技创新战略中优势互补。推动长江经济带建成以先进制造业、战略性新兴产业和现代服务业基地为主体的创新型沿江产业密集带，提升长江经济带在全球价值链中的地位。

（三）以城市群为主体形态推进城镇化健康发展

以长江三角洲、长江中游和成渝三大跨区域城市群为主体，以黔中和滇中两大区域性城市群为补充，以沿江大中小城市和小城镇为依托，注重规划衔接，促进城市群之间、城市群内部的分工与协作，形成城镇布局和形态优化的经济体系，使得各地区在城镇功能定位和产业经济发展方面合作共赢、在公共服务和基础设施体系建设方面共建共享、在资源开发利用和生态环境建设方面统筹协调，充分挖掘城镇化在扩大内需方面的最大潜力。

（四）以东西双向开放为重点打造全方位对外开放新优势

在进一步挖掘长江经济带东部地区东向开放优势的基础上，依托长江黄金水道加快向内陆拓展开放空间，通过支持在长江流域符合条件的地区设立口岸，推动中西部地区与周边国家和地区基础设施互联互通、加速上海自由贸易试验区海关监管创新的制度成果在长江经济带中西部地区复制推广等途径,加快打造中巴、中印缅经济走廊;通过与丝绸之路经济带的对接与互动打通从太平洋到波罗的海的运输大通道;通过与21世纪海上丝绸之路的对接与互动,开拓东南亚市场,乃至通过东南亚经印度洋,拓展印度甚至是非洲市场。

（五）以生态文明理念为指导共建绿色生态廊道

树立尊重自然、顺应自然、保护自然的生态文明理念,改变片面追求经济社会发展而忽视资源环境消耗的惯性思维,指导长江经济带始终坚持好绿色发展、循环发展、低碳发展。要建立健全最严格的生态环境保护和水资源管理制度,统筹江河湖泊丰富多样的生态要素,构建以长江干支流为经脉、以山水林田湖为有机整体,江湖关系和谐、流域水质优良、生态流量充足、水土保持有效、生物种类多样的生态安全格局。

（六）以融合与共生发展为目标完善区域互动合作机制

首先,要加强国家层面协调指导,筹划建立推动长江经济带发展部际联席会议制度,以体现"公平竞争、利益兼顾、适度补偿、共同发展"为原则,研究提出贯彻落实《指导意见》的切实举措,共商解决长江经济带发展中的重大问题。其次,要充分发挥水利部长江水利委员会、交通运输部长江航务管理局、农业部长江流域渔政监督管理办公室以及环境保护部华东、华南、西南环境保护督查中心等机构的作用,协同推进长江防洪、航运、发电、生态环境保护等工作。第三,要对现有的长江沿岸中心城市经济协调会市长联席会议制度加以重构,通过设立专门的常设机构、建立区域信息共享平台等途径,构建起地区间的更为完善的综合协调工作机制。

南通大学　成长春

打造江海联动升级版
服务长江经济带大发展

摘　要　进入21世纪以来，南通为充分发挥滨江临海两大战略优势，科学制定发展战略，聚力实施江海联动，全面推进陆海统筹，奋力开启优江拓海，在健全规划体系、完善交通网络、优化产业布局、加快港口建设、拓展城市空间等方面取得了显著成就，但仍面临着江强海弱、江海独立诸多困境。长江经济带国家战略的颁布实施，为南通深入推进江海联动发展带来了新的契机。南通应紧抓国家战略机遇，以科学发展观为统领，在发展理念上加快实现从江海独立转向江海一体、从资源竞争转向产业竞争、从政府主导转向市场主导、从工业文明转向生态文明，以更大的气魄、更宽的视野、更高的标准，加快实施"八项举措"，积极打造江海联动升级版，以江海一体和跨江融合新姿，全力服务长江经济带大发展。

进入21世纪以来，南通市委、市政府连续推动实施的沿江开发与江海联动、沿海开发与陆海统筹等系列发展战略，既一脉相承又与时俱进，引导着江海大地不断取得骄人成就。近日，国务院发布了《关于依托黄金水道推动长江经济带发展的指导意见》，明确要求推进通州湾江海联动开发，这为南通的未来发展带来了新的契机。南通应紧抓国家战略机遇，转变"四大理念"，实施"八项举措"，积极探索优江拓海新路，以"江海一体"新姿和跨江融合之势，全力服务长江经济带大发展，昂首迈向新的辉煌。

承江海联动　启优江拓海

聚力实施江海联动,阔步跨入江海时代。南通地处我国沿江、沿海两大经济带交汇点,兼具滨江与临海两大战略优势。为了改变一直以来南通"江强海弱"的发展格局,2003年初,南通市委、市政府确定了"依托江海、崛起苏中、融入苏南、接轨上海、走向世界、全面小康"的发展思路,并在同年制定的《南通市沿江开发详细规划》中做出了"加快沿江开发、实施江海联动"的战略部署,由此吹响了南通从江河时代走向江海时代的战略号角。"江海联动"战略的实施,使得南通在深入推进沿江开发的同时,掀起了一轮以海港建设为龙头、以产业发展为核心、以城镇建设为依托、以基础设施建设为支撑的沿海开发热潮,江海联动势头渐起。尤其是2007年以来,南通抢抓江苏新一轮沿海开发战略实施并于2009年上升为国家战略的历史性机遇,积极推进沿海地区港口、产业、城市联动开发,江海联动效应初显。

全面推进陆海统筹,奋力开启优江拓海。为进一步发挥南通江海联动的优势,将其打造成江苏重要的出海入陆通道,2013年江苏省委、省政府明确提出,支持南通创建陆海统筹发展综合配套改革试验区,并下发了总体方案。全面推进陆海统筹发展,需要实现江、海、陆高度协调联动,但由于多种原因,当前南通江与海、陆与海的联动性、协调性、互补性还不够强,亟须通过"优江拓海"的新思维和新举措,全力发挥黄金水道和黄金海岸的叠加优势。所谓"优江拓海",就是指通过"四促进、四推动",实现沿江沿海优势互补、一体化发展、形成合力,即"促进沿江跨江融合,推动沿海特色发展;促进沿江结构调整,推动沿海功能提升;促进沿江腾笼换鸟,推动沿海筑巢引凤;促进沿江东向拓展,推动沿海西向对接"。开创"优江拓海"新路,有利于深化江海联动和陆海统筹,推进长三角北翼经济中心建设,更好地提升南通接轨上海、服务长三角、融入长江经济带、走向世界的能力和水平。

具良好基础　临诸多挑战

2003年以来,南通充分利用滨江临海的独特优势,科学制定发展战略,积

极抢抓各种机遇,江海联动开发取得显著成就,优江拓海新路具备了坚实基础。

规划体系逐步健全。近年来,南通以江海联动为主线和统领,组织开展了新一轮以城市、土地利用、综合交通等总体规划以及各类产业发展规划为重点,以控制性详细规划和各项专项规划等为配套的规划修订与编制工作,形成了较为完备的规划体系。

交通网络日臻完善。大桥大港相继通车通航,沿海高速、海洋铁路相继建成,通洋高速、临海高等级公路、通州湾快速通道、海启高速加快建设,沿海连申线航道整治、通吕运河航道升级工程加快推进,宁启铁路复线电气化工程于2015年年底即将竣工,沪通铁路过江通道开工建设,城市轨道交通项目获批,一个高水平、现代化的综合交通运输网正在加速构建。

产业布局不断优化。全市已形成省级以上开发区、滨海产业集中区、跨江合作园区"三区"鼎立的格局。2013年出台的《南通市重点产业布局指导意见》中明确指出,沿江将进行产业与空间优化,造船、海工和装备制造等大运输量、大用地量产业将逐步向沿海地区转移,联动推进产业优化布局的蓝图已经绘就。

港口开发加速推进。2013年南通港货物吞吐量首次成为我国超2亿吨的16个港口之一,位列内河港第二位。沿海的洋口港、吕四港成为国家一类开放口岸,东灶港作业区、通州湾作业区港口总体规划顺利通过交通部评审并已进入实质性开发阶段。沿江、沿海两大港口群齐头并进的势头加速形成。

中心城市框架拉大。首先,南通走出老城区,打造新城区,促进了开发区和老城区的融合,提升了城市形象。其次,通州撤市设区使南通中心城市真正实现依江傍海,并促进其由沿江带状格局演变成当前"一核四片区"的"T"型发展架构。中心城市框架的拉大,为江、海资源的统一配置和利用提供了坚实的载体。

机制创新落地扎根。围绕市县协同、多港联动、区镇合一的发展目标,南通探索了一条适合新财税体制机制特征的大区域开发建设之路,打造了市级主导、市县（区）共建共享的高等级开发平台——南通滨海园区，为实现体制机制的改革创新树立了标杆，明确了方向。

在取得巨大成就的同时，我们也必须清醒地认识到，当前南通在深化江海联动、开启优江拓海新征程上仍然面临诸多挑战。

江强海弱困境依然存在。南通沿江地区 GDP 接近全市生产总值的 80%，拥有四个国家级开发园区，形成了海工与船舶产业国家新型工业化产业示范基地等重点产业集群；而沿海开发仍处于政府主导、资源导向和基础性要素集聚阶段，港口综合发展水平较低，产业集聚效亟待提升，公共基础设施有待完善。

江海协同效应有待增强。虽然南通沿江地区的发展能级不断提升，但其资源约束趋紧；虽然沿海地区发展空间较为广阔，但其产业集聚不足；虽然两地有较大的互补空间，但协同效应尚需提升。目前沿江地区对沿海地区的带动作用还较为零散，有效路径还不够清晰，缺乏主动性、系统性，市场自发动力机制尚未很好地形成。

通江达海枢纽尚需完善。现阶段区域内支持江海河联运、海陆空铁多种方式无缝衔接的基础设施还不够齐备，各种运输方式之间的衔接有待增强，尤其还存在多种"最后一千米"的对接问题。同时，与区域外现代化大铁路运输网的衔接也亟待加速。

转发展理念　促江海一体

要打造江海联动升级版，全力服务长江经济带大发展，必须以科学发展观为统领，转变"四大理念"：**一是从江海独立向江海一体的理念转变**。要改变"江是江、海是海"的惯性思维，运用一体化的发展理念，指导沿江、沿海地区实现有机融合，推动江海联动进一步升华为江海一体。**二是从资源竞争向产业竞争的理念转变**。要改变单纯依赖资源禀赋优势获取竞争优势的惯性思维，运用现代竞争理念，指导沿江、沿海地区大力培育和提升产业竞争优势。**三是从政府主导向市场主导的理念转变**。要改变政府主导下推动经济粗放式增长的惯性思维，运用使市场在资源配置中起决定性作用和更好地发挥政府作用的新理念,在指导江海一体发展的过程中正确处理好政府和市场的关系。**四是从工业文明向生态文明的理念转变**。要改变片面追求经济社会发展而忽视资源环境消耗的惯性思维,运用生态文明的核心价值理念,指导在江海一体发展中始终坚持绿色发展、循环发展、低碳发展。

当前,南通已经进入转型升级的新阶段,紧抓长江经济带国家战略机遇,打造江海联动升级版,服务长江经济带大发展,应以更大的气魄、更宽的视野、更高的标准,积极实施"八项举措",科学推进江海一体大发展,奋力谱写优江拓海新篇章。

一是加快完善江海一体规划布局。站在对接"两带一路"战略的发展高度,以充分发挥地处长江经济带龙头位置的区位优势为目标,以领跑沿海、崛起苏中、接轨上海、跨江融合为着力点,以打造通州湾新引擎为重要任务,围绕江海一体发展和新型城镇化建设等新要求,进一步修改、制定城市总体规划、产业布局规划、港口群协调发展规划及相关专项规划,并着力推进经济和社会发展规划、城乡建设规划、土地利用规划"三规合一",有效解决"三规"相互冲突导致的开发管理混乱和建设成本增加问题,有效提高土地使用效率和城市空间利用效率。

二是加快打造江海一体综合枢纽。充分利用江上和水下空间,推进铁路、公路、城市交通合并过江,重点加快城际铁路建设,形成分别以上海和南京为中心、以南通为节点的放射状城际交通网。按照"零距离换乘、无缝化衔接"要求,加强沿江与沿海地区公路、铁路、水路、民航、管道有机衔接,推动集疏运体系加快建设,早日建成区域性综合交通枢纽。加快推进上海至南通快速铁路、南通至启东铁路建设;加快洋口至吕四铁路项目的研究实施,实现沿海港口间铁路的衔接;加快推进通州湾至主城区轨道交通建设,形成便捷的通江达海快速通道;加快连申线、通扬线内河航道建设和九圩港复线船闸工程建设,构建江海河联运航道网;依托沿江、沿海港口,加快智能物流网络建设,打造区域性物流中心。

三是加快形成江海一体互补港群。对沿江、沿海两大港口群同步进行横向整合、纵向整合以及港产、港城整合,促进两大港口群协调发展、优势互补。加强与上海港、宁波港的对接,加强与长江中上游港口的合作,充分发挥地处长江口的优势,积极承接沪、甬大港的货物转移,辐射带动长江中上游的经济发展。由市级国有企业发起设立江海港口股份有限公司,实行沿江、沿海公用码头项目统一布局、建设和运营,对沿海港口岸线资源进行高效开发和专业运作。引进国资、外资、民资等战略合作伙伴,组建一批混合所有制公司,进行岸线资源利用、集装箱运输、大宗散货物流等项目合作运营。

四是加快发展江海一体现代产业。围绕长江经济带产业转型升级的总体要求和优江拓海的战略思路,搭建大平台,发展大产业,全面提升南通经济转型升级的水平。沿江地区要大力发展现代服务业和高端装备、纺织服装等,打造以具有国际水平的造船基地为核心的世界级制造业集群。沿海地区要抢抓江苏获批成为国家海洋经济创新发展区域示范试点的契机,因地制宜构建现代海洋产业体系,推动形成要素高度集聚、功能布局合理、生态环境良好、海洋特色鲜明、竞争优势突出的蓝色产业发展带。充分利用南通江海生态景观资源和民俗风情优势,一体化推进独具江风海韵特色的旅游度假休闲区和生态旅游目的地建设。立足资本、技术、人才、资源优势,大力发展高效精品农业和都市农业。

五是加快建设江海一体港口城市。在推进通州湾城市建设和产业集聚取得实质性进展的基础上,适时将南通中心城市"一核四片区"的发展格局调整为"双核一体"新框架。所谓"双核",是指现行城市核心区和通州湾新区核心区,它们作为中心城市的主副双核,构成南通城市的核心载体,通过明确的战略分工,实现优势互补。所谓"一体",是指在"双核"之间通过重点开发以通州城区、南通高新区为核心的中部片区,全力打造沿通州湾快速通道的经济发展轴和沿通吕运河的生态景观轴,促进"双核"相向发展,融为一体。

六是加快推动江海一体全面合作。一是要深化国际交往与合作。抢抓国际先进制造业、现代服务业加速转移的机遇,加强对著名跨国公司和先进技术的引进。加大培育国际化企业的力度,支持企业全方位开拓国际市场,积极参与全球产业分工合作。二是要拓展江海联动视野。在推动南通区域内部江海联动的基础上,进一步推动与长江中上游城市之间开展港口、交通、物流、产业等的合作,增强南通服务长江经济带、对接21世纪海上丝绸之路的能力。三是要扩容跨江合作共建园区。在原有12个跨江合作共建园区的基础上,进一步加强与上海、苏南、浙江等地合作,重点在沿海地区鼓励以区中园等形式增建跨江合作共建园区。四是要加强城际交流合作。从江苏沿江、沿海整体竞争力提升角度加强与周边城市交流合作,实现协调发展,尤其是要加快研究推进苏通经济圈同城化进程。

七是加快构建江海一体美丽生态。实施主体功能区战略,按照尊重自然、突出特色、协同保护的原则,构筑江海一体的生态空间架构。加快推进通吕运河、海港引河、长江岸线、江海快速通道等水系和道路的生态廊道建设,保护重要生态功能区。以推动绿色发展、构建循环体系、开展低碳试点、倡导绿色消费为重点,全面促进沿江、沿海地区绿色低碳循环发展。加强区域共建,协调解决沿江、沿海地区跨区域生态保护和环境整治问题,实现降低沿江、沿海生态足迹和减缓生态多样性降低趋势的目标。

八是加快实现江海一体制度统筹。坚持全市"一盘棋"开发理念,形成统筹江海一体发展的体制机制。坚持和完善联席会议制度,及时研究解决江海一体发展中的重大问题。按照陆海统筹、江海互动、一体发展的思路,突出市场在资源配置中的决定性作用,加快构建合理配置江海资源要素、科学引导江海产业优化布局的体制机制,实现江海资源要素统筹利用和产业布局优化调整。探索建立利益共享机制,制定指标统计和财税分成的具体办法,充分调动区域内各级各类经济主体开发开放的积极性,推动形成陆海统筹双向开放的新格局。

南通大学　成长春

对接长江经济带　推进跨江大融合

摘　要　长江经济带战略赋予"建设新江苏"新的契机。在当前国家优化经济发展空间格局的新形势下,"一带一路"战略的加快推进、长三角世界级城市群的联动打造、长三角具有国际水平的产业集群的积极培育以及由苏浙沪沿岸及海域组成的我国东部海洋经济圈的推进形成等,都决定着江苏在通过"跨江融合"举措抢抓长江经济带战略机遇的过程中,不能孤立地看待长江经济带和省域内沿江两岸前沿地区,而应将长江经济带与"一带一路"等战略联合起来,从切实改变苏南、苏中、苏北梯度差异明显的区域形象的总体要求出发,通过统筹制定"一带一路"与长江经济带交汇点建设规划、促进形成南北协作互动发展格局、联动推进新型城镇化、全面打造开放型经济新优势、加快构建现代综合交通运输体系等途径,以更宏观的战略视野将主要限于支持苏中地区发展的"跨江小融合",拓展为促进苏中、苏北后发地区与上海、苏南、浙东等先发地区之间形成范围更广、领域更宽、层次更高的"跨江大融合",凝心聚力绘就"建设新江苏"的美好蓝图。

为适应新常态,全力打造中国经济新支撑带,长江经济带被确定为当前国家重点实施的三大区域发展战略之一。江苏应紧抓国家优化经济发展空间格局的新契机,积极采取跨江融合发展的新举措,充分挖掘通江达海、扼守门户、经济基础发达、科教资源丰富的独特区位优势和发展潜能,凝心聚力绘就"建设新江苏"的美好蓝图。

一、长江经济带战略赋予江苏发展新契机

一是有助于加快构筑综合立体交通新体系。改革开放以来,江苏交通基础设施建设成效显著,路网规模持续扩大,结构布局不断改善,技术水平明显提升,运输能力大幅增强,初步形成了以黄金水道和黄金海岸为依托,公路、铁路、水路、航空、管道等多种运输方式协同发展的综合交通网络,但高效集疏运体系仍待完善,综合立体交通枢纽地位尚待提升。长江经济带战略的实施,对充分挖掘"黄金水道"潜力、加快建设现代化综合交通运输体系提出了新的更高要求。这不仅有助于推动长江黄金水道江苏段建设提速,而且有助于促进江苏提升江海港口功能,扩大交通网络规模,优化交通运输结构,实现各种运输方式的有效衔接,提升综合运输能力,构筑多元化、网络化、标准化、智能化的综合立体交通运输新体系,为长江经济带战略的推动实施提供有力保障。

二是有助于加快培育产业转型升级新动力。以要素驱动和投资驱动为主要特征的传统发展模式虽然使得中国经济取得了巨大发展成就,但这种成功也付出了资源大量消耗和环境严重透支的巨大代价。长江经济带战略的实施,对加快推动沿江产业由要素驱动向创新驱动转变、培育具有国际水平的产业集群、引导产业有序转移和分工协作提出了新的更高要求。这不仅有助于促进江苏产业增强自主创新能力、突破核心关键技术、培育知名自主品牌、发展新兴业态,而且有助于江苏在保持区域创新能力全国领先地位的同时,通过跨区域技术转移和技术合作,促进自主创新成果在全流域推广,推动长江经济带的发展更多地依靠科技进步、劳动者素质提高和管理创新驱动。

三是有助于加快建立城镇体系发展新格局。过去30多年的城镇化有力支持了中国经济的高速增长和快速转型,但也存在着土地城镇化快于人口城镇化、城镇运作效率较低、房地产投资过热、城乡"二元结构"明显等问题。长江经济带战略的实施,对推进以人为核心的"新型城镇化"、优化城镇化布局和形态、提高城镇化质量等提出了新的更高要求。这不仅有助于江苏增强城镇综合承载能力、可持续发展能力和辐射带动能力,形成集约高效、绿色低碳的新型城镇化发展格局,而且有助于江苏与上海、浙江、安徽联动将长江三角洲城市群打造成具有国际竞争力的世界级城市群。

四是有助于加快打造陆海双向开放新优势。随着对外开放广度和深度的不断拓展,我国经济社会发展的动力和活力不断增强。但总体而言,当前我国开放型经济体制建设还存在着沿海地区比较成熟而内陆地区相对滞后等不平衡、不协调、不可持续的问题。长江经济带战略的实施,对深化向东开放、加快向西开放、统筹沿海内陆开放、扩大沿边开放,形成全方位开放新格局提出了新的更高要求。这不仅有助于江苏强化开放平台功能,推广上海自贸区改革试点经验,增创开放型经济发展新优势,而且有助于江苏推进"一带一路"与长江经济带交汇点建设,在推动长江经济带形成陆海双向开放新走廊的同时,提升对海上丝绸之路的战略支撑,增强"苏满欧"等中欧班列的国际运输功能,加大对东盟、欧洲等地区进出口货物的吸引能力。

五是有助于加快谱写生态文明建设新篇章。经过前一段较长时期的粗放式快速增长,当前中国经济社会发展面临着资源约束趋紧、环境污染严重、生态系统退化的严峻形势,必须树立尊重自然、顺应自然、保护自然的生态文明理念,推动形成人与自然和谐发展的现代化建设新格局。长江经济带战略的实施,对推动长江经济带建立水清地绿天蓝的生态廊道提出了新的更高要求。这不仅有助于江苏把生态文明建设放在更加突出的位置,着力推动绿色循环低碳发展,而且有助于江苏联动沿江其他省份在全流域建立严格的水资源和水生态环境保护制度,构建跨省域的长江流域生态补偿制度,形成区域联动的环境保护工作格局,确保自"三江源"蜿蜒奔腾的一江清水绵延后世、永续利用,走出一条绿色生态的新路。

六是有助于加快完善区域协调发展新机制。为了更好地适应新常态,进一步优化经济发展空间格局,2014年12月召开的中央经济工作会议提出了今后一段时期内区域发展的新方针,即在继续实施区域发展总体战略和主体功能区战略的同时,促进各地区协调发展、协同发展、共同发展。长江经济带战略的实施,对充分发挥长江上中下游地区比较优势、促进我国经济增长空间由沿海向沿江内陆拓展、挖掘中西部地区蕴含的巨大内需潜力和对外开放活力、建设我国区域协调发展的示范带提出了新的更高要求。这不仅有助于江苏推动省内苏南、苏中、苏北三大区域板块在更高层次上实现协调发展,而且有助于江苏与沿江其他省份之间在完善区域协调发展机制的基础上加强区域分工与合作,实现优势互补、联动发展。

二、跨江大融合是江苏对接长江经济带战略的新举措

世界大江、大河流域开发规律表明,江河两岸发展不平衡的地区发展到一定阶段就会推动并实施跨江、跨河发展战略,以实现优势互补、互利共赢。遵循这一规律,为了改变苏南与苏中地区发展不平衡状况,2003年江苏省委、省政府在21世纪新一轮沿江开发战略中做出了支持苏中与苏南"联动发展产业,联动开发产业园区,联动建设基础设施"的"跨江联动"战略部署,有力推动了苏中地区的快速崛起。经过十年的发展后,为了进一步促进苏中整体崛起,加大对苏中特别是与苏北接合部经济相对薄弱地区的支持力度,2013年江苏省委、省政府发布了《关于推进苏中融合发展特色发展提高整体发展水平的意见》,将支持苏中地区的"跨江联动"发展战略升级为内容更为丰富和深广的"跨江融合"发展战略,以更好地促进苏中地区经济增长质量和效益的提升。

但从当前新的发展形势来看,"一带一路"战略的加快推进、长三角世界级城市群的联动打造、长三角具有国际水平的产业集群的积极培育以及由苏浙沪沿岸及海域组成的我国东部海洋经济圈的推进形成等,都决定着江苏在通过"跨江融合"举措抢抓长江经济带战略契机的过程中,不能孤立地看待长江经济带战略和沿江两岸地区,而应将长江经济带战略与"一带一路"等战略联合起来,从切实改变苏南、苏中、苏北梯度差异明显的区域形象的总体要求出发,以更宏观的战略视野将主要限于支持苏中地区发展的"跨江小融合",拓展为促进苏中、苏北后发地区与上海、苏南、浙东等先发地区之间形成更广范围、更宽领域、更高层次的"跨江大融合",以便为新形势下江苏对接长江经济带战略、实现"两个率先"提供新举措。

推进更广范围的跨江融合。长江经济带和其他经济区的最大不同就在于,依托黄金水道,它不仅可以将我国东、中、西三大地带天然地连接起来,还可以向东、向西分别与21世纪海上丝绸之路和丝绸之路经济带连接起来,形成开发开放新局面。因此,国务院印发的《关于依托黄金水道推动长江经济带发展的指导意见》中明确提出,长江经济带要加强与"一带一路"的衔接互动,使长江经济带成为横贯东中西、连接南北方的开放合作走廊。按照这一要求,江苏既要提高沿江地区江海、海陆转换能力和连云港陆桥通道桥头堡水平,又要增强苏南、苏中、苏北三大区域板块对海上丝绸之路的战略支撑,同时还要推动三大区域板块加快构建以铁路为纽带、以开行集装箱国际班列为载体的中欧国际大通道。这些方面的规划发展,都必须从通盘的角度将限于省域内苏南、苏中沿江前沿地区间的"跨江小融合"拓展为苏中、苏北与上海、苏南等之间的"跨江大融合"。另外,促进长三角一体化发展,加强长三角城市群、港口群内部的分工协作,推动相对发达的上海、苏南、浙东地区将部分产业向苏中、苏北地区转移等,也都需要通过更广地域范围的"跨江大融合"来统筹谋划。

推进更宽领域的跨江融合。从当前江苏跨江融合发展的实践来看,其总体上还处于融合发展的初期。具体而言,在融合的进度上,省级政府层面还处于集中推进扬州跨江融合发展综合改革试点阶段,苏中乃至苏北全面跨江融入长三角相对发达地区的发展规划或建设方案还有待制定,已实施多年的苏南与苏北之间支援式的"南北挂钩"模式也有待向互动式的"跨江融合"模式进一步拓展。另外,在政府和市场共同作用下,上海、苏南等长三角相对发达地区与苏中、苏北之间通过合作共建园区模式实现融合发展的步伐还需加快;在融合的内容上,目前主要集中在基础设施对接、园区共建等方面,而在规划衔接、市场体系统一开放、创新资源共享、产业错位发展、港口分工协作、江海河联运以及生态环境联防联治等方面的融合还有待深入推进;在融合的积极性方面,苏中、苏北后发地区经济主体的积极性较高,而苏南等长三角发达地区经济主体的积极性还有赖各级政府创造更好的环境条件和建立更完善的机制来加以提高。在新的形势下,江苏的跨江融合

需要在已有成就基础上，进一步推动苏中、苏北后发地区与上海、苏南等长三角先发地区之间在交通、物流、产业、城镇、生态、生活等多领域展开规划协调，从战略引领和体制机制保障等方面推动各地在经济、文化、社会、生态等各方面实现融合发展，以融合共生的新姿更好地对接服务"一带一路"和长江经济带建设。

推进更高层次的跨江融合。新时期推动江苏"跨江大融合"，需要从适应和引领新常态、对接国家区域发展新战略的更高层次出发，以科学发展观和区域协调发展思想为指导，以提高江苏区域经济发展的整体性和联动性为战略取向，以推动苏中、苏北后发地区与上海、苏南等长三角先发地区之间协调发展、协同发展、共同发展、可持续发展为目标，以发挥苏南对全国现代化建设的示范引领作用、挖掘苏中苏北巨大发展潜力、保持经济运行在合理区间为根本，正确发挥市场作用和政府作用，深化改革开放，突出创新驱动，通过促进不同地区之间实现规划衔接、市场统一、交通畅捷、港口联姻、产业联动、城镇布局和形态优化、社会保障制度对接等途径，将当前支持苏南、苏中、苏北发展的分散式区域发展政策联动化，既从空间上促进苏南、苏中、苏北三大区域内各板块之间形成融合发展态势，又从发展内容上促进各地内部在工业化、信息化、城镇化、农业现代化之间，城乡之间，港口、产业、城市之间，制造业与生产性服务业之间形成融合发展态势，同时紧密结合当前江苏重点实施的国家新型城镇化综合试点省建设、国家海洋经济创新发展区域示范试点省建设等其他政策，努力推动各地区之间、各经济主体之间以及人与自然之间形成互利共生关系，促进各地区之间、人与自然之间以及人与生态之间实现优势互补、协作共生、互利共赢，形成合力，有效增强各地区之间的联动效应和共生价值，推动资源在更宽广领域高效率实现优化配置。

三、以跨江大融合推动建设新江苏的对策建议

统筹制定"一带一路"与长江经济带交汇点建设规划。"一带一路"与长江经济带战略在江苏交汇，江苏应紧密结合各地发展实际和资源禀赋，从顶层设计层面，高起点、高标准编制"一带一路"与长江经济带交汇点建设规

划，描绘出一幅统筹对接"一带一路"与长江经济带战略的发展蓝图，明确提出三大区域板块一体化对接国家区域新战略的任务清单，并将任务清单与政绩考核指标挂钩，切实提高规划的执行力，着力从省级层面协调推动解决苏南、苏中、苏北三大区域板块之间仍然存在的行政分割和地区壁垒，实现省域南北资源共享、优势互补，避免各地自成体系、盲目投资、重复建设，切实减少优质资源严重浪费和地区政策"碎片化"问题。

促进形成南北优势互补、协作互动发展格局。一是要充分发挥苏南地区的引领带动作用。在促进苏南地区积极响应国家推动长江上中下游地区协调发展战略部署的同时，鼓励支持苏南地区积极参与改变省内南北地区间梯度差异明显的区域形象。一方面，苏南地区要利用天然的长江航道和现代化的沿江综合运输体系，实现产业向长江中上游地区有序转移和苏南现代化示范区建设的双赢，在"腾笼换鸟"的过程中提升自主创新能力和支撑带动能力；另一方面，苏南地区要以合作共建园区为主阵地，以打造江苏南北快捷的交通网络和共享的信息平台为支撑，加快产业、管理、技术、人才、资金向苏中、苏北地区转移，有效解决苏中地区尤其是苏北地区产业发展滞后的短板问题。比如，由于连云港目前经济总量偏小、带动力不够、经济腹地有限，在推进国家东中西区域合作示范区建设方面实力偏弱，这既需要连云港加快制定对接政策，主动接受上海、苏南辐射，弥补自身不足，也需要从省级层面上完善相关体制和机制，支持、鼓励苏南经济主体积极参与到连云港出海通道功能提升和东中西产业合作示范基地的建设之中，不断优化苏南与苏北地区间的资源配置与整合，以省内南北区域间的紧密合作，协同支撑国家东中西区域合作示范区加快建设。二是要大力推动苏中地区跨江同城化。苏中地区应充分依托跨江通道，着力推进跨江经济圈（宁镇扬经济圈、锡常泰经济圈、沪苏通经济圈）建设，加快实现与苏南、上海跨江同城化，在夯实苏南现代化建设示范区基础的同时，促进上海、苏南发展势能加快向苏中地区传递，并进一步带动江苏三大区域协调发展，有力支撑长江三角洲建设成具有国际竞争力的世界级城市群。三是要鼓励支持苏北地区培育和催生经济社会发展新动力。要鼓励支持苏北地区加强利用上海、苏南地区的创新资源,加快实施创新驱动发展战略,着力推动有地区特色、有市场前景的战略性新兴产业规模化发展,形成支撑地区经济发展的新的增长点。同时,要鼓励支持苏北地区增加公共产品和服务供给,加大教育、卫生等的投入,为苏北地区扩需求、促发展提供支撑。

联动推进新型城镇化。首先,要积极引导产业由南向北有序转移。"新型城镇化"与传统城镇化的不同点之一在于,有效利用资源比单纯的资源动员更为重要。为此,江苏应以国家新型城镇化综合试点省份建设为契机,不断创造条件,促进不同地区城市之间、城乡之间加强联系与合作,形成合理的产业分工体系,创造资源重新配置效率,促进全要素生产率不断提高。随着上海、南京、苏州、无锡等城市正逐步从集聚工业为主转向集聚服务业为主,江苏应进一步加大贯通南北的交通基础设施建设的投入,降低流通成本,吸引、推动上述城市的工业向苏中、苏北地区分散。其次,要努力营造不同城市之间公平竞争的市场环境。要消除阻碍生产资源(人口、土地和资本)在苏南、苏中、苏北优化配置的因素,支持企业和个人在其生产率最高的地区落户,使得同样的劳动投入、土地利用和资本积累能够实现更快与更大的增长,推动全省人民的福利不断增长。同时,要制定实施包括土地、户籍、财政系统和地方政府激励机制在内的全面改革方案,使生产资源的配置更好地以市场为基础,更好地促进农业转移人口融入城市,为其提供与城市居民同等的社会服务,确保农村地区获得同质同量的公共服务,使全省人民更多更公平地分享改革发展成果。

全面打造开放型经济新优势。一是要主动对接上海自贸区,推行负面清单管理。大力促进苏南、苏中、苏北地区各城市更加主动地接轨上海,实现与上海自贸区全方位对接,推行负面清单管理,加快开放型经济转型升级。二是要加快实施走出去战略,促进江苏企业在国际竞争中发展壮大。支持企业"走出去"开展绿地投资、并购投资、证券投资、联合投资等多种形式的对外投资,在"走出去"中提升竞争力,更好地以开放促改革、促发展、促转型。三是要积极申报自贸区,探索建立与国际接轨的新制度体系。充分利用苏州工业园综合保税区以及连云港国家东中西合作示范区、中哈物流基地、丝路经济带东桥头堡等良好的基础和条件，积极做好苏州、连云港"一南一北"两大自贸区的申报建设，全力争取设立分别以制造业转型升级和以自由贸易港区为主要特色的江苏自贸区。四是要加快对接"一带一路"，构建开放型经济新格局。进一步发挥江海交汇的区位优势，加强与"一带一路"沿线国家的交流合作，支持南京、苏州、连云港、南通等节点城市与沿线国家相关城市开展友好结对交流，深化务实合作。在继续保持与亚太经济圈紧密联系的同时，依托长江黄金水道向内陆拓展开放空间，向西打通中巴、中印缅经济走廊，与丝绸之路经济带对接；打通从太平洋到波罗的海的运输大通道，与21世纪海上丝绸之路对接；开拓东南亚市场，乃至通过东南亚经印度洋，拓展印度甚至是非洲市场。五是要拓宽对外开放领域，构造外贸综合服务平台。扩大开放金融、教育、文化、医疗、旅游等服务业领域，有序放开养老、商贸流通、电子商务等服务业领域。支持企业大力发展跨境电子商务，加大国际营销体系建设力度，打造江苏名牌产品三维展示平台，推进苏南、苏中、苏北三大区域板块"名特优"产品出口，在全球范围内逐步树立江苏产业的品牌形象。

加快构建现代综合交通运输体系。首先，加强港口融合。以南京港、连云港、苏州港、南通港为节点，促进港口强强联合、南北联合、江海联合，在推进南京区域性航运物流中心建设的同时，加强江苏沿江港口联盟和沿海港口联盟建设，加强分工合作，解决沿江沿海部分港区集疏运建设"最后一千米"的衔接问题，提升江苏沿江沿海港口功能，加快开辟沿江、沿海港口至东南亚的海运航线，构建连接海上丝绸之路的新桥梁，并做好两大港口联盟与上海国际航运中心的协同合作，全力打造长三角北翼枢纽港群，推动形成上海国际航运中心"一体两翼"发展格局，有效提升对长江上游地区的辐射带动作用。其次，支持通州湾江海联动开发。要大力推进通州湾江海联动开发，支持南通高等级内河航道建设，为中西部地区打造新的江海河联运出海通道，支撑南通成为长江江苏段"国际江海联运港区"的核心区，为江苏经济发展增添新的动力源。第三，推进对接"一带一路"的交通基础设施建设。要借助新亚欧大陆桥和霍尔果斯特殊经济开发区优惠政策，加强江苏沟通

南北、连接东西的铁路骨干网建设,建成大容量快速综合交通体系,推动上海、苏南与苏中、苏北之间物流的高效一体化,为连接丝绸之路经济带、快速对接欧洲及中亚市场开辟新的物流通道。

积极推进绿色循环低碳发展。以生态省建设目标为引领,在产业、交通运输等领域,通过跨江融合,充分发挥绿色循环低碳项目的示范引领作用,大力推动全省粗放型生产方式、生活方式向绿色循环低碳方式转变。要充分利用省域内广阔的江海纵深岸线,完善江海岸线综合开发利用和保护协调机制。要合理引导苏南、苏中、苏北节能环保企业兼并重组,提高产业集中度,打造绿色低碳品牌。苏中、苏北地区在承接产业转移过程中必须坚持高标准,严禁高污染产业和落后生产能力的产业转入。以加快推进沟通南北的绿色循环低碳交通基础设施和集约高效运输组织体系建设等为主要任务,将生态文明建设融入全省交通运输统筹发展的各方面和全过程。三大区域板块的城市要与长三角其他城市加强建立长三角环境保护和生态建设合作机制,完善大气、水、土壤等污染的区域联防联控机制,共同推动长三角区域整体环境质量加快改善。

加快完善区域协调发展机制。建立由省级政府牵头组织的有权威的区域协调委员会,并重视发挥政府、协会与企业的不同作用,促进区域主体参与多元化,矫正政府在专权专治中造成的市场、空间与信息的扭曲。苏南、苏中、苏北三大区域板块各级政府应进一步简政放权,清理阻碍要素合理流动的地方性政策法规,打破区域性市场壁垒,实施统一的市场准入制度和标准,推动劳动力、资本、技术等要素跨区域流动和优化配置。推进江苏南北之间包括基础设施建设在内的各种互联互通,提高区域合作水平,努力在"长江经济带"建设统一开放、竞争有序的现代市场体系方面先行一步,加快形成要素自由流动、资源互通、产业竞争有序的良性发展局面,全面提高资源配置效率。此外,还要加强一体化数据统计与监督评估,实现三大区域板块一体化研究、协调与监督常态化。

南通大学　成长春

长江经济带产业分工合作与江苏作为

摘 要 江苏是我国的工业大省,在制造业和高技术产业领域的优势尤其明显,在我国长江经济带发展战略中占有极其重要的地位。本文在梳理分析了长江经济带11省市及江苏的产业发展与产业分工现状的基础上,提出了未来长江经济带产业分工合作的基本思路,认为江苏应抓住新一轮长江经济带建设与沿江产业合理分工的有利时机,充分发挥江苏在长江经济带产业分工合作中的优势产业引领带动、行业龙头骨干企业的辐射结盟以及科技产业园区创新示范等方面的积极作用。

长江是我国的第一大河和世界第三大河,横跨我国东中西三大自然经济板块。长江沿岸11省市资源丰沛、物产富饶、交通便捷、产业密布、城镇云集、文化发达、科技先进,与沿海地区共同构成了我国T字型的两大发展主轴,同时亦是世界上可开发规模最大、影响范围最广的内河经济带。就其社会经济基础和发展水平而言,目前长江经济带仅次于中国海岸经济带,但具有联系更紧密、腹地更深广、发展潜力更大、更具持续性和爆发力的明显后发优势。在当前我国主动适应经济发展新常态的重要时期,国家启动长江经济带建设具有极其重要的战略意义。自20世纪80年代提出长江经济带的概念至今,国内学界曾掀起过两次研究热潮,众多学者亦从不同视角开展了多层面的研究。陈修颖、张超等对长江经济带空间结构的基础及演化进行了研究,指出长江经济带各地之间存在通达性和互补性;虞孝感、唐立国、彭劲松和黄庆华等对长江经济带产业结构的演变与调整进行了分析,认为应着力推进长江经济带的产业一体化;邱静、牛雄、方大春等从城市结构

的角度阐述了长江经济带建设应增强其核心城市的区域影响力；朱鸿飞、陆炳炎、张荣天等则从长江经济带发展战略和政策、土地利用等方面展开了研究分析。

江苏地处长江下游及河口地区，紧邻上海、扼守门户、通江达海，是长江经济带11省市中最大的经济大省和科技大省，产业规模大，科技实力雄厚，人才优势明显。据《中国省域竞争力蓝皮书(2013—2014)》显示，2012年和2013年江苏省域经济竞争力均居全国第一，《中国区域创新能力报告2014》显示的江苏区域创新能力已经连续五年保持全国第一，在长江经济带整体发展格局中具有极为突出的竞争优势和战略地位。改革开放30多年来，江苏紧紧抓住农村经济体制改革、城乡统筹发展、世界制造业转移、浦东开发开放和长三角区域经济一体化等一系列重大历史性发展机遇，全省社会经济得到了持续飞速发展。党的十八大以来，江苏又紧紧抓住党中央、国务院提出的"一带一路"、长江经济带和苏南国家自主创新示范区建设三大国家战略的重大机遇，全面深化改革、深度创新驱动，不断提升开放型经济水平。江苏在长江经济带一体化建设中必将大有作为。

一、长江经济带产业发展现状及江苏定位

（一）长江经济带历来是我国的城市走廊、工业走廊和商贸走廊，集中了一大批大耗水、大耗能、大运量、高科技的工业行业和特大型龙头骨干企业。江苏则是沿江最大的工业省份，是长江经济带产业经济的领头羊，多项经济指标均位居11省市第一

2013年，长江经济带11省市GDP总量为235 925亿元，规模以上工业总产值383 177亿元，固定资产投资总额175 926亿元，地方财政收入30 893亿元，外贸进出口总额16 386亿美元，社会消费品零售额96 626亿元，分别占全国同期的41.2%、41.2%、40.2%、44.8%、39.4%和40.6%，接近全国的半壁江山。上述六项指标中，江苏省分别占长江经济带11省市的22.8%、31.3%、20.3%、21.3%、33.6%和21.5%，而其面积和人口分别仅占长江经济带的5.0%和13.7%，由此可见江苏在长江经济带中所拥有的举足轻重的战略地位(见表1)。

表1 2013年长江经济带经济发展基本情况

省市	面积(万km²)	年末常住人口(万人)	GDP(亿元)	人均GDP	工业总产值(亿元)	固定资产投资总额(亿元)	地方财政收入(亿元)	外贸进出口总额(亿美元)	社会消费品零售额(亿元)	城市化率(%)
上海	0.6	2 415	21 602	84 797	31 897	5 648	4 110	4 413	8 052	89.6
江苏	10.3	7 939	59 162	68 255	120 125	36 373	6 568	5 508	20 796	64.1
浙江	10.2	5 498	37 568	63 293	59 124	20 782	3 797	3 358	15 226	64.0
安徽	14.0	6 030	19 039	28 744	29 245	18 622	2 075	455	6 542	47.9
江西	16.7	4 522	14 338	28 750	20 809	12 850	1 621	367	4 576	48.9
湖北	18.6	5 799	24 668	38 502	33 451	19 307	2 191	364	10 886	54.5
湖南	21.2	6 691	24 502	33 370	28 629	17 841	2 031	252	9 019	48.0
重庆	8.2	2 970	12 657	38 742	13 095	10 435	1 693	687	4 600	58.3
四川	48.6	8 107	26 261	29 560	31 033	20 326	2 784	646	10 561	44.9
贵州	17.6	3 502	8 007	19 668	6 544	7 374	1 206	83	2 366	37.8
云南	39.4	4 687	11 721	22 128	9 225	9 968	1 611	253	4 005	40.5
下游	35.0	21 882	137 371	57 945	240 391	81 425	16 550	13 734	50 616	66.4
中游	56.5	17 012	63 508	33 893	82 889	49 998	5 843	983	24 481	50.4
上游	113.9	19 266	58 646	27 366	50 672	48 103	7 294	1 669	21 532	45.4
经济带	205.4	58 160	259 525	40 780	383 177	179 526	30 893	16 386	96 629	54.1
全国	960.0	136 072	630 008	38 325	929 292	446 294	69 011	41 590	23 7810	53.7
带占全国	21.4%	42.7%	41.2%	1.06倍	41.2%	40.2%	44.8%	39.4%	40.6%	1.01倍
江苏占带	5.0%	13.7%	22.8%	1.67倍	31.3%	20.3%	21.3%	33.6%	21.5%	1.20倍

数据来源及说明：各省市及全国统计年鉴(2014)。

按41个工业行业的产值计算,2013年江苏省十大工业行业分别是计算机、化学原料制造、电气机械、黑色金属冶炼、通用设备制造、纺织、汽车、金属制品、专用设备制造以及电力热力生产和供应业,主导产业类型明显优于沿江11省市和全国,主导产业集中度(占全省规模以上工业总产值的比重)也明显高于沿江11省市和全国(见表2)。

表2 2013年长江经济带及全国41个规模以上工业行业产值前十位情况

排名	江苏(134 648.91亿元)	占比(%)	长江经济带(418 970亿元)	占比(%)	全国(850 626亿元)	占比(%)
1	计算机	12.87	计算机	8.60	电力、热力	11.74
2	化学原料制造业	11.14	化学原料制造业	8.53	黑色金属冶炼业	7.36

续表

排名	江苏 (134 648.91亿元)	占比 (%)	长江经济带 (418 970亿元)	占比 (%)	全国 (850 626亿元)	占比 (%)
3	电气机械	10.86	电气机械	8.00	化学原料制造业	7.01
4	黑色金属冶炼业	7.81	汽车制造业	6.45	计算机	5.97
5	通用设备制造业	5.35	黑色金属冶炼业	6.37	煤炭开采和洗选业	5.70
6	纺织业	4.83	电力、热力	5.08	汽车制造业	5.50
7	汽车制造业	4.28	通用设备制造业	4.99	电气机械制造业	5.45
8	金属制品业	4.03	非金属矿物制品业	4.25	非金属矿物制品业	4.72
9	专用设备制造业	3.73	纺织业	4.23	通用设备制造业	4.13
10	电力、热力	3.22	农副食品加工业	4.17	有色金属冶炼	3.75
	合计占比(%)	68.12	合计占比(%)	60.67	合计占比(%)	61.33

数据来源：各省市及全国统计年鉴(2014)。

（二）沿江上中下游地区受资源要素禀赋差异的影响，优势产业的地域分布迥异，区际产业发展的互补特征鲜明。江苏在集成电路、化纤、农药、计算机制造产业领域具有明显优势，产品产量均占全国总产量的20%以上

在国家统计局公布的2013年全国36种主要工业产品中，沿江11省市有20种工业产品产量超过了全国的40%，分别为微型计算机、化学纤维、家用洗衣机、水电、家用电冰箱、硫酸、发电机组、集成电路、化学农药原药、布、卷烟、金属切削机床、房间空气调节器、农用氮磷钾、轿车、水泥、汽车、大中型拖拉机、原盐和发电量，其中江苏在集成电路、化学纤维、化学农药原药、微型计算机、家用洗衣机、大中型拖拉机等产品及相关产业方面具有明显的规模经济优势。从主要工业产品及其相关工业行业的类型和产值规模上看，江苏及长江下游四省市主要集中于电子、化工、电气机械、钢铁、通用设备、汽车等高科技产业、重化工业和装备制造业等领域；长江上游四省市主要集中于矿物采选和加工（包括有色、钢铁、煤、非金属矿等）、特色农副产品加工（包括食品、烟、酒、茶、饮料）等采掘工业、轻纺工业领域，以及化工、汽车、电子、电气机械等部分高科技产业和装备工业领域；长江中游3省则介乎于下游与上游之间，形成了各自独特的优势产业类型，为长江上中下游之间的产业分工与合作奠定了坚实的基础(见表3)。

表3　2013年长江经济带产品产量占全国比重前十位的产业一览表（%）

类型	长江经济带		长江上游		长江中游		长江下游		江苏	
1	微型计算机	83.5	水电	46.7	水电	20.0	化学纤维	78.0	集成电路	33.0
2	化学纤维	81.6	硫酸	34.3	农用氮、氨	19.9	家用洗衣机	71.1	化学纤维	31.5
3	家用洗衣机	80.2	微型计算机	34.2	硫酸	16.2	集成电路	57.3	化学农药原药	23.7
4	水电	69.1	发电机组	33.8	卷烟	15.2	家用电冰箱	55.4	微型计算机	22.3
5	家用电冰箱	65.3	卷烟	25.9	原盐	15.2	微型计算机	48.9	家用洗衣机	18.8
6	硫酸	63.9	农用氮、氨	22.2	平板玻璃	13.6	布	44.2	大中型拖拉机	16.9
7	发电机组	63.9	天然气	18.5	化学农药原药	13.5	金属切削机床	43.6	布	15.0
8	集成电路	62.0	大中型拖拉机	16.2	水泥	13.1	化学农药原药	39.4	烧碱	14.5
9	化学农药原药	57.9	成品糖	15.6	房间空气调节器	11.6	初级形态	31.3	初级形态	14.3
10	布	57.7	水泥	14.2	布	10.8	房间空气调节器	30.3	金属切削机床	13.4

数据来源：各省市及全国统计年鉴（2014）。

（三）上中下游地区三次产业、轻重工业、不同所有制企业、大中小企业共同发展的产业格局业已基本形成。江苏则以制造业、外商投资企业和私营企业的发展为特色

表4　2013年长江经济带规模以上工业企业构成(%)

地区	三次产业构成	轻工业、重工业占比	大中小型占比	国有、私营、外商投资占比
上海	0.6：38.9：60.4	20.27：79.8	55.2：21.2：23.6	4.2：10.5：46.8
江苏	6.3：50.2：43.5	26.0：74.0	38.9：22.7：38.4	4.7：37.4：25.2
浙江	4.8：50.0：45.2	39.3：60.7	26.6：30.1：43.3	5.1：41.0：24.1
安徽	12.7：54.6：32.7	32.6：67.4	43.2：20.9：35.9	7.0：41.0：7.2
江西	11.7：53.6：34.6	32.0：68.0	24.8：30.6：44.6	8.5：40.1：6.9
湖北	12.8：50.2：36.9	34.2：65.8	39.4：22.5：38.1	9.3：31.8：11.3
湖南	13.6：47.4：39.0	31.3：68.7	28.6：23.2：48.2	5.9：48.0：4.1
重庆	8.2：52.4：39.4	27.0：73.0	48.0：26.0：26.0	1.0：—：11.0
四川	13.8：51.7：34.5	33.0：67.0	38.0：27.0：35.0	5.0：19.0：7.0
贵州	13.0：39.1：47.9	23.1：76.8	36.5：32.1：31.4	21.0：25.9：1.8
云南	16.0：42.9：41.1	30.7：69.3	36.6：19.5：43.9	5.4：19.1：2.1
下游	5.9：48.9：45.2	29.3：70.7	38.5：24.1：37.4	5.0：35.6：25.4
中游	12.9：49.9：37.2	32.7：67.3	32.1：24.8：43.2	8.0：39.3：7.8
上游	12.9：48.4：38.6	30.2：69.8	39.7：25.9：34.4	5.9：15.6：6.3
长江经济带	9.1：49.1：41.8	30.2：69.8	36.3：24.5：39.2	5.8：33.1：18.3
全国	10.1：45.3：44.6	28.4：71.6	41.4：23.5：35.1	8.3：30.7：15.2

数据来源：各省市及全国统计年鉴(2014)。

从三次产业构成上看，江苏及长江下游地区主要以第二和第三产业为主，第一产业所占比重仅为6%左右；而上中游地区三次产业结构比较相似，分别为12.9：48.4：38.6和12.9：49.9：37.2，第一产业所占比重均接近13%。从轻重工业的比重上看，2013年沿江11省市规模以上工业企业的重

工业占比已达到69.8%的较高水平,且长江上中下游之间的分布也比较均匀,重工业占比分别为69.8%、67.3%和70.7%,江苏则已达到74.0%,仅低于上海的79.8%。从工业企业的规模结构上看,2013年沿江11省市规模以上工业企业的大中小型企业平均占比为36.3:24.5:39.2,其中江苏为38.9:22.7:38.4,大中小企业的分布比较均匀。从企业所有制结构上看,国有企业占比从长江上游到下游依次降低;外资企业占比则正好相反,从长江下游到上游依次降低;私营企业占比则为长江中游最高,下游次之,上游最低;江苏则在外商投资企业和私营企业占比上具有明显优势(见表4)。

二、长江经济带分工合作共赢发展和江苏的作为

(一)长江经济带分工合作共赢发展的基本思路

关于长江经济带的一体化建设问题,主要可以从政府与市场这两个视角和两条主线去切入及推进。从市场的视角分析,长江经济带目前存在的主要问题与障碍集中体现在四个方面:一是原有的市场化基础比较薄弱,市场的发育程度低,区域一体化的市场体系远未形成;二是各自为政、市场封锁、地方利益至上的行政区经济依然严重制约着跨地区的产业合作和要素的自由流动;三是区域产业、企业的创新能力与动力严重不足,所处产业链等级普遍偏低;四是区域产业组织结构松散,长江流域上中下游之间和产业链条上下游之间的联动都严重不足。上述四个方面的问题与障碍最终导致沿江各省市之间、产业企业之间缺乏共同利益的诉求,缺乏通过分工合作实现共赢发展的整体理念与制度设计、内生驱动力和关键切入点。因此,我们认为长江经济带产业通过分工合作实现共赢发展的基本思路如下:

深入挖掘区域产业分工合作的内生驱动力,以市场为核心,以互补为基础,以共赢为根本,以开放为动力,尽快形成"东西互补、海陆联动、双向开放、开边出海"的区域产业发展新格局。国内外区域经济与产业分工合作的一般规律表明:区域经济的特色在联合,优势在整体。联合是其核心和精髓,而联合的前提和基础则在于分工与互补。鉴于长江上中下游之间的资源要素禀赋不同,产业发展的程度不同,市场的培育、建设、开放程度亦各不

相同,长江上中下游之间完全可以根据自身的产业发展特点,在互补联动中实现本地产业的调整升级和区域产业的整体优化发展。

一是抓住江苏及长江下游地区面临的制造业增长乏力、部分传统产能严重过剩、产业结构亟待优化升级的转型压力和长江中上游地区产业发展大干快上、后来居上的急切要求的互补性,促进长江下游产业梯度转移、上中游产业有序承接、战略性新兴产业共同发展的区域产业合作新模式。

二是抓住江苏及长江下游地区资源能源短缺、加工工业瓶颈制约突出但资金、技术、人才实力雄厚,而长江中上游地区资源能源丰富但资金、技术、人才紧缺的互补性,促进长江下游优势产业经济要素西移、长江上中游资源能源东送的双向流动新态势。特别是长江12.5米深水航道上延至南京后,江苏全省尤其是沿江8市可以积极依托长江黄金水道的航运物流资源,大力发展国际物流及区域物流,有效促进江苏优势产业经济要素西移、长江上中游资源能源东送的双向流动。

三是抓住江苏及长江下游地区外向型经济强、嵌入全球生产网络程度深、海洋经济前景广阔的产业特色和上中游资源能源采掘加工、高效农业、国防工业、特色旅游业等优势产业突显的互补性,以长江中国经济新支撑带和新丝绸之路经济带及海上丝绸之路这"二带一路"的国家发展战略的规划实施为契机,凭借以黄金水道为基础和天然纽带的、发展迅猛且日臻完善的区域综合交通运输体系,形成本土企业与外资企业互补共生、内陆沿海双向开放、流域经济与海洋经济联动发展的区域产业发展新格局。

(二)江苏在长江经济带产业分工合作共赢发展中的作为

依据上述基本发展思路,江苏的具体举措和作为可以从优势产业的引领带动、行业龙头骨干企业的辐射结盟以及科技产业园区的创新示范等三个层面予以展开:

1. 优势产业的引领带动

相对于长江沿江其他省市,江苏最为突出的优势行业当属制造业无疑,特别是其中的高科技产业和以台资、外资、港资企业为特色的外向型产业类型。2013年,江苏规模以上工业总产值120 125亿元,高技术产业主营业务收入20 580.3亿元,分别占了长江经济带11省市的31.3%和48.0%;高技术产业内部投入为220亿元,占长江经济带11省市的35.0%,高技术产业的产值规模、发展水平和科技实力在沿江各省市中均遥遥领先(见表5、表6)。

表5 2013年长江经济带各省市及全国高技术产业主营业务收入

地区	2011年	2012年	2013年
上海	6 472.1亿元	6 439.0亿元	6 134.6亿元
江苏	16 318.7亿元	19 002.1亿元	20 580.3亿元
浙江	2 539.3亿元	2 819.3亿元	2 983.4亿元
安徽	619.0亿元	905.5亿元	1 128.9亿元
江西	979.5亿元	1 312.7亿元	1 454.7亿元
湖北	1 122.1亿元	1 497.1亿元	1 784.8亿元
湖南	752.3亿元	1 024.0亿元	1 555.1亿元
重庆	985.8亿元	1 697.3亿元	2 351.5亿元
四川	2 637.3亿元	3 323.3亿元	4 486.1亿元
贵州	211.5亿元	178.0亿元	202.7亿元
云南	118.2亿元	158.8亿元	192.5亿元
下游	25 949.1亿元	29 165.9亿元	30 827.2亿元
中游	2 853.9亿元	3 833.9亿元	4 794.6亿元
上游	3 952.8亿元	5 357.4亿元	7 232.7亿元
长江经济带	32 755.8亿元	38 357.2亿元	42 854.6亿元
全国	87 527.2亿元	102 284.0亿元	116 048.9亿元
江苏占带	49.8%	49.5%	48.0%
江苏占全国	18.6%	18.6%	17.7%

数据来源:《中国高技术产业统计年鉴》(2014)。

表6 2013年长江经济带各省市大中型企业R&D内部经费支出

地区	2011年	2012年	2013年
上海	619 208万元	802 296万元	936 529万元
江苏	1 737 028万元	2 060 527万元	2 199 586万元
浙江	637 981万元	845 079万元	953 002万元

续表

地区	2011年	2012年	2013年
安徽	162 140万元	171 111万元	210 635万元
江西	138 099万元	150 116万元	185 063万元
湖北	420 870万元	552 623万元	637 199万元
湖南	144 501万元	149 301万元	315 085万元
重庆	61 831万元	83 812万元	130 567万元
四川	176 643万元	348 968万元	564 865万元
贵州	16 311万元	42 326万元	102 611万元
云南	31 243万元	41 925万元	45 509万元
下游	3 156 356.2万元	3 879 013万元	4 299 751.2万元
中游	703 469万元	852 040万元	1 137 347万元
上游	286 027万元	517 031万元	843 552.6万元
长江经济带	4 145 852.2万元	5 248 084万元	6 280 650.8万元
全国	12 378 065万元	14 914 940万元	17 343 666万元
江苏占带	41.9%	39.3%	35.0%
江苏占全国	14.0%	13.8%	12.9%

数据来源：《中国高技术产业统计年鉴》（2014）。

2015年3月25日召开的国务院常务会议强调，要顺应"互联网＋"的发展趋势，以信息化与工业化深度融合为主线，重点发展新一代信息技术、高档数控机床和机器人、航空航天装备、海洋工程装备及高技术船舶、先进轨道交通装备、节能与新能源汽车、电力装备、新材料、生物医药及高性能医疗器械、农业机械装备10大领域，加快推进实施"中国制造2025"，推进智能制造、绿色制造，实现制造业升级。在此领域，江苏拥有强大的产业基础和明显的产业竞争优势。如在"机器人"制造领域，江苏已拥有9家机器人概念上市公司，占了全国的14.3%，仅次于广东而位列全国各省市区第二位（见表7）。今后江苏应以长江经济带建设为契机，不断提高工业产业能级，加快推进制造业从低端向高端、向生产性服务业的转型，最终实现从制造业大省向制造业强省的转变。

表7 中国机器人概念股上市公司省市分布一览表（共63家）

排名	省市	数量	占比（%）	上市公司
1	广东	12	19.0	达意隆、松德股份、东方精工、茂硕电源、雷柏科技、汇川技术、巨轮股份、佳士科技、长盈精密、瑞凌股份、赛为智能、大富科技
2	江苏	9	14.3	科远股份、南京熊猫、斯莱克、中南建设、天奇股份、亚威股份、南通锻压、中天科技、海伦哲
3	浙江	7	11.1	巨星科技、双环传动、慈星股份、钱江摩托、GQY视讯、日发精机、均胜电子
4	上海	6	9.5	海得控制、上工申贝、上海机电、科大智能、锐奇股份、新时达
5	湖北	4	6.3	华中数控、三丰智能、京山轻机、华昌达
6	山东	4	6.3	法因数控、*ST东数、软控股份、山东威达
7	辽宁	4	6.3	机器人、蓝英装备、智云股份、大橡塑
8	北京	3	4.8	金自天正、大恒科技、紫光股份
9	黑龙江	3	4.8	工大高新、佳电股份、博实股份
10	安徽	2	3.2	方圆支承、泰尔重工
11	天津	2	3.2	赛象科技、长荣股份
12	陕西	2	3.2	宝德股份、秦川机床
13	河南	2	3.2	中信重工、林州重机
14	湖南	1	1.6	开元仪器
15	重庆	1	1.6	川仪股份
16	四川	1	1.6	雅化集团
泛长三角		24	38.1	
长江经济带		31	49.2	

数据来源：http://www.southmoney.com/fenxi/201408/156623.html（南方财富网）。

一是通过持续做大做强做优，不断提升江苏高科技产业和战略性新兴产业的产能规模、创新能力、市场竞争力及其在长江经济带的领先地位，并通过对接上海全球科技创新中心建设和加强与长江上中游地区在高端要素集聚、高端价值链塑造、高端产业结构提升等方面的紧密合作，引领沿江各省市共同参与"中国制造2025"的实施，共同应对全球"第三次工业革命"及"工业4.0"浪潮的机遇与挑战。

二是通过部分三资企业向长江上中游地区的转移和建立分支机构，带动长江上中游地区外向型经济的发展，帮助其尽快植入、嵌入全球生产网络和全球价值链体系。

三是积极牵头沿江其他省市联合组建大型工业技术创新项目联合体，重点对电子信息、生命科学、新能源、新材料等高技术产业的重大共性技术和关键技术环节开展合作创新与联合攻关，等等。

2. 行业龙头骨干企业的辐射结盟

江苏是制造业大省，同时也培育了大量的行业龙头骨干企业。2013年全国500强企业排名中，江苏入围企业达到49家，仅次于北京而位居全国第二。龙头骨干企业是社会生产力高度发展条件下的一种先进的企业组织形式，也是区域产业分工与合作的中坚和基石。积极培育龙头骨干企业，能够有效地促进江苏及沿江地区优势产业战略联盟的形成。

一是积极鼓励江苏企业特别是龙头骨干企业走出去，到沿江各地及国内外建厂布点，到沿江中心城市建立企业总部或研发、设计、运营、销售等企业中心，促进龙头骨干企业技术的垂直分工和生产的水平分工，并在更大的市场范围和更加激烈的市场竞争中塑造企业品牌，锤炼壮大。

二是依托长江黄金水道，重点培育大型物流企业，抓住南京以下12.5米深水航道建设的契机，重点打造以南京、苏州为中心的江苏航运物流体系。在此方面，拟可学习和借鉴上海港务集团已实施十多年的"长江战略"，通过对沿江主要港口的参股、控股以及兼并、并购股权、共同投资等多种市场化运作手段，不断加强和拓展与长江上中游地区的港口、航运、第三方物流等相关企业之间的战略联盟与产业合作，在跨地区产业合作中促进企业做大做强和企业价值链、产品供应链的延展。

三是重点布局以长江经济带为主要市场的企业网络，并随着长江经济带交通物流体系的日益完善，不断扩大江苏企业的辐射与服务半径。例如，苏宁云商作为中国最大的商业企业,年销售规模现已超过3 000亿元,员工达到18万人,位列中国民营企业前三强。其主营业务除了电子零售产业之外,近年来还不断向金融业、商旅服务业等领域拓展,目前已在全国范围内形成了完整的销售、物流和售后网络,其5 000多名IT技术人员相继分布在美国硅谷和北京、上海、南京等地的研发中心,为科技苏宁和智慧苏宁提供了有力支撑。

3. 科技产业园区的创新示范

"创新驱动、转型发展"是中国经济新常态下产业结构优化升级、发展方式根本转变和促进"大众创业、万众创新"的重大战略举措,而科技产业园区则是承载产业集聚、产品孵化和企业科技创新尤其是企业联合创新的最佳地域组织形式和空间载体。江苏是我国拥有国家级高新技术产业园区最多的省份,各类经济技术开发区起步早、数量多、效益高、管理好,业已成为各地市承接高科技产业、战略性新兴产业和发展外向型经济的主要载体,成为"三创三先"("创业、创新、创优,争先、领先、率先")之"江苏精神"背景下的靓丽风景线。

一是积极组建沿江跨地区的园区联盟,尤其是跨地区联合共建的园区联盟,使之逐渐发展成为沿江跨地区产业合作、资源共享、技术溢出和重大联合攻关的新型区域产业空间组织,譬如2010年由上海漕河泾经济技术开发区和苏州工业园区等30多家园区及大型企业集团共同发起的"长三角园区共建联盟"。共建园区除了具有一般园区所承担的产业集聚、组织管理和企业科技创新的功能外,还具有承载跨地区产业转移和管理模式创新的特殊功能。在促进产业转移功能方面,通过联合共建园区,特别是通过由当地政府政策提供的制度优势,可以确保转移企业在新园区内同样可以享受到原有的市场发展环境和稳定的政策发展环境,从而较好地推进区域间的产业转移,形成产业在开发区内的集聚、集群,实现区域竞争优势的提升。在管理模式创新功能方面,共建园区则需要在园区共同管理模式、异地经济核算和两地利益分享分配等一系列重要的管理环节及制度安排上形成突破,其成功与否的关键就在于能否有效协调其自身与合作方之间的利益关系,

并通过寻求各方利益的均衡点,实现各方利益的合理分配。因此,合作共建园区是推进产业异地转移、培育区域共同利益和促进区域产业合作共赢而搭建的产业跨地区集聚发展的最佳区域空间平台和制度平台,其基本属性和功能就是形成制度创新和产业集聚收益并进行合理的跨地区分配。

在组建跨地区园区联盟和异地共建园区方面,江苏有着非常成功的多种管理创新模式和发展经验。既有1994年中国与新加坡合作开发苏州工业园区的"异国共建"的成功模式,又有2003年无锡江阴与泰州靖江按"优势互补、共同发展、市场运作、各得其实"原则跨江建立"江阴开发区靖江园区"的"省内共建"的成功经验,还有近些年来与上海等省市联合共建园区的"跨省共建"的成功范式。据有关报道,截至2014年4月,江苏通过南北挂钩合作的共建园区总数为39个。因此,通过总结推广"园区联盟"、"园区共建"的成功经验,江苏完全可以在促进长江沿江地区园区共建、实现产业合作共赢方面发挥积极的示范作用。

二是依托园区,与沿江省市共同搭建跨地区产业合作和科技创新的六大机制和五大平台。其中,六大机制是指利益共享机制、协同创新机制、政府引导与市场化运作的高效运营机制、资源整合与要素流动机制、高效务实的区域协调分工机制,以及产业发展的共建与补偿机制;五大平台则包括打造新型科研创新平台,鼓励龙头企业通过架构创新和制造业服务化来有效整合长江经济带产业链的合作平台,在制造业与服务业"双重产业转移"背景下的沿江省市产业转移与协调发展合作平台,建立辐射长江经济带的科技金融中心和知识产权运营中心,建立沿江企业品牌孵化培育平台。

华东师范大学城市与区域科学学院　徐长乐
华东师范大学博士生　孟越男

长江经济带协同发展中的江苏方略
——"'一带一路'背景下长江经济带跨区域合作研讨会"专家学者献策江苏发展观点综述

摘　要　由南通大学江苏长江经济带研究院主办的"'一带一路'背景下长江经济带跨区域合作研讨会"于2015年3月29日在南通召开,研讨会由南通大学党委书记、江苏长江经济带研究院院长成长春教授主持。江苏省人民政府参事室主任宋林飞,中国工程院院士、河海大学副校长王超,青海师范大学研究生部主任曹广超,重庆智库理事长王佳宁,武汉大学中国中部发展研究院常务副院长张建清,华东师范大学长江流域发展研究院常务副院长徐长乐,江苏省社会科学院副院长吴先满,南通市委常委陈照煌以及南通大学成长春等多位国内知名专家学者在研讨会上先后做主题报告,较为充分地交流了长江经济带跨区域合作的现实基础、主要障碍、突破领域和制度安排,并从推动产业协作加快江苏产业转型升级、推动园区共建发挥江苏示范带动作用、推动港口合作实现江苏港口联动发展、推动市场统一拓展江苏经济发展腹地、推动政策沟通深化江苏体制机制创新、推动环境联治推进江苏生态文明建设、推动跨江融合促进江苏区域协调发展等方面,集思广益提出了"建设新江苏"的对策方略。

"'一带一路'背景下长江经济带跨区域合作研讨会"部分专家学者关于江苏如何积极融入长江经济带跨区域合作的相关观点综述如下:

一、推动产业协作，加快江苏产业转型升级

在推动长江经济带形成"东西互补、海陆联动、双向开放、开边出海"的区域产业发展新格局中，作为沿江最大的工业大省和长江经济带产业经济的领头羊，江苏应注重发挥好优势产业的引领带动作用和行业龙头骨干企业的辐射结盟作用。

首先，充分发挥优势产业的引领带动作用。相对于沿江其他省市，江苏最为突出的产业竞争优势集中于制造业，特别是其中的高科技产业和以台资、外资、港资企业为特色的外向型产业类型。顺应长江经济带东中西互动合作的发展要求和"互联网＋"的发展趋势，江苏应通过以下途径增强优势产业的引领带动作用。**一是积极培育具有国际水平的产业集群。**通过持续做大做强做优，不断提升江苏高科技产业和战略性新兴产业的产能规模、创新能力、市场竞争力及其在长江经济带的领先地位，并通过对接上海全球科技创新中心建设和加强与长江上中游地区在高端要素集聚、高端价值链塑造、高端产业结构提升等方面的紧密合作，引领沿江各省市共同参与"中国制造2025"的实施，共同应对全球"第三次工业革命"及"工业4.0"浪潮的机遇与挑战。**二是有效促进部分产业向长江中上游转移。**通过推动部分三资企业向长江中上游地区转移或建立分支机构，带动长江中上游地区外向型经济的发展，帮助其尽快植入、嵌入全球生产网络和全球价值链体系，实现长江上中下游地区互利共赢。**三是牵头组建工业技术创新项目联合体。**积极牵头沿江其他省市联合组建大型工业技术创新项目联合体，重点对电子信息、生命科学、新能源、新材料等高技术产业的重大共性技术和关键技术环节开展合作创新与联合攻关。

其次，充分发挥行业龙头骨干企业的辐射结盟作用。龙头骨干企业是社会生产力高度发展条件下的一种先进的企业组织形式，也是区域产业分工与合作的中坚和基石。江苏是制造业大省，同时也培育了大量的行业龙头骨干企业，应充分发挥它们在促进形成优势产业战略联盟方面的重要作用。**一是优化产业组织结构。**积极鼓励江苏企业特别是龙头骨干企业走出去，到沿江各地及国内外建厂布点，到沿江中心城市建立企业总部或研发、设计、运营、销售等企业中心，促进龙头骨干企业技术的垂直分工和生产的水平分工，并在更大的市场范围和更激烈的市场竞争中塑造企业品牌，锤炼壮大。**二是扩大企业服务半径**。借助长江经济带日益完善的交通物流体系，学习、借鉴上海大众桑塔纳紧密围绕产品链、供应链推动形成的本地汽车产业集群和异地汽车产业联盟相结合的发展模式，在长江经济带更为广泛的市场范围内巩固、稳定、壮大江苏核心产品产前、产后的分工合作与共同发展，形成更具全球竞争力的企业网络。（徐长乐）

二、推动园区共建，发挥江苏示范带动作用

一是积极组建沿江跨地园区联盟。园区是长江经济带发展的重要战略支撑，尤其是科技产业园区，它是承载产业集聚、产品孵化和企业科技创新的最佳地域组织形式和空间载体。江苏在跨地区合作共建园区方面有着较为成功和丰富的经验，应以此为基础，在继续加大本省三大区域板块之间以及本省与上海之间合作共建园区建设力度的同时，推动组建沿江跨地区的园区联盟，尤其是跨地区联合共建的园区联盟，使之逐渐发展成为沿江跨地区产业合作、资源共享、技术溢出和重大联合攻关的新型区域产业空间组织。（宋林飞、徐长乐、吴先满）

二是积极搭建跨区域合作机制与平台。要依托园区建设，积极推动形成促进沿江跨地区产业合作和科技创新的"六大机制"和"五大平台"（徐长乐）。

三、推动港口合作，实现江苏港口联动发展

港口是长江经济带区域合作的重要通道，长江经济带发展的可行途径之一是以长江沿线地区的港口重要节点作为战略支撑（宋林飞）。江苏通江达海，港口资源丰富，应在港口发展方面做好以下几点。

首先，推进沿江、沿海港口联盟建设。以南京港、苏州港、南通港、连云港等为重要节点，促进港口强强联合、江海联合，在推进南京区域性航运物流中心建设的同时，加强江苏沿江、沿海两大港口联盟建设，加强分工合作，着力解决部分港区集疏运建设"最后一千米"的衔接问题，提升沿江、沿海港

口功能，并做好两大港口联盟与上海国际航运中心的协同合作，全力打造长三角北翼枢纽港群，推动形成上海国际航运中心"一体两翼"发展格局，有效提升对长江上游地区的辐射带动作用。（成长春）

其次，强化与长江中上游港口互动合作。积极学习和借鉴上海港务集团已实施十多年的"长江发展战略"，通过对长江中上游主要港口进行参股、控股以及兼并、并购股权、共同投资等多种市场化运作手段，不断加强与长江中上游港口、航运、第三方物流等相关企业之间的战略联盟与产业合作，在跨地区产业合作中促进企业做大做强、延展企业价值链和供应链。（徐长乐）

第三，为"一带一路"战略搭建物流通道。加快开辟省内沿江、沿海港口至东南亚的海运航线，构建连接海上丝绸之路的新桥梁。借助新亚欧大陆桥和霍尔果斯特殊经济开发区优惠政策，加强江苏沟通南北、连接东西的铁路骨干网建设，建成大容量快速综合交通体系，推动上海、苏南与苏中、苏北之间物流的高效一体化，为连接丝绸之路经济带、快速对接欧洲及中亚市场开辟新的物流通道。（成长春）

第四，支持通州湾江海联动开发。充分利用南通地处长江经济带与21世纪海上丝绸之路交汇点的区位优势，努力创建陆海统筹发展综合配套改革实验区，积极打造通州湾江海联动开发示范区，大力推进南通深水海港和高等级内河航道建设，对内部署加快江海联动集疏运体系建设，对外积极对接长江经济带综合交通运输体系，支持南通率先走出一条陆海统筹、江海联动新路，为中西部地区打造新的江海河联运出海通道，支撑南通成为长江江苏段"国际江海联运港区"的核心区，为江苏经济发展增添新的动力源。（陈照煌）

四、推动市场统一，拓展江苏经济发展腹地

一是取缔以行政区界和城市群边界为依据的歧视行为和做法，努力消除市场壁垒。长江经济带市场一体化不但要求该经济带各区域在商贸流通一体化、口岸通关一体化、商务信息共享一体化等方面继续加强合作，而且要求整个长江经济带内各地区要彼此开放市场，积极清理阻碍生产要素和商品在长江经济带顺畅流动的地方政策，培育贯穿整个长江经济带的统一、

开放、有序的市场体系,有效防止长三角、长江中游城市群、成渝城市群间新的市场壁垒的出现。**二是相互开放内贸市场,构建区域性统一大市场**。应不断加强合作,加快内外贸市场的开放开发。支持大型商业连锁企业在对方市场布点,开展跨省连锁经营。支持专业批发市场建立跨省经营网络,推动重点城市成为区域性和全国性商贸中心。联合构建研发平台,共同面向国际市场开展集群式研发设计。互相开放现有外贸公共服务平台,共同应对外贸壁垒和外贸争端。共同利用技术、品牌、营销网络、会展平台等资源,开拓国际市场。推动企业共同承接大型离岸服务外包业务。共同发展境外营销网络,共同承揽境外大型工程,共同开发国际市场。加强口岸区域通关合作,提高通关效率和监管水平。(宋林飞、张建清)

五、推动政策沟通,深化江苏体制机制创新

加快长江经济带区域合作的重要基础是规则层面的对接合作。**一是推动设立跨区域利益协调组织机构**。江苏应该引领长江经济带各省市之间建立一个跨行政区的协调组织,负责解决各省在交通、旅游、农业现代化、生态环境保护等各个方面的制度政策冲突和明确利益权责,从而促进政策和制度方面的对接。**二是协同推进投资贸易流通体制改革**。坚持优化营商环境与转变政府职能相结合,坚持遵循市场经济规律和加强法治建设相结合,清除市场壁垒,打击侵权假冒行为,整顿规范市场秩序。**三是建立合理的权益分配机制**。在跨区域的园区、产业、交通、生态等合作中,权益分配机制是合作基础。江苏一方面需要大力援助欠发达地区的基础设施及产业发展,以缓解长江经济带各省市之间的市场分割程度,另一方面要对长江经济带跨地区的投资、产业转移合理设计好税收等方面的制度安排。(宋林飞、王佳宁、吴先满)

六、推动环境联治,推进江苏生态文明建设

随着长江经济带建设带动社会经济高速发展以及长江中上游水利工程的大量建设,原本已问题重重的长江流域环境与生态安全情势将变得更加复杂

和日趋严峻，目前长江口及邻近海域水质已是Ⅳ类或劣于Ⅳ类，盐水入侵加剧，已成为我国近海富营养化最为严重的水域。位于长江入海口的江苏亟待通过科学规划经济发展模式、联动建设长江经济带绿色生态廊道、积极参与长江经济带生态环境的联防联治等途径，共同保护好中华民族的母亲河。（王超）

一是积极参与建立初始水权分配和水权转让机制。必须以流域为单元，通过水量分配，将水资源在流域内不同行政区域之间进行科学、合理的配置。江苏要力争在水权市场的构建以及水价形成机制的完善方面发挥示范带头作用。**二是积极参与建立长江上下游合作互动机制和生态治理联盟。**江苏要积极推动建立与长江流域特点相适应的水资源和水环境管理体制，积极探索建立跨部门、跨省区协调机制的突破口，如推动成立由长江流域各主要省区和相关部门参加的长江流域水资源与水环境保护委员会，或建立流域水污染防治联席会议制度，强化水资源保护与水污染防治的协调。同时，要设立由省市环保局负责、相关区县政府和部门负责人组成的协调工作领导小组，组建事故应急联动系统，对流域日常工作及突发性环境事件实行信息资源共享和工作协调互动。沿江区县之间要加强联合执法，严厉打击违法排放行为。（曹广超）

七、推动跨江融合，促进江苏区域协调发展

江苏应紧抓国家优化经济发展空间格局新契机，积极采取跨江融合发展新举措，凝心聚力绘就"建设新江苏"的美好蓝图。

一是在发展定位上要将本省沿江地区打造成创新型经济密集示范区。江苏需要研究制定实施新一轮即第三轮的沿江开发发展战略与政策，但是这一轮沿江开发发展要吸取以往的经验教训，不能再是粗放式搞重化工、港口建设、岸线资源利用，而是要重点突出沿江地区经济的转型升级，重视发展创新型经济，借助实施苏南国家自主创新示范区和跨江融合发展等战略，着力推进跨江经济圈（宁镇扬经济圈、锡常泰经济圈、苏通经济圈）建设，努力把省内沿江地区打造成为长江流域东部重要的创新型经济密集示范区。（吴先满）

二是在发展理念上要加快由"跨江小融合"转向"跨江大融合"。从当前发展形势来看，"一带一路"战略的推动实施、长三角世界级城市群的联动

打造、具有国际水平的产业集群的积极培育以及由苏浙沪沿岸及海域组成的我国东部海洋经济圈的推进形成等，都决定着江苏在通过跨江融合举措抢抓长江经济带战略机遇中，不能孤立地看待长江经济带和沿江两岸地区，而应将长江经济带与"一带一路"联合起来，从切实改变江苏南北梯度差异明显的区域发展出发，以更宏观的战略视野将主要限于支持苏中地区发展的"跨江小融合"，拓展为促进苏中、苏北后发地区与上海、苏南、浙东等先发地区之间形成更广范围、更宽领域、更高层次的"跨江大融合"，以便为新形势下江苏实现"两个率先"提供新举措。比如，目前连云港在推进国家东中西区域合作示范区建设方面实力偏弱，这就需要从省级层面上完善相关体制和机制，鼓励支持苏南经济主体积极参与到连云港出海通道功能提升和东中西产业合作示范基地的建设之中，以省内南北区域间的紧密合作协同支撑国家东中西区域合作示范区加快建设。（成长春）

三是在发展愿景上要以推动长江经济带形成协调性均衡发展格局为指引促进江苏与其他省市融合共生发展。一方面，要以推动长江经济带在空间整体上以及本省在发展内容上形成融合发展态势为抓手，将长江经济带内以及江苏省内分散化、碎片化的区域发展战略和政策联动化，进一步增强其科学性、可操作性和联动效率；另一方面，要以推动长江经济带形成互利共生关系为根本，促进各区域单元之间在共生利益基础上形成共生意愿，促成共生行为，形成共生资源，实现共生价值。（成长春）

南通大学沿海沿江发展研究院　陈长江
南通大学沿海沿江发展研究院　杨凤华

中国社会科学报综述稿

协同打造中国经济新支撑带
——"'一带一路'背景下长江经济带跨区域合作研讨会"综述

> **摘 要** "'一带一路'背景下长江经济带跨区域合作研讨会"于2015年3月29日在南通召开,这次会议由南通大学江苏长江经济带研究院主办。来自长江经济带覆盖省(市)的多位国内知名专家学者,紧密围绕当前国家拓展区域发展新空间的战略部署,对"一带一路"战略背景下长江经济带跨区域合作问题进行了热烈研讨。会议推进了对国内大跨度经济带跨区域合作问题的基本认识,较为充分地交流了长江经济带跨区域合作的现实基础、主要障碍、突破领域和制度安排,集思广益,形成了促进长江经济带各地区协调发展、协同发展、共同发展的路径与方略。

一、跨区域合作是时代要求

协同打造国内跨区域经济支撑带。 与会专家认为,长江经济带如果延续"地区分割、各自为政"的发展模式,那么将会阻碍长江上中下游地区要素的合理流动、产业的分工协作以及生态环境的联防联治,进而削弱长江经济带的整体战略支撑作用。推动长江经济带发展,必须正确发挥市场作用和政府作用,推动各地实现规划对接、产业联动,促进各地之间开展更广领域、更深层次的经济合作与协同发展,建立起统一开放和竞争有序的全流域现代市场体系。

有效应对国际跨区域主义新挑战。当前以 TPP、TTIP 等为代表的新一轮国际跨区域主义正在形成。与会专家认为,为了有效应对一些试图绕开或排除中国的国际跨区域合作新机制的挑战,长江经济带这一国内重要的跨区域合作机制既要通过协同加大改革力度尽快适应新一轮全球治理结构调整中形成的国际新规则,又要通过合理利用区位资源,积极对接中国倡导的"一带一路"国际跨区域合作新机制。

二、长江经济带跨区域合作的基本形势

跨区域合作势头加强。一是跨区域合作的基础性条件大为改善。与会专家指出,高速铁路网、江海联运网等基础性条件的改善,大大缩短了不同地区间的时空距离,使得产品、要素等在地区间的快速流动成为可能,显著改变了长江经济带传统的相对静态的区域发展格局。二是长江下游部分产业向中上游有序转移渐趋增加。与会专家指出,长江下游地区产业创新升级的步伐不断加快,部分劳动密集型产业和加工组装产能已开始向资源禀赋更好的中上游地区梯度转移。与此同时,长江中上游地区也正积极营造承接产业转移的硬环境和软环境。三是区域合作交流机制逐步建立。专家们指出,长江沿线的长三角城市群、长江中游城市群和成渝城市群三大跨区域城市群以及黔中与滇中两大区域性城市群内部的合作交流机制正在加快建立。同时,在"长江沿岸中心城市经济协调会"各成员市的共同努力下,沿江各城市围绕长江流域环境联防联治、口岸一体化发展等问题的交流与合作正日益广泛和深入。

跨区域合作障碍尚存。与会专家认为,推进长江经济带跨区域合作还面临着以下主要困境:一是黄金水道不畅通。4 万多座水坝、成千上万的水闸和堤垸,使得长江即将变成一条"渠道化"的河流。二是产业联动不紧密。长江经济带跨区域产业组织结构较为松散。三是各地政策不统一。行政区经济导致的地方政策不统一制约着跨地区的产业合作和要素的自由流动。四是生态环境不容乐观。长江流域频发的蓝藻、重金属污染等事件,直接威胁着城市用水安全。

三、长江经济带跨区域合作的突破领域

与会专家提出,推进长江经济带跨区域合作,应同步加大"软件"与"硬件"的建设力度,并着重从以下几个方面实现实质性突破。

一是加强政策沟通。"一带一路"战略布局的内涵,是"政策沟通、道路联通、贸易畅通、货币流通、民心相通"。长江经济带建设,也应该以这"五通"为基础,其中政策沟通直接影响其他"四通"。推动长江经济带跨区域合作,最为关键的是要实现政策一体化。

二是强化港口和园区的战略支撑功能。长江经济带建设要以沿线的港口、园区等重要节点作为战略支撑。一方面,要以港口为连接点,加快铁路、高等级公路等与港区的连接线建设,实现多种运输方式有效衔接,扩大港口运输服务的覆盖范围;另一方面,要推动长江下游地区积极与中上游地区共建资源开发型、产业转移型园区。

三是推进区域产业分工与合作。促进长江经济带跨区域合作,必须深入挖掘区域产业分工合作的内生驱动力,以市场为核心,以互补为基础,以共赢为根本,以开放为动力,尽快形成"东西互补、海陆联动、双向开放、开边出海"的区域产业发展新格局。

四是推动生态环境联防联治。要树立可持续发展的理念,建立生态补偿机制,通过建立初始水权分配和水权转让机制以及生态服务长江上下游合作互动机制,来实现生态环境的联防联治。

五是创新跨区域合作机制。长江经济带应构建自上而下和自下而上相结合的合作机制。自上而下主要是体现顶层设计,但缺乏市场主体诉求的充分表达;自下而上是区域自治的观点,但容易陷入议而不决的拖沓困境。长江经济带跨区域合作既需要加强自上而下的宏观指导和制度安排,也需要自下而上的微观推动和制度创新。

四、长江经济带跨区域合作的对策方略

与会专家认为,长江经济带发展应将现行梯度式推进色彩仍然较为浓

厚的"调整中趋衡"发展格局加快转至协同性特征更为明显的"协调性均衡"发展新格局。主要观点如下：

一是确定融合共生的发展目标。一方面，要以推动各地形成融合发展态势为指引，将长江经济带内分散化的区域发展战略和政策联动化，进一步增强其科学性、可操作性和联动效率；另一方面，要以推动各地形成互利共生关系为根本，促进长江经济带各区域单元之间在共生利益的基础上形成共生意愿，促成共生行为，形成共生资源，实现共生价值。

二是建立区域产业合作新模式。要促进长江下游产业梯度转移、上中游产业有序承接、战略性新兴产业共同发展的区域产业合作新模式。要促进长江下游优势产业经济要素西移、上中游资源能源东送的双向流动新态势。要以"一带一路"和长江经济带国家发展战略的规划实施为契机，推动形成本土企业与外资企业互补共生、内陆沿海双向开放、流域经济与海洋经济联动发展的区域产业发展新格局。

三是推进市场一体化进程。首先，取缔以行政区界和城市群边界为依据的歧视行为和做法，努力消除市场壁垒。其次，相互开放内贸市场，构建区域性统一大市场。联合构建研发平台，共同面向国际市场开展集群式研发设计。互相开放现有外贸公共服务平台。共同利用技术、品牌、营销网络、会展平台等资源，开拓国际市场。

四是完善生态环境协同治理机制。必须以流域为单元，通过水量分配，将水资源在流域内行政区之间进行科学、合理的配置。推动建立长江上下游合作互动机制和生态治理联盟。国家有关部门要根据国家流域水环境保护政策和制度建设需求，加快流域生态补偿立法工作，为长江经济带开展流域生态补偿试点工作提供法律与技术支持。

南通大学江苏沿海沿江发展研究院　周威平
南通大学江苏沿海沿江发展研究院　杨凤华
南通大学江苏沿海沿江发展研究院　陈长江
南通大学江苏沿海沿江发展研究院　冯　俊

推动长江经济带跨区域合作
——"一带一路"背景下长江经济带跨区域合作研讨会专家观点

2015年3月29日,南通大学江苏长江经济带研究院主办了"一带一路"背景下长江经济带跨区域合作研讨会,与会专家围绕主题深入探讨,主要观点如下:

新一轮开发开放中要保护好中华民族母亲河

王超(中国工程院院士,河海大学副校长、教授、博导):

打造长江经济带的国家战略意图:一是依托长三角城市群、长江中游城市群、成渝城市群以及黔中和滇中城市群,形成以城市群为主体形态的集约高效、绿色低碳的新型城镇化格局,为打造具有全球影响力的内河经济带提供支撑;二是加快上海国际航运中心、武汉长江中游航运中心、重庆长江上游航运中心和南京区域性航运物流中心建设,提升长江黄金水道功能;三是推进长江中上游腹地开发,充分挖掘中上游广阔腹地蕴含的巨大内需潜力;四是建设陆海双向对外开放新走廊,培育国际经济合作竞争新优势。

随着长江经济带建设带动社会经济高速发展,原本已问题重重的长江流域环境与生态安全情势将变得更加复杂和日趋严峻。三江源地区、长江上中下游地区以及长江河口均面临着各具"特色"的生态环境问题。在长江经济带新一轮开发开放中,不能以破坏和牺牲中华民族的母亲河的生态环境为代价,要通过生态环境的联防联治,使长江经济带成为水清地绿天蓝的生态廊道。为此有三个方面的工作可做,一是要科学规划长江经济带发展模式,积极实施生态经济模式、资源节约模式;二是要统筹谋划长江经济带产业结构宏观布局,推动化工、机械、电镀等重污染行业、高耗水行业布局的优化调整;三是要在城市基础设施建设中加大污水处理工程、垃圾处理工程的建设力度。

长江经济带区域合作的战略支撑和战略基础

宋林飞(中国社会学会会长、江苏省政府参事室主任、南京大学教授、博导):

长江经济带战略的核心是"带"。带的内涵是相互连接、紧密结合,断断续续就不叫带。而现在,长江经济带上各自为战、以邻为壑的现象仍然比较普遍。中央推进长江经济带战略的目的,就是要沿江各地突破行政壁垒,让要素自由流动,共同利用国内国外两个市场。因此,长江经济带建设现阶段的主要任务,就是要加强区域合作。

在推进区域合作中,由于港口是长江经济带区域合作的重要通道,而各类园区则可在区域合作中起到引领作用,因此可以将港口、园区作为长江经济带区域合作的战略支撑。比如,就园区建设而言,跨地共建园区不仅具有承担产业集聚、组织管理和科技创新的功能,而且可以承载促进产业转移和创新管理模式的特殊功能,可逐渐发展成为经济带产业合作、资源共享、技术溢出和重大联合攻关的新型区域产业空间组织,从而带动整个经济带的共同腾飞。当前江苏在跨地合作共建园区方面已经走在长江沿线乃至全国前列,这一模式可以为长江经济带跨区合作提供范例和经验。同时,针对地区政策不统一是当前长江经济带跨区域合作的主要障碍这一现实,可以将加强各地的政策沟通确定为推进长江经济带区域合作的战略基础,推动实现长江经济带各地区政策统一,政策共享。

各地区应加强生态环境的联防联治

曹广超(青海师范大学研究生部主任、教授):

三江源是世界高海拔地区生物多样性最集中的自然保护区,被誉为高寒生物自然种质资源库。历史上,三江源区曾是野生动物种群繁多的高原草原草甸区,被称为生态"处女地"。然而随着全球气候变暖,冰川、雪山逐年萎缩,直接影响高原湖泊和湿地的水源补给,众多的湖泊、湿地面积缩小甚至干涸,沼泽地消失,泥炭地干燥并裸露,生态环境变得脆弱。更为重要的是,随着三江源区植被与湿地生态系统的破坏,水源涵养能力急剧减退,导致三江中下游广大地区旱涝灾害频繁、工农业生产受到严重制约,并已经直接威胁到了长江、黄河流域乃至东南亚诸国的生态安全。

长江源区既要保护生态环境,又要依靠资源发展经济、改善民生,这始终是一对矛盾。长江源区生态环境保护必须根据其特定的自然环境,着眼于经济与社会的可持续协调发展,寻求符合长江源区高寒条件下的生态规律与经济发展相协调的可持续生态环境体系。因此,只有建立完善的生态补偿长效机制,通过建立初始水权分配和水权转让机制与生态服务上下游合作互动机制实现该区域的联防联治,才能从根本上遏制生态环境的恶化趋势,实现区域社会经济的和谐发展。

长江经济带跨区域合作值得重视的三个方面

王佳宁(重庆智库理事长、研究员):

长江经济带建设应体现自上而下和自下而上相结合的合作思路。自上而下即中央的顶层设计,缺陷在于缺乏市场主体诉求的充分表达;自下而上从区域经济学的角度来看,只能是区域自治的观点,容易陷入议而不决的状况。两者相结合才能真正发挥作用。

长江经济带建设取决于对沿江11个省市现有区域格局的充分认识。应重视发挥4大板块的作用:一是长三角城市群,重点关注浦东、舟山群岛两个国家级新区以及重要节点城市;二是中游城市群,重点关注湖北、湖南资源节约型、环境友好型"两型社会"的建设;三是成渝城市群,重点关注两江新区和天府新区;四是黔中和滇中城市群,重点关注贵安新区。

长江经济带跨区域合作应该充分体现四个机制:动力机制、协同机制、利益分配机制与利益补偿机制。只有形成四个机制的联动,才能合理地做大并分配好蛋糕。

长江经济带的开发有一个发展的优先顺序问题

张建清(武汉大学中国中部发展研究院常务副院长、教授、博导)：

近十年来，欧美发达经济体整体发展速度放缓，以中国为代表的新兴经济体成为世界经济增长的亮点，发展契机转移到发展中国家。东部沿海地区长期以来一直都是推动中国经济发展的重要力量。进入新时期后，国内外环境发生改变，东部沿海发展速度放缓，单纯依靠沿海的力量很难带动中国经济的长期发展，需要寻求新的增长点和增长带。长江经济带战略的出台有着十分重要的意义。

长江经济带的开发有一个发展的优先顺序问题，政策支持的重点应该是上游和中游地区，否则就会制约整个长江经济带开发开放。在基础设施方面要解决传统单一的运输问题，实现水、陆、空有机对接、无缝对接；在市场利益划分上，彻底打破传统地方分割贸易保护，建立统一市场。关于产业合作，长三角可以把很多产业向中、上游转移，实现互利双赢。

从长江全流域来看，下游长三角一直发展良好，以重庆为代表的上游省市发展劲头加速，唯独中游地区经济增长速度虽快但明显不足，长江中游如不加紧推动发展，则将会成为制约长江全流域发展的瓶颈。长江经济带应统筹开发开放，一是统一规划交通运输体系，二是培育全流域市场开放体系，三是建立统一的包括医疗、养老在内的社会保障体系，四是统筹长江上中下游产业合作。

通过分工合作　实现共赢发展

徐长乐(华东师范大学长江流域发展研究院常务副院长、教授、博导)：

目前长江经济带跨区域合作存在的主要问题与障碍集中体现在四个方面：一是原有的市场化基础比较薄弱，市场的发育程度低，区域一体化的市场体系尚远未形成；二是各自为政、市场封锁、地方利益至上的行政区经济依然严重制约着跨地区的产业合作和要素等的自由流动；三是区域产业、企

业的创新能力与动力严重不足,所处产业链等级普遍偏低;四是区域产业组织结构松散,流域上中下游之间和产业链条上中下游之间的联动都严重不足。

上述四个方面的问题与障碍最终导致沿江各省市之间及产业企业之间缺乏共同利益的诉求,缺乏通过分工合作实现共赢发展的整体理念、制度设计、内生驱动力和关键切入点。

因此,我们认为长江经济带产业通过分工合作实现共赢发展的基本思路是:深入挖掘区域产业分工合作的内生驱动力,以市场为核心,以互补为基础,以共赢为根本,以开放为动力,尽快形成"东西互补、海陆联动、双向开放、开边出海"的区域产业发展新格局。鉴于长江上中下游之间的资源要素禀赋不同,产业发展的高级化程度不同,市场的培育、建设、开放程度亦各不相同,上中下游之间完全可以根据各自的产业发展特点,在互补联动中实现本地产业的调整升级和区域产业的整体优化发展。

江苏应多做贡献　发挥应有的作用

吴先满(江苏省社科院党委委员、副院长、经济研究所所长、博导):

在中国经济发展和沿长江流域地区经济发展进入新常态的情况下,国家倡行建设长江经济带,具有非常重要的战略意义。长江经济带的开发建设要统筹协调与规划建设好长江流域产业带、长江流域城市带、长江流域历史文化带、长江流域生态文明带,以这四个带的规划建设作为长江经济带规划建设的重要或核心内容。

新一轮长江经济带的开发建设,江苏要认真贯彻落实中央的战略决策,与中央部委和沿江兄弟省市合作攻坚,多做贡献,发挥自己应有的作用。一是给予经济援助、帮扶、支持,促进缩小区域经济差距、实现共同富裕。二是加强区域尤其是沿江地区生态文明建设,节能减排,防治污染,修复生态。三是主动参与长江经济带的重大基础设施建设,加快长江流域基础设施的建设、改造与提升,加快互联互通。四是主动参与长江经济带的产业发展与改造提升,共同构筑长江流域自主创新的产业链和产业价值链,共同推进长江流域现代产业体系建设。五是主动参与长江经济带的经济技术开发园区建设,推动长江流域经济技术开发园区功能的扩展与强化。六是主动参与长江经济带区域市场的深度开发建设,协同推进长江流域统一、开放、竞争、有序的市场体系深化发展。七是主动参与长江经济带的新型城镇化(城市群、城市圈、城市带等)建设,促进长江流域城镇化、城乡一体化的进一步发展、提升。

将南通打造成长江江苏段"国际江海联运港区"核心区

陈照煌(南通市委常委、南通市常务副市长):

要抢抓国家发改委2015年3月12日批准设立通州湾江海联动开发示范区的良好机遇,将南通打造成长江江苏段"国际江海联运港区"核心区,为长江经济带东部地区发展增添新的动力源,为中西部地区打造新的江海河联运出海通道。

南通江海联动开发的目标定位必须体现四大特色:一是江海河运的枢纽。利用南通出江入海、河网密布的优势资源建设江海河运枢纽。二是"十字"开放的轴点。建成利用国内和国际两个市场、两种资源的轴心区域。三是区域合作的示范。在长江沿线区域合作上发挥示范引领作用。四是北翼辐射的中心。打造以现代产业为支撑的长三角北翼经济中心。

南通江海联动开发的推进方略包括五大方面:一是陆海统筹,改革开路。率先通过全面深化改革走出一条陆海统筹、江海联动新路。二是交通支撑,内外并举。以江海联动综合运输大通道为支撑,对内加动江海联动集疏运体系建设,对外融入长江经济带综合交通运输体系。三是产城融合,进出互动。四是市县同步,点面结合。市级层面搞好规划统筹和组织推进,县级层面发挥特色优势。五是江海和谐,生态文明。要实现要素的科学流动而不是污染的恶性转移。

加快构建"协调性均衡"发展新格局

成长春(南通大学党委书记、江苏长江经济带研究院院长、教授、博导):

改革开放以来,长江经济带在先后经历低水平均衡、梯度性非均衡发展

阶段演变后,现在正处于"调整中趋衡"的发展阶段,即处于走向新的更高层次均衡的起步阶段。这种新的更高层次的均衡,与改革开放初期的低水平、低效率、地区间缺乏交流合作的分散式、静态型均衡不同,它是在区域协调发展理念指引下形成的一种地区之间经济交往密切,空间相互作用程度大,发展中关联互动、优势互补、分工协作的高水平、高效率、共生型均衡,可以称为"协调性均衡"。

为了充分发挥长江经济带的整体战略支撑作用,应将长江经济带现行梯度式推进色彩较为浓厚的"调整中趋衡"发展格局加快转型至协同性特征更为明显的"协调性均衡"发展新格局。所谓长江经济带协调性均衡发展新格局,就是指以科学发展观和区域协调发展思想为指导,以新常态下打造中国经济新支撑带为目标,以推动不同区域单元之间和同一区域单元内部形成融合发展态势为抓手,以促进不同经济主体之间以及人与自然之间形成互利共生关系为根本,将区域内分散的经济社会活动有机地组织起来,充分发挥东部地区的辐射引领作用,有效激活中西部地区潜在的经济活力,不断提高长江经济带发展的整体性和联动性,形成东中西部之间协调发展、协同发展、共同发展、可持续发展的新型发展格局。

长江经济带建设给南通带来的重大发展机遇

2014年9月,国务院发布《关于依托黄金水道推动长江经济带发展的指导意见》,长江经济带发展作为国家战略正式拉开了序幕。从当前形势看,长江经济带建设将为新常态下南通的发展带来诸多重大机遇。

——经济腹地大幅拓展的机遇。长江经济带的建设与发展,从国家战略的层面将包括南通在内的长三角地区与长江中上游地区更加紧密地联系了起来,这就大大拓展了南通的经济腹地和发展回旋余地。沿长江溯流而上,长江中上游的广袤空间,尤其是几大重要城市群,都将成为南通今后几十年间可以充分依托的经济腹地,南通与这一腹地间的人才、信息、产品、技术、服务等的流动整合将更加便捷活跃,经济互补、资源共享、互利共赢的优势将进一步彰显。刚刚闭幕的中央经济工作会议提出"要重点实施'一带一路'、京津冀协同发展、长江经济带三大战略,争取明年有个良好开局"。可以预计,长江经济带建设的实质性启动,将使广大腹地迎来新一轮大发展,这对南通无疑是一重大利好。

——产业结构优化升级的机遇。客观地看,过去30多年来东部地区成功实施沿海开放开发战略,已使东中西部在经济发展与产业结构演进方面形成了某种"代差",因而南通与长江中上游地区当前在产业结构上存在着很强的互补性,这就为已进入工业化中后期,当前又面临着产能过剩、劳动力成本上升、资源环境承载压力加大困境的南通,在产业结构转型升级方面提供了绝佳机遇:一方面,南通有可能将在产业链上处于中低端的部分制造业向长江中上游地区转移,逐步形成"研发与销售两头在通、中间生产制造在腹地"的产业互补模式,这种模式的运行既可通过产业转移开拓新市场、促进长江中上游地区的发展,又将使留在南通的研发、销售环节得到提升,从而形成双赢共荣效应;另一方面,南通可将部分富余产能通过产业转移向中西部输出,这样,既可为富余产能找到新的稳定的出路,又可为中西部的发展提供新的捷径。目前,仅长江中游地区就设立了安徽皖江、湖南湘南、湖北荆州3个国家级的承载产业转移示范区;长江上游的四川省近年来更是在引进省外资金方面每年跨上一个千亿元大台阶,2013年已达到8 697亿元,其中东部地区的到位资金占比就达58%。所以,由东而西的产业转移与整合已经是大势所趋。通过这种合理有序的产业梯次转移形成长江经济带内东中西有机连接深度融合的格局,显然将为南通产业结构的调整与转型升级拓展新的空间、开辟新的途径。

——市场空间扩张融合的机遇。长江经济带的一体化发展,将为南通的产品与服务开辟更大的市场空间。随着长江经济带战略的实施,这一贯通中国版图中间横向地带的广阔区域内势必形成一种多层次多领域更加紧密联系与合作的经济有机体关系,在这一经济有机体内,市场的互联互通、深度融合将使南通与整个长江经济带区域的产品贸易和市场整合实现量的扩张及质的提升,在交易对象上从有形的产品向无形的技术、服务等扩展,在交易方式上从单纯的买卖向多层次多维度的贸易协作、互利共赢延伸。近日召开的中央经济工作会议明确提出"要通过发挥市场机制作用探索未来产业发展方向"。南通与长江中上游以致再向西与丝绸之路经济带相连接,进而形成东西双向开放开发的新格局,将使南通产品与服务的市场得到极大的扩张与深化,这就不仅对短期内促进南通更快地适应经济运行新常态、在新形势下更好地发挥比较优势谋取更大利益具有重要意义,而且对长期内通过市场机制来探索发现未来产业发展方向,推动南通在新的更高发展阶段上实现可持续的稳定健康发展产生重大而深远的战略性影响。

——优质资源吸纳集聚的机遇。长江经济带的建设,在促进整个经济带区域内产业整合、梯次发展的过程中将有力地推动各种要素与资源的大流动、大重组、大整合。在现代市场经济运行与发展中,处于领先发展阶段、居于高端发展地位的地区，往往具有更为强大的吸纳优质资源的能力与空间，从而形成优质资源向高端、先进地区定向流动的趋势。在当前的长江经济带版图中，长三角地区无疑处于龙头地位，而在长三角区域内，南通又因近年来区位条件的突破性提升以及多年来赶超式快速发展积累的强大经济动能，而跻身于优势行列，这就使得南通极有可能在长江经济带建设中成为集聚吸纳优质资源的洼地，在产业梯次转移、结构优化升级过程中人才流、物流、资金流、信息流、技术流势必大大扩容和加速，各类人才、信息、技术、资金等资源，尤其是高端优质资源，有望在比较利益的驱动下向南通汇集聚合，从而为南通当前及今后数十年的发展注入强大活力。这无疑是南通所面临的各种机遇中最为宝贵、最应当牢牢把握的重大战略性机遇。

面对以上几大机遇，南通无疑应审时度势，进一步解放思想，转变观念，高点定位，及早谋划，牢牢把握机遇、用好机遇，以期在新一轮发展中赢得先机、争得主动，创造新的辉煌。

南通大学商学院　管怀鎏

优化南通长江岸线资源布局策应长江经济带战略实施

> **摘　要**　长江经济带的开发正在成为中国经济发展新战略,长江经济带战略是在全球具有影响力的长江流域建设中国乃至世界最大的内河经济带,其意义非同小可。南通作为长江入海口的重要城市,在建设长江经济带中应大有作为。一项重要而紧迫的工作,就是要优化南通长江岸线资源布局,使南通在长江经济带战略实施中更好地抓住机遇多做贡献。

在21世纪的第二个十年,中国经济进入新常态,中央决定实施长江经济带开发战略,具有极为重要的意义。南通作为长江入海口的重要城市,在建设长江经济带中应大有作为。

一、南通在长江经济带战略中的地位与优势

长江是中国第一、世界第三大河流,横跨中国东中西部,贯穿长三角城市群、长江中游城市群、成渝城市群,流域面积占全国的18%,人口占全国的36%,GDP占全国的37%。长江经济带覆盖了上海、江苏、浙江、安徽、江西、湖北、湖南、四川、重庆、云南、贵州11个省及直辖市。

长江经济带是我国沿海和沿江两个发展轴的主体组成部分,在我国区域经济发展格局中占有极其重要的地位。长江经济带不仅是长江流域经济最发达、最繁华的地区,也是全国最重要的高密度经济走廊和全国经济、科技、文化最发达的地区之一。长江经济带拥有我国最广阔的腹地和发展空

间,是我国今后经济增长潜力最大的地区,具备建设成世界上开发规模最大、影响范围最广的内河经济带的区位优势和综合条件。

与沿海、沿边及中西部开发战略相比,长江经济带开发的综合性更强。长江经济带处于国土中心、横贯东西、连接南北,集中了东中西三大地带经济精华,资源丰富、经济发达、通江达海,不仅能缩小东西差距,而且能带动南北均衡发展,将成为推动全国经济东西联动和南北均衡发展的"战略扁担区"。有专家预测,长江经济带的经济增长速度将超过全国经济的平均增长速度,到2020年前后其经济总量将达到全国经济总量的50%。

在国家发展重心从出口转为内需之后,加上高速、铁路、长江深水航道的建设,长江经济带的规划和建设必然成为关乎全局与可持续发展的国家战略。这一战略,不仅可形成巨大的现实市场和释放出巨大的潜在生产力,而且通过协作分工使长江经济带各省市的优势产业和产品形成专业化生产,再通过市场进行优势互补,生产成本将会大大下降,由此将产生巨大的经济效益,成为我国经济发展的新发动机。

如果将长江经济带比作一条龙,长三角是龙头,上海与南通就分别是龙的两只眼睛,南通在长江经济带战略中具有大有作为的地位与优势。

1. 在长江经济带中具有交通枢纽地位

在中国版图上,只有上海和南通同处于沿海经济带与长江经济带T型结构交汇点上。南通南部与中国经济最发达的上海及苏南地区相依,北接广袤的苏北大平原,通过铁路连接全国铁路网与欧亚大陆桥相连;从长江口出海可通达中国沿海和世界各港;溯江而上,可通苏、皖、赣、湘、鄂、川六省及云、贵、陕、豫等地。苏通长江大桥和沪通铁路大桥使南通具有的靠江、靠海、靠上海的优势空前放大,以及南通构建了铁路、公路、航空、港口和管道立体化发展的综合交通运输网络,成为我国东部重要的交通门户节点城市,可为长江经济带的发展提供江海联动,通江达海的运输便捷。

2. 在长江经济带中具有一定实力

南通作为中国首批对外开放的沿海港口城市,自1984年对外开放以来,经济建设取得了长足的发展。进入21世纪,南通提出"依托江海、崛起苏中、融入苏南、接轨上海、走向世界、全面小康"的发展思路,不断深化改革,扩大开放,着力转变经济增长方式,大力推进产业结构调整与优化,加快工业化、信息化、城市化、市场化、国际化进程,经济增幅一直位于全省前列。进入21世纪后,GDP连破1 000亿、2 000亿、3 000亿、4 000亿大关,2013年成为全国地级市中为数不多的经济总量超5 000亿的城市之一,2014年达5 652亿,在全国大中城市中排第23位,在长江经济带沿线城市中排第9位,前8位分别是上海(2 356亿)、重庆(14 265亿)、苏州(13 760亿)、武汉(10 060亿)、成都(10 056亿)、南京(8 820亿)、无锡(8 205亿)、长沙(7 810亿)。

3. 在长江经济带发展中具有产业优势

南通纺织、建筑等传统产业和船舶修造、海洋工程、机械电子、化工、轻工食品、医药、电力能源和新材料、新能源等新兴产业,总产值超万亿,在国际国内都有一定的竞争力;南通以工业园区为载体,实行产业集群发展、集约发展和产业转型升级与城市一体化发展,建设了苏通生态科技园、上海扬浦(海安)工业园、上海北高科技园、锡通工业园等十余个工业园区,这为南通在长江经济带发挥推动全国经济沿江沿海联动发展奠定了产业基础。

二、南通长江岸线资源开发与利用现状

1. 建设长江经济带必须优化长江岸线资源布局

长江岸线资源是指长江沿线一定范围的水域和陆域,是水域和陆域的结合地带。长江两岸岸线总长约6 500千米,干流从四川宜宾至长江口全长2 808千米,岸线资源丰富。

建设长江经济带,就是要构建沿海与中西部相互支撑、良性互动的新棋局,这就需要优化长江岸线资源布局,通过改革开放和实施一批重大工程,让长三角城市群、长江中游城市群和成渝城市群三个"板块"的产业与基础

设施连接起来、要素流动起来、市场统一起来,促进产业有序转移衔接、优化升级和新型城镇集聚发展,形成直接带动超过五分之一国土、约6亿人的强大发展新动力。

长江航运具有"低能耗、大运量、小污染"的优势,长江货运量已位居全球内河第一,但还有很大潜力。建设长江经济带的重要内容就是要更加注重发挥水运成本低、能耗少的竞争优势,这就需要优化长江岸线资源布局,以沿江重要港口为节点和枢纽,统筹推进水运、铁路、公路、航空、油气管网集疏运体系建设,打造网络化、标准化、智能化的综合立体交通走廊,使长江这一大动脉更有力地辐射和带动广阔腹地发展。

长江岸线是不可复制的宝贵资源,长江经济带开发成为我国的重大发展战略后,南通的长江岸线资源更显珍贵。"十二五"期间,国家实施长江下游12.5米深水航道上延至南京工程完工,第五、第六代集装箱船和10万吨级散货船乘潮直达南通,继2008年6月苏通长江大桥和2011年12月崇启长江大桥通车后,世界上最大的公路铁路两用桥——沪通长江大桥和沪通铁路于2014年3月开工建设,这使南通的长江岸线资源含金量极大提升。在新形势、新机遇、新条件下,优化南通长江岸线资源布局,策应长江经济带战略实施,是南通"十三五"期间一项重要的工作。

2. 南通长江岸线基本情况

南通位处长江入海口北岸,南岸为上海市和苏州市。南通市域长江岸线西起如皋市四号港闸,东至启东圆陀角入海口,主江岸线166千米,洲堤岸线53千米,岸线总长度居江苏省第二。南通长江岸线港口密集,已开发建设了如皋港区、天生港区、南通港区、任港港区、狼山港区、江海港区、富民港区、通海港区和启海港区9个港区,建有万吨级以上泊位95座,截至2013年底,南通市沿江建有万吨级以上泊位108个(生产性泊位61个,舾装泊位47个),其中5万吨级以上泊位69个(生产性泊位36个,舾装泊位33个),2014年货物吞吐量2.2亿吨,集装箱吞吐量70万标箱。

表1 南通长江岸线基本情况表

分类		岸线长度(千米)	占总岸线比重(%)
岸线等级	一级岸线	8.6	5.2
	二级岸线	17.2	10.4
	三级岸线	138.8	84.4
港口岸线水深	深水岸线	20.8	
	中深水岸线	12.8	
	浅水岸线	5.2	
岸线功能用途	工业仓储	55	
	港口码头	20	
	城市生活及生态保护	30	
	过江通道	8	
	未利用与其他	53	

3. 南通市区长江岸线码头泊位占用岸线情况

南通市区长江岸线有码头泊位82座,其中1万吨以下泊位38座,1万~5万吨(不含5万吨)泊位26座,5万吨及以上泊位14座,汽渡码头2座,海事码头1座,消防码头1座。

表2 南通市区长江岸线码头泊位占用岸线长度情况

分类	泊位数量(座)	占用岸线长度(米)
1万吨以下	38	4 915
1万~5万吨(不含5万)	26	5 218
5万吨及以上	14	4 258
其他	4	46
合计	82	14 437

4. 南通长江岸线沿江用地情况

南通市域沿江范围西至开沙岛,东至新江海河,南至长江,北至沿江高等级公路,规划总用地面积约135.25平方千米,另协调区约25.67平方千米。

表3 南通长江岸线沿江用地情况表

片区	规划范围(平方千米)	协调区范围(平方千米)
崇川片区	13.36	9.88
港闸片区	9.66	5.40
开发区片区	47.42	1.34
通州片区	50.71	9.05
海门片区	14.10	/
合计	135.25	25.67

5. 市区沿江岸线分类利用现状

南通市区沿江现状岸线全长约62千米,其中港口码头岸线约7千米,工业仓储岸线约27千米,城市生活及生态保护岸线约4千米,过江通道岸线约3千米,未利用及其他岸线约21千米。

沿江城市建设用地现状。规划总用地135.25平方千米,城市建设用地49.9平方千米,未建设用地63.84平方千米。未建设用地主要分布于通州区与开发区。

表4 南通沿江城市建设用地情况表

	用地代码	用地名称	面积(公顷)	占已建设用地比例(%)	占总建设用地比例(%)
建设用地	R	居住用地	317.71	6.37	2.79
	A	公共管理与公共服务设施用地	52.23	1.05	0.46
	B	商业服务业设施用地	288.44	5.78	2.54
	M	工业用地	3 002.94	60.17	26.40
	W	物流仓储用地	219.44	4.40	1.93
	S	道路与交通设施用地	486.39	9.75	4.28
	U	公共设施用地	70.11	1.40	0.62
	G	绿地与广场用地	312.86	6.27	2.75
	H2	区域交通设施用地	225.97	4.53	1.99
	H4	特殊用地	14.3	0.29	0.13
	小计	已建设用地	4 990.39	100	43.88

续表

用地代码	用地名称	面积（公顷）	占已建设用地比例（%）	占总建设用地比例（%）
	未建设用地	6 383.67		56.12
	总建设用地	11 374.06		100
	水域	2 150.87		
	总用地面积	13 524.93		

6. 南通长江岸线与产业关系

南通长江岸线是产业密布区,其产业与岸线的关系见下表:

表5　南通产业与岸线的关系

关系	产业门类	企业个数		企业用地	
		个数	占比(%)	面积(公顷)	占比(%)
直接相关	船舶修造及配套业	37	10.76	534.02	16.41
	港口物流业	33	9.59	250.76	7.71
	电力能源业	6	1.74	200.19	6.15
	小计	76	22.09	984.97	30.27
间接相关	机械设备业	52	15.12	411.25	12.64
	化学工业	67	19.48	978.05	30.06
	造纸及纸制品业	3	0.87	223.97	6.88
	建材业	24	6.98	81.93	2.52
	粮油食品业	3	0.87	36.26	1.11
	小计	149	43.32	1 731.46	53.21
无关	纺织服装业	47	13.66	220.83	6.79
	金属制品业	12	3.49	68.48	2.10
	电子工业	7	2.03	9.82	0.30
	家具业	1	0.29	6.43	0.20
	其他工业	52	15.12	231.45	7.11
	小计	119	34.59	537.01	16.5
	总计	344	100	3 253.44	100

由表5可知,与沿江岸线直接相关的临港工业及物流业共76家(占比22.09%),用地面积约9.85平方千米(占比30.27%);间接相关的临港工业及物流业共149家(占比43.32%),用地面积约17.31平方千米(占比53.21%);无关的临港工业及物流业共119家(占比34.59%),用地面积约5.37平方千米(占比16.5%)。

表6 沿江企业用地情况一览表

企业大小	企业个数		企业用地	
(公顷)	个数	占比(%)	用地面积(公顷)	占比(%)
5~10	291	84.59	749.88	23.05
10~20	25	7.27	364.72	11.21
20~50	20	5.81	687.82	21.14
>50	8	2.33	1 503.05	44.60
合计	344	100	3 253.44	100

根据以上综合分析可知,目前,南通长江岸线资源开发和利用目前已经基本饱和,但利用效率不是很理想。进行岸线资源高效利用和有序开发,带动临港产业和经济发展,是南通新发展中一个亟待深入研究的课题。

三、关于优化南通长江岸线资源布局的建议

长江经济带开发成为我国重大发展战略后,长江岸线资源的科学开发与布局更为重要。

(一)南通长江岸线资源利用的主要问题

南通长江岸线资源的开发在取得巨大成绩的同时,也存在着诸多矛盾、困难与问题,主要或突出问题有:

1. 布局不够科学

南通沿江区域布局了许多基础设施和企业,对于南通社会经济发展起了极为重要的作用,但是,由于南通沿江区域开发起步早,当时尚未有统一规划,以及在20世纪80年代前,南通沿江区域又分属南通地区和南通市管理,20世纪80年代后,虽然实现了地市合并,但市管县的行政体制和省管县

的财政体制的矛盾,加之事实存在的区域竞争,导致在对长江岸线资源开发中出现了过度竞争、重复建设、重复投资现象普遍存在。部分产业与港口、岸线关联度不强,临港企业的关联度不高,产业集群度较低,部分产业投入产出比低于国家相关标准,部分产业与南通市产业发展导向不切合。同时,各类港区和工业企业及居民住宅区交错分布,油气品和液体化工码头分散布局,不仅造成岸线资源无法集中连片开发,码头泊位利用率低,而且安全隐患大。沿江生活岸线及生态岸线比例偏低,江与城关系不密切,缺乏商务、休闲、文化、娱乐等公共活动空间。

2. 结构不尽合理

南通长江岸线公用泊位与货主泊位的配比不合理,港口岸线利用效率不高,结构性矛盾突出。货主码头泊位占全港区泊位的29.2%,但只承担了全市港区吞吐量的3.55%,利用率仅为12%,货主码头"吃"不饱,能力闲置。公用码头泊位占全港区泊位的70.8%,承担了全港货物吞吐量的96.45%,能力利用率达137.8%,处于严重超负荷状态。除中远川崎造船和华能南通电厂岸线利用集约度较高外,其他占用岸线的较大企业岸线利用集约度都于低江苏省其他城市占用长江岸线的同类企业。

虽然南通港货运吞吐量保持逐年增长,2013年已超2亿吨,但与沿江港口总体发展水平相比,南通港的货物吞吐量、外贸吞吐量和集装箱吞吐量增速均较滞后,金属矿石、煤炭、矿建材料、水泥和非金属矿石等五大散货货种吞吐量为总吞吐量的主体,占总吞吐量的78.6%,货种附加值低。

3. 发展难以持续

南通长江岸线资源的开发利用,遇到不可持续发展的问题较多,主要有:

(1) 剩余优良岸线少,岸线不确定性大。南通一、二级的岸线仅占岸线总长的15.6%,且仅剩余12.3千米。南通长江岸线处于江尾海头,江潮不稳定亦危及邻近岸段稳定,也使岸线利用存在很大的不确定性,如长青沙、横港沙、新开沙等都处于这种状态,影响相近地区的开发与发展。

(2) 生产性岸线腹地空间紧。南通的优良岸线集中分布在主城区段,港区陆域后方缺乏合理预留。如通吕运河—任港段,港区紧邻居民区;任港—姚港段主要为中远公司占用,没有预留必要的扩展空间及配套用地;狼山港区后方为崇川区,缺乏必要的物流、仓储及加工空间。

(3) 环保与安全隐患严重。南通沿江产业以化工、煤炭、电力等为主导,给环境保护带来巨大压力和安全隐患。沿江布局的油气品和液体化工码头及化工造船企业多,对长江水源污染严重,同时极易发生安全事故;自来水取水口保护段过短,同时面临上游污水下泄和过往船舶污染及邻近企业污染威胁;在某些地段,沿江企业与居民住宅区紧邻,安全隐患大;一些围垦工程,没有经过正常审批,缺乏对建港条件、河势稳定、防洪、环保等全面科学地评估,留下安全生产和通航安全隐患。

(二) 关于南通长江岸线资源开发和保护的建议

1. 长江岸线资源科学开发与布局的基本原则

(1) 可持续利用原则。岸线资源是沿长江地区特有的资源,而这一资源是极其有限的,一旦被占用,调整起来很不方便。功能区划中应合理分配岸线,高效开发利用岸线,保持岸线的再生机制,确保岸线持续供给。在进行岸线分配时,应平等兼顾各类岸线的公平利用,特别要注意不能再挤占靠近市区、供市民游憩的岸线,同时要保持岸线利用的动态平衡,将岸线利用控制在环境容量允许的范围之内;注意岸线自然原始风貌的保护、利用,增强岸线的自然特色、地方特色,使岸线利用与自然环境保护有机地结合,促进长江岸线资源持续、有序的利用和发展。

(2) 深水深用与浅水浅用原则。将深水岸线和一些易于开挖、适宜改造成深水港区的中、浅水岸线段,作为深水泊位占用段。应首先保证深水码头和大型水运工业单位深水岸线的需要,将水深条件要求不高的单位安排到浅水区。因此,在岸线资源利用功能区划中,应尽可能将现在不必要占用深水岸线的或对水深要求不高的单位逐步调整出来;严格控制尚未占用的深水岸线,作为备用岸线,不得挪作他用。

(3) 集约布局与纵深发展相结合原则。集约开发港口、工业、仓储等生产性岸线,鼓励同种类型及配套产业集中布局,以利于公共设施共享和岸线合理保护;避免岸线利用设施沿江平行布局,引导产业向陆域纵深发展,进一步延伸岸线的开发价值;限制投资强度和产出率较低的产业贴岸布局,提高岸线开发的投资强度和利用效率。

(4) 统筹协调安排原则。长江上下游、左右岸利用方式协调要统筹考虑上下游的河势稳定和生态安全,协调上游利用可能对下游河势产生影响的占用方式;对不宜开发和应保护的岸线,严格控制。

2. 加快南通长江岸线资源开发和保护的对策

长江岸线是特殊的资源,具有不可再生性和稀缺性。对长江岸线资源的开发与保护,事关南通经济社会的大局和可持续发展。南通市市长张国华提出,加快长江岸线资源整合,是南通策应长江经济带战略实施必须做好的重要工作之一。为此,笔者提出如下建议:

(1) 坚持规划的权威性和引导性,实施沿江与沿海开发相结合。

江苏省政府1999年颁布了《江苏省长江岸线开发利用布局总体规划纲要(1999—2020年)》。在《南通市沿江开发详细规划(2002年)》中,南通市政府对南通长江岸线的开发利用亦做了规划,为了更好地贯彻省、市政府关于长江岸线开发利用规划,南通市政府分别下达了《关于进一步完善江海岸线使用管理的若干意见》(通政发〔2004〕46号)和《关于明确市区段沿江企业使用长江岸线有关管理问题的通知》(2004年9月26日),对长江岸线的开发利用保护做了更为详细的规定。但是,在实际工作中,一些地方部门和企业,在对长江岸线的开发利用中无视规划的权威性,随意性极大,不遵循规划引导,一些不符规划要求的项目也上马,导致重复建设、破坏环境、引发安全隐患等问题产生。在实施长江经济带开发战略中,必须重申规划的权威性,坚持规划的引导性,岸线开发必须符合长江经济带开发规划要求,实现全市一盘棋、一个规划,打破部门和地区界限,统一开发,联合开发,局部利益服从整体利益,实现局部与全局、区域与区域、行业与行业之间对长江岸线资源的统筹协调开发、利用和保护,实现长江岸线资源的持续利用和优化配置。

南通不仅滨江而且临海,有海岸线204.86千米,海域10 000平方千米,滩涂面积167.01万亩,这为南通实施沿江与沿海开发相结合,腾笼换鸟,优江拓海,促进沿江地区与沿海地区联动开发,提供了极为有利的条件和广阔的空间平台。通州湾开发已被列入长江经济带开发战略中,在开发利用和保护长江岸线资源时,我们不应就事论事,而应将沿江与沿海的岸线利用、产业发展、土地利用、交通和城镇建设等规划,统筹协调起来,相关企业与项目由沿江向沿海地区搬迁。化工企业必须进入南通市批准的化工集中区;需要大量用水和水运的企业建议结合九圩港河、团结河航道的建设进行布局;其他企业可进入南通市产业园区。在适当时机出台城镇、产业、交通、土地利用与岸线开发等规划,共同组成南通江海岸线统筹开发建设保护规划。

(2) 坚持依法依规治理,实施治理与开发相结合。

为了更好地贯彻实施长江经济带的开发战略,建议对于目前南通市长江岸线资源开发利用中存在的问题进行一次集中检查与清理整顿。检查与清理整顿要以国家相关的法律、法规及规章为依据,做到尊重历史,注重现实,服从规划,依法管理,充分发挥南通长江岸线资源的优势,促进港口与城市经济的联动发展。清理整顿的目的是分类解决南通市长江岸线在使用上存在的问题,进一步理顺岸线使用的审批程序,完善长江岸线管理的长效机制,杜绝岸线使用中的违法、违章行为,使长江岸线的开发使用适应长江经济带开发战略,符合城市总体规划和港口规划。对于占用岸线符合长江经济带开发战略和省、市发展规划要求,基本符合国土利用规划、防洪、安全生产及环保要求的,促使其发展,完备手续,做大做强;对于占用岸线不完全符合规划,审批手续不完备的项目,督促其服从重点项目建设的需要,规划项目暂时未实施的,维持现状,限制其发展,一旦重点项目需要时,限期搬迁;对于明确不符合规划且未办理审批手续的,将立即依法限期拆除。通过清理整顿,为更好地开发利用和保护长江岸线资源创造条件。

(3) 坚持近期利益与长远利益统筹协调,实施开发与保护相结合。

根据社会经济发展的需要,处理好长江岸线近期利益和长远利益的关系,立足现实,既量力而行,又尽力而为。要根据长江经济带开发战略要求,确定南通市长江岸线资源的功能与用途,充分挖掘有限资源的最大潜力。

根据长江岸线的资源条件,统一规划,统筹开发,因地制宜,合理利用。深水深用、浅水浅用,将港口、工业码头集中分布在水深条件好、岸线稳定的区段,并留出足够的生活生态岸线;集约开发港口、工业等生产性岸线,根据码头建设需求,引导企业尽可能向岸线陆域纵深发展,支持岸线使用和生产效率高的公用码头建设,鼓励企业使用公用码头,限制投资强度和产出率均较低的企业以及对港口需求小的生产企业贴岸布局,并对已有的该类项目和企业有计划地逐步搬迁,提高岸线开发的投资强度和利用效率。

注重近远期相结合和上下游协调。岸线开发规模和时序要与城市发展及产业需求相适应,近期主要建设资源条件较好、临近开发区和城镇的岸段,并为远期发展预留岸线,保证岸线资源的可持续利用。在开发过程中,应统筹考虑长江上下游的河势稳定、防洪安全和生态安全;开发、保护与整治相结合。加强河势演变监控、洪水防治、航道疏浚等;保护和改善现有岸线,加强岸线整治,形成新的深水岸线;切实保护好具有良好的开发利用前景而暂时又不具备开发条件的岸线和陆域,严禁乱占滥用。

(4) 坚持政府与市场两手并用,实施专项开发与综合开发相结合。

长江经济带开发是国家的长期战略,长江岸线开发是一项综合性的工程,岸线资源具有多种开发利用功能,在开发过程中要因地制宜,以各岸段的适宜性评价与社会经济条件分析为依据,在加强港口、工业等专项开发建设的同时,兼顾生态环境保护与长江的防洪安全和河势稳定。充分发挥各岸段的主导优势,采取各具特色的开发利用方式,确保长江岸线资源得到合理的开发和利用。

在长江岸线专项开发与综合开发中,要充分发挥政府的监管服务功能和市场在资源配置中的决定性作用,做到政府有形之手与市场无形之手的融合运用。政府要在加强长江岸线监管服务方面,进一步完善管理机制,建立责权明晰的岸线管理制度,明确岸线监管责任主体;对未经依法批准使用岸线或擅自改变岸线使用范围、功能的项目,限期无偿收回;对依法批准,但不是必须利用岸线的项目,通过置换的方式将项目转移到陆域地区,政府补偿企业造成的损失,或由政府赎回岸线使用权;对依法批准,但不符合岸线规划用途或投资强度和产出强度达不到规划要求的项目,可通过政府赎回岸线使用权、收取岸线闲置费等经济手段,或通过市场化运作等方式,进行岸线功能整合和开发利用,进行码头改造升级或公用化经营。

创新岸线投资经营方式。鼓励国内外大型航运公司与港口企业采取股份制等多种方式合作建设和经营码头业务;鼓励特大型工业企业和进出口贸易企业参与投资建设专业码头;允许特殊港口运输需求的企业独立或联合投资建设社会化的专用码头。同时,积极深化港口经营管理体制改革,重点探索建立地主港经营模式,对港区土地、岸线、航道进行统一规划、开发,实行产权和经营权分离,将港口码头和土地出租给港口经营企业或船舶公司经营,租金收入全部用于港口基础设施的再建设,通过岸线土地运作实行滚动开发,保障港口的可持续发展。

从沿海起步先行、溯内河向纵深腹地梯度发展,是世界经济史上的重要规律之一,也是许多发达国家在现代化进程中的共同经历。长江横贯东中西,连接东部沿海和广袤的内陆,依托黄金水道打造新的经济带,具有独特的优势和巨大的潜力。贯彻落实党中央、国务院关于建设长江经济带的重大决策部署,对于有效扩大内需、促进经济稳定增长、调整区域结构、实现中国经济升级具有重要意义。长江经济带战略为长江经济带中的每一个城市都提供了极好的机遇。但是,机遇只给有准备之人,南通必须以积极主动有为的势态参与到长江经济带战略的实施中。

南通市委党校　季建林
南通市港闸区发改委　季晶晶

第二编

沿海开发研究

江苏沿海城乡统筹与产业优化耦合

> **摘　要**　城乡产业统筹是江苏沿海城乡统筹的核心。制约江苏城乡产业统筹发展的关键是城乡产业关联性不强,产业结构未得到有效提升。解决这一问题的根本出路在于紧紧抓住"一带一路"和江苏沿海大开发两大国家战略赋予的历史机遇,构建优势互补的城乡一体化产业体系,提升区域整体竞争力。为此,需要地方政府加大产业政策的引领,完善城乡产业一体化规划布局,整合优化城乡产业链,建立健全龙头企业引领的城乡产业链接,加强县域劳动密集型工业园区建设,提升园区产业集聚水平。

2013年12月中央提出"一带一路"(丝绸之路经济带和海上丝绸之路)发展战略,江苏沿海正处于该战略格局的交汇地段,这是继江苏沿海大开发战略之后,江苏沿海面临的又一历史机遇。江苏沿海要牢牢抓住这两大国家战略赋予的历史机遇,促进港口、产业、城乡一体化发展,提升区域整体竞争力。这不仅对于长三角产业优化升级和整体竞争力提升,而且对于促进中西部发展、完善全国生产力布局、加强我国与东北亚的合作意义深远。作为城乡统筹发展的重点领域和关键环节,城乡产业优化耦合研究具有重大的战略意义和实践价值。笔者探讨在城乡统筹背景下江苏沿海城乡产业一体化发展,以建立城乡产业优化关联为抓手,构建城乡产业链接,提升产业空间集聚水平。

一、城乡统筹与产业优化耦合

城乡统筹是以解决城乡二元经济社会格局和"三农"问题为出发点,通过以工(商)促农,以城带乡,提升农业产业化、现代化水平,加速农村工业化、城镇化和农业现代化进程,转移农村劳动力,拓展农民就业创业渠道,增加农民收入,繁荣农村经济,实现城乡一体化发展。

产业优化耦合指城乡三次产业间在发展中的相互作用、相互影响的动态关联关系。产业优化耦合意味着城乡三次产业之间形成相互促进、相互协调的产业关联关系,其核心是实现城乡产业结构上的产业链接和空间上的合理布局。

城乡统筹与产业优化耦合能够相互促进、相互影响。产业之间优化耦合,能够提升企业经济效益,改进区域资源配置效率,增强区域经济整体竞争力,实现区域经济可持续发展,进而成为城乡统筹发展的坚实经济基础。城乡统筹水平的提升,尤其是城镇化的推进、基础设施的完善,能够吸引人力资本集聚,则为城乡产业优化耦合奠定了人才优势。

二、江苏沿海城乡统筹与产业发展现状

1. 江苏沿海城乡统筹水平明显提升

江苏沿海城乡统筹水平持续向好、稳中有进。2013年,南通、盐城、连云港三市的城镇化率分别是59.9%、57.2%和55.7%;城市居民可支配收入分别为31 059元、28 402元和26 898元,农村居民人均年纯收入分别为14 754元、13 344元和10 745元,城乡收入比分别是2.1、2.1和2.5,除连云港市城乡收入比略高外,江苏沿海三市城乡收入比总体比较协调。

公共财政投入三农持续增加。以南通为例,2013年南通市民生支出占公共财政预算支出比重达56.1%,全市财政预算内支农投入55亿元,比前一年增长22%。相应地,农村道路、水电、通信等基础设施以及医疗、养老、教育等公共服务水平进一步改善。城乡统筹水平的进一步提升为城乡产业优化提供了基础和条件,同时又有赖于城乡产业发展

的支撑和带动。

2. 江苏沿海城乡产业结构优化趋势渐现

在江苏沿海开发战略的推动下,江苏沿海城乡经济快速增长,增幅居江苏首位。从表1可见,江苏沿海地区三次产业的产值结构仍是典型的二三一结构,第一产业的比重持续下降,第二产业的比重仍居高不下,接近50%,第三产业的比重略有上升,超过40%,未来还有很大的提升空间(详见表1)。

表1 江苏沿海地区三次产业增值比较(单位:亿元,%)

时间	地区生产总值		一产增加值		二产增加值		三产增加值	
	总量(亿元)	增幅(%)	总量(亿元)	比重(%)	总量(亿元)	比重(%)	总量(亿元)	比重(%)
2012年	9 282.08	12.3	1 007.61	10.9	4 623.12	49.8	3 651.35	39.3
2013年	10 299.81	11.0	1 093.76	10.6	5 066.9	49.2	4 139.15	40.2
2014年一季度	2 371.4	10.8	164.8	6.9	1 292.5	54.5	914.1	38.5

注:表1、表2中的增幅为同比增长幅度,比重均为相关产业增加值占GDP的比重。

资料来源:根据2013年《江苏统计年鉴》以及2014年南通、盐城和连云港三市统计数据整理计算所得。

3. 江苏沿海城乡产业结构差距明显

江苏沿海城乡产业结构的差距明显。与工业化水平较高的苏州相比,虽然近几年江苏沿海城乡经济增速加快,但在经济总量,二、三产业增加值上差距悬殊,二、三产业没有得到充分发展。第二产业仍然处于粗放式的发展阶段,产业技术水平较低,创新能力弱,高投入低产出的状况没有得到根本转变。受第二产业发展水平的制约,第三产业的发展相对滞后,现代生产性服务业远未成为主导产业(详见表2)。

江苏沿海产业结构优化趋势已经呈现,但难度、成本均很大,切实降低第二产业占比和提升第三产业占比是关键,并且产业结构的这种变化是相辅相成、相互影响的。

表2 2013年沿海三市与苏州三次产业增值比较(单位:亿元,%)

地区	地区生产总值		一产增加值		二产增加值		三产增加值	
	总量(亿元)	增幅(%)	总量(亿元)	比重(%)	总量(亿元)	比重(%)	总量(亿元)	比重(%)
苏州	13 015.7	9.6	214.5	3.0	6 849.6	7.5	5 951.6	12.7
南通	5 038.9	11.8	345.4	3.1	2 623.5	12	2 070.0	12.9
盐城	3 475.5	12.3	489.2	3.2	1 636.0	14	1 350.3	13.4
连云港	1 785.4	11.8	259.2	3.1	807.4	13	718.8	13.1

资料来源:根据苏州、连云港、盐城与南通四市统计局相关数据整理计算所得。

三、江苏沿海城乡产业优化耦合存在的问题

1. 沿海城乡产业关联度提升但水平较低

在政府相关扶持政策激励下,江苏沿海农业龙头企业引领农业产业化快速发展,农工商、储运加产业联系紧密。这些以农副产品加工和商贸为经营内容的农业龙头企业有效带动了当地农业结构优化和农业产业链的拓展,在带动农民增收、农业增效和农村经济繁荣方面发挥了引领作用。目前,江苏沿海城乡产业关联性突出的特点表现为,产业结构方面,由农业龙头企业引领的农工商联系较紧密,由品牌大中型工业企业引领的乡镇工业还没有正式启动;产业园区建设方面,以技术和资本密集型的城市新兴产业园区建设如火如荼,以劳动密集型的县镇两级产业园区建设薄弱、迟缓。沿海城乡产业关联性总体水平处于低位,并存在两个方面的问题:

(1)城市二、三产业发展水平低,由二、三产业利润形成的地方公共财政对农业投入有限,财政支农资金不足。

从表1、表2可见,近年来江苏沿海三市产业增速超过苏州,但由于产业基础薄弱,与以苏州为代表的苏南经济体相比,沿海三市二、三产业发展水平总体处于低位。由于其利润上不去,必然导致主要由二、三产业利润构成的地方公共财政对农业投入不足。

(2)城市二、三产业发展水平低,吸纳农业劳动力的能力相对较弱,阻

碍农业劳动力的有效转移。

2012年江苏沿海三市的一产从业人员为337.6万人,占三产从业人员的29%,一产增加值仅占GDP的10.9%,就业结构与产业结构的偏差近20%。人地紧张关系难以消除,必然影响农业机械化、规模化和现代化的进程。

2. 农业龙头企业带动一二三产业协同发展,但带动力整体偏弱

江苏沿海三市紧紧抓住国家扶持农业产业化经营的机遇,积极实施农业龙头企业项目带动战略,引导和助推农工贸一体化的农业产业结构优化调整。2013年底,沿海三市共发展国家级农业龙头企业12家、省级农业龙头企业144家,其中南通分别为7家和51家;盐城分别为3家和56家;连云港分别为2家和37家。此外,还有数量众多的市县级小微龙头企业正处于培育之中。目前江苏沿海三市在"农业龙头企业+基地/订单/合作组织+农户"的农业产业化模式引领下,一二三产业联动发展。这些从事农副产品加工和商贸的龙头企业通过合同或其他形式与基地农户建立产业关联,为农户提供订单项目、技术指导、信息渠道、资金支持以及将农业产品纳入其原料供应链,实现与基地农业项目之间的产业链关联。这些涉农工业企业和商贸企业因为与农业有着天然的原料联系,所以在带动农业产业结构优化调整、吸纳农业人口就业与减少农业经营风险方面发挥引领和促进作用。

但是当前农业龙头企业普遍呈现带动力弱的问题,主要表现为:

(1) 中小企业居多,规模偏小,产值偏低,引领效应较弱。2013年盐城市农业产业化龙头企业有1 464家,但市级以上重点龙头企业只有381家,年销售收入超10亿元的龙头企业只有16家。南通市情况较好,共有1 492家,年销售收入超10亿元的龙头企业有25家。连云港市的情况则为沿海三市中最不理想的。

(2) 基本停留在农副产品粗加工领域,精深加工较少,产业链条较短,附加值较低,对农业劳动力的吸纳作用有限。

(3) 普遍没有与农民确立起利益共享、风险共担的利益联结机制,致使一二三产业联系不紧密。盐城市龙头企业与基地农户实行浅层次合同关系

的占54%,实行合同方式按利润返还仅占4%,实行股份方式按股份分红的仅占1%。

3. 城市品牌产业对乡镇工业带动不明显

乡镇工业化是城乡产业优化的关键。从全球发展经验看,农业产值占整个国家GDP的10%是国民经济的转折点,中国农业在占GDP 10%的比重降低的时候,就意味着中国农业要向现代化大农业迈进,意味着政府对农业的支持力度和强度加大(张红宇,2013)。江苏沿海农业增加值占GDP的比重已经临近10%的转折点,因此,当前江苏沿海三市产业优化的根本是大力发展乡镇工业化,加速转移农村劳动力,为农业生产效率的提升奠定基础条件。

但从江苏沿海三市的调研结果看,城市品牌产业对乡镇工业带动力弱的问题突出:

(1)农产品加工业总体实力不强,农产品加工结构不够合理,加工转化能力较弱。如2013年盐城市农产品加工产值与农业总产值之比为1.27:1,这与江苏全省平均水平尚有差距。

(2)城市优势产业、大中型品牌工业企业与乡镇工业缺乏产业链联结。比如盐城的汽车产业、连云港的医药产业、南通的纺织产业等市场影响力巨大,其上下游的劳动密集型产业链众多,是带动乡镇工业腾飞的强大力量。但是目前除了极少数品牌大企业,如康缘药业在东海开辟药材生产、加工基地与乡镇产业形成产业链关联外,绝大多数品牌二、三产业并没有与乡镇产业形成产业链关联。城乡产业没有形成合理的产业分工、互补发展,低水平重复竞争的总体现状没有改变。

4. 城乡产业向园区快速集中,但产业集聚水平低

产业向园区和基地集中是江苏沿海统筹城乡一体化的有效载体,相对于以往"村村点火,处处冒烟"的零散分布,乡镇工业向园区集中是产业空间布局的大进步,不仅企业节省运营费用,也便于政府公共基础设施和配套服务的统一建设,降低政府监管成本。目前,江苏沿海已建国家、省、市三级城乡产业园区(基地),其中,连云港已建省、市级以上农业产业园区分别有7

家和44家;盐城的东台市、建湖县、盐都区、滨海县等7个县(市、区)建成省级农产品加工集中区,东台市农产品加工集中区被农业部认定为农业产业化国家示范基地。

但是这些城乡产业园区建设总体上处于起步阶段,具体表现为:

(1) 建设重点是依托新兴产业建设国家级、省级产业园区,劳动密集型的县乡镇园区建设力度不够。

(2) 园区内产业集聚水平低,普遍缺少主导产业引领,产业关联性不强,产业配套不足,上下游产业链衔接不紧甚至断链。从江苏沿海三市的主导产业看,连云港开发区医药产业园有恒瑞、豪森、康缘等药企入驻,医药产业属于高新技术产业,上游研发及下游物流、销售倍受重视且发展通畅,但生产配套环节的链条不健全。恒瑞、豪森医药使用的药品包装纸盒纸箱、淀粉等原材料都要到区域外的山东、无锡等地采购。南通的纺织业集聚和规模化虽然带动了上下游产业发展,但南通纺织业基本是以外贸加工为主,其产业链完整性、配套能力和技术创新能力明显不足,在长三角纺织业的竞争激烈中未见优势。盐城汽车产业基地带动了上下游产业链的发展,但整个沿海地区汽车产业云集,盐城汽车产业集聚区需要创新特色,才能在竞争中发挥自身实力,带动上下游城乡产业共同发展。

四、推动江苏沿海城乡产业优化耦合的对策建议

1. 产业政策导向化:创新生产要素流向乡村产业的制度体系

当前城乡产业分割和关联性弱的现状是由城乡二元发展体制所导致,城乡产业优化耦合单靠市场调节是无能为力的,市场优胜劣汰的竞争规则只会使城乡优质生产要素单向地涌入城市二、三产业,加剧城乡二元分化。因此,需要政府加大产业倾斜力度,促使产业要素在城乡产业间合理流动和优化配置,一方面继续运用财税手段导向和激励资金、技术、服务、管理、信息和劳动力等生产要素逆向流入乡镇产业;另一方面按照城乡资源禀赋和产业基础的比较优势,进行城乡产业一体化规划和关联性建设,促进城乡产业结构、产业布局趋向协调化、合理化和高级化。

2. 产业布局一体化：优化城乡产业一体化布局规划

遵循《江苏沿海地区发展规划》确立的"三极、一带、多节点"的沿海产业发展空间布局，按照《江苏沿海地区城镇开发规划》以及三个沿海城市总体规划的要求，按照城乡产业分工协作、优势互补、协调发展的指导思想，进行港口、产业、城乡一体化产业规划，实现城乡产业互补。

江苏沿海城乡产业优势相对比较明显，三大沿海中心城市资本、技术、信息和知识相对密集，农村劳动力、农产品和土地资源丰富。因此，城乡产业规划适宜做如下安排：（1）以三大沿海中心城市为核心重点发展技术、资本密集型产业与新兴生产性服务业；（2）在沿海中心城市周围乡镇重点布置劳动密集型产业，或者与城市技术、资本密集型主导品牌产业形成上下游产业配套，或者是承担技术、资本密集型产业的劳动密集型工序，或者是承接城市产业升级转移出来的传统产业；（3）乡镇工业的重心是依托当地农副产品原料优势，重点发展特色农副产品加工业，比如食品加工业、渔业加工业、饲料加工业等，与区域内特色农业形成产业配套；（4）按照专业化、标准化、规模化要求重点发展一村一品、一镇一品甚至一县一品的特色、高效劳动密集型现代农业。从而形成以镇为连接点的农村—乡镇—城市产业相互关联、分工协作、优势互补和整体最优的城乡一体化产业体系。

3. 产业空间集聚化：建立健全以特色产业园区为载体的产业集群

以主导产业或优势产业为龙头带动区域内上下游关联产业形成完整产业链的产业集群式发展模式，是相关利益方交易成本最小、收益最大的产业布局和产业组织形式。江苏沿海三次产业应充分利用产业空间集群发展的优势，按照产业向园区集中，园区向集群发展的思路，在空间上构建规模化的城乡产业衔接体系，以优势产业和特色产业为龙头，引领上下游关联产业集中向产业园区集中，建立农业产业园区、工业产业园区、服务业产业园区。

建设城乡特色产业园区应注重以下几个方面：（1）园区规划立足于当地资源禀赋和产业基础的比较优势，在"统一规划、集约用地、集聚发展、集中管理"的原则下，符合"科学合理、适度超前、可操作性"要求；（2）注重园区内产业配套，以主导产业和优势产业中的龙头企业为核心和引领，尽快培育和优化园区产业链,对已建园区内产业断链现象,通过引进相关产业进行补链;新建园区和新兴产业基地要进行产业链式招商引资,使园区从建立之初就具备完整的产业链;(3)注重园区环境建设,除建立基础设施等硬环境外,政策、法制、财税、信息等生产性服务业的软环境建设是重中之重。

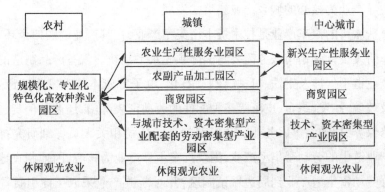

图1 "三极、一带、多节点"的城乡产业关联和产业集聚

4. 产业结构关联化:重点构建"强龙"企业带动的城乡产业链

(1)完善农业龙头企业引领的三次产业联动发展。

继续引进国内外大型农业龙头企业,加大政策和资金支持,加快培育中小龙头企业,健全龙头企业与农民的利益联结机制,进一步拓宽、延长农业龙头企业带动的农业内部一二三次产业的分工与协作。加强农业技术、管理、信息、农业信贷、保险业等现代新兴生产性服务业对农业产前、产中、产后各环节的支持力度,提升农业产业化水平,促进农民增收、农业增效和农村繁荣。

(2)构建城市工业龙头企业与乡镇工业之间的产业对接。

选择经济增长率高、产业链长、市场前景好的优质大中型龙头工业企业建立城乡产业链关联,具体做法有:

第一,以城市工业龙头企业为核心组合城乡产业链。通过使乡镇工业融入城市品牌企业、工业龙头企业的产业链,实现城市工业带动农村工业发展。这要求政府相关部门至少做好如下工作:一是系统梳理和统计区域内实力雄厚、市场前景广阔的工业龙头企业数量与产业类型。二是政府部门会同相关龙头企业研究其上下游产业链的关联性，明确上下游配套产业中哪些产业属于劳动密集型产业，哪些产业在本地区处于断链状态。三是以龙头企业为核心，按照资源禀赋和经济基础的比较优势，采用转移、招引和新建等多种措施在周边城镇园区建立与补充相关劳动密集型产业链，形成以主导产业为核心的城乡产业集聚式发展。

盐城市的汽车产业是技术资本密集型产业，在其产业链的四个环节中，汽车研发设计和销售服务需要与国际领先水平接轨。汽车产品制造的上下游产业链不仅涉及钢铁、机械、橡胶、石化、电子等资本技术密集型产业，也涉及玻璃、沙发、织布、皮革等多种配件的劳动密集部门，还涉及信贷、保险、维修保养、加油站等服务业。政府部门会同公司相关人员仔细研究排查汽车产业链中的劳动密集型产业，围绕汽车主导产业为核心，因地制宜地迁移部分劳动密集型产业到周边城镇园区，并对断链产业采取招商引资等方式进行补链。随着部分产业向乡镇转移，第三产业也会相应地逐渐向乡镇转移。

连云港市以恒瑞、豪森、天晴和康缘为主体的四大医药公司奠定了连云港市的医药产业基地地位。在城乡产业布局上，四大医药公司的研发和药品生产主业布局在城市开发园区，以四大医药公司所在园区为核心在周边城镇产业园区按照资源和经济基础的比较优势布局上下游劳动密集型产业链，包括药品上游的化工原料、中间体、淀粉产业，下游的胶囊生产、包装、物流等。通过龙头工业企业与乡镇工业在产业链上的有机衔接，形成主导产业带动的城乡产业链接。

南通市的罗莱家纺是南通家纺产业的"强龙"企业。在家纺之都众多中小纺织企业因受外向型经济影响举步维艰之时，以罗莱家纺为龙头带动家纺上下游产业链衔接，并以罗莱家纺为核心在周围城乡园区布局纺织、印染、机绣、加工、包装及物流等上下游配套产业链，形成罗莱引领下的农村原料—乡镇产业生产配套—中心城市研发和设计的城乡一体化产业体系。

第二，将龙头工业企业的劳动密集型环节或工序转移到周边乡镇园区。工业龙头企业的研发、技术环节布置在中心城市，劳动、土地和资源密集型的工序与环节则搬迁到乡镇工业园区,建立生产基地或厂区。比如,将罗莱家纺的研发和设计布置在中心城市,生产基地布置在周边乡镇园区,使企业享受城镇便宜土地、丰富劳力的资源优势和政策优惠,并实现龙头企业对乡镇工业的辐射和带动。

第三,城市工业龙头企业对乡镇相关产业进行帮扶。政府牵头实现城市龙头工业企业与乡镇相关产业的对口帮扶,一是以入股、兼并或收购等产权方式深度融入乡镇工业,帮助乡镇工业技术改造、装备升级;二是通过给予乡镇工业技术、管理的指导和人员的培训等浅层协作方式,使乡镇工业在龙头工业企业的带动下提升市场竞争力。比如,罗莱家纺通过注资到相关上下游关联产业或横向其他产业,帮助其他家纺产业提升竞争力,或者以人员培训、技术指导的方式对其他家纺产业予以扶持。

(3)工商理念融入传统农业:深度开发旅游农业。

在"政府为主导,农民为主体,社会参与"下,利用沿海独特的区位优势,依托特色产业发展生态农业旅游:一是在三大中心城市周边发展都市休闲农业;二是依托旅游景区拓展周边休闲观光农业圈;三是开发以沿海城市、沙滩、滩涂湿地、临海风光、海水种养、近海捕捞等为特色的临海休闲观光农业风情带。

南京师范大学商学院　王玉霞
南京师范大学公共管理学院博士生　孙　林

(本研究报告为 2012 年江苏沿海沿江发展研究院招标课题《江苏沿海城乡统筹与产业优化耦合》研究成果)

南通沿海前沿区域产业空间布局优化研究

> **摘　要**　南通沿海前沿区域分布有11个各级产业园区,这些园区由于发展起步的时间和发展的阶段不同,加之,国际国内经济面临新的发展环境,南通沿海港口、产业、城市的开发格局也有所调整,因此,随着沿海开发不断向纵深推进,南通沿海产业的空间布局有待进一步优化。针对这些问题,本文引用了国际国内先进的产业布局和深化理论,提出了南通沿海前沿区域"三板块五集群十五基地"产业空间布局的优化建议。

南通沿海前沿区域的陆域面积约2 500平方千米,占全市面积的31.4%,区域内分布着20个镇及毗邻海域、11个各级沿海产业园区。江苏沿海开发上升为国家发展战略的5年来,南通沿海开发建设全面推进,初步形成了以沿海港口为龙头,产业园区为载体,重点城镇为依托,港产城一体化发展的格局。2013年区域地区生产总值1 041.8亿元,占全市的20.7%,其中,第一产业129.2亿元,第二产业500.5亿元,第三产业412.1亿元,三次产业结构之比为12.4∶48.0∶39.6。其产业布局及发展的主要特点概括为:一是各级政府对沿海前沿地区产业布局和发展的重视程度较高,产业发展态势良好;二是传统海洋渔业发展保持稳定;三是"以港兴产、以产兴城"是南通沿海产业布局和产业发展的主要模式;四是产业布局集中在各级各类产业园区,打造各具特色的产业发展集群(见图1);五是产业规划布局主要分布在海洋渔业、精细化工、能源、船舶修造、纺织服装、旅游等行业(见表1)。

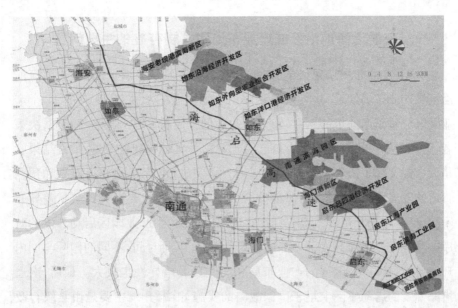

图1 南通沿海前沿区域产业园区分布示意图

表1 南通沿海产业园区主导产业表

园区	现有产业
老坝港滨海新区	特种水产养殖、紫菜、纺织服装、磁性材料
如东沿海经济开发区	精细化工、旅游、海洋渔业
如东外向型农业综合开发区	种植业、水产养殖
洋口港经济开发区	新能源(风电)、LNG(液化天然气)物流
南通滨海园区	种植业、海水养殖、纺织服装
海门港新区	装备制造、食品
吕四港经济开发区	电力能源、通用设备制造、海洋渔业
江海产业园(筹)	暂无
滨海工业园	海工装备与船舶配件、节能环保、机械制造和电子电器
启东圆陀角旅游度假区(筹)	旅游、房地产
海工船舶工业园	海洋工程

一、南通沿海前沿区域产业布局和发展存在的主要问题

（一）**产业布局缺乏科学、统筹的规划**。从客观来看,导致南通沿海前沿区域产业布局缺乏科学、统筹规划的主要因素有：首先,现有的11个产业园区分属于南通市的5县(市)区,决策的主体和管理归属各不相同,决策者、管理者以及投资者分别有自己的产业发展规划和利益考量,最终结果就是大家都选择了最有利于自己的规划方案实施,也无法很好地兼顾和预测日后的发展格局。其次,沿海前沿区域开发所依据的要素资源禀赋差异并不大,产业布局相似度较高也属正常现象。再次,各产业园区启动开发的时序差异较大。沿海开发的外部环境瞬息万变,不同时间、不同的国际与国内环境条件导致产业园区的产业布局和产业发展差异性也较大。最后,南通沿海开发的启动实际上早于国家战略的实施,沿海开发主要是由县级行政单位为主负责具体实施,特别是在省直管县的体制下,沿海开发实质性的统一决策、统一管理、协调合作的体系难以构建。

（二）**产业布局和发展的模式单一,"以港兴产、以产兴城"的发展模式存在不足**。"以港兴产、以产兴城"发展模式理论上是可行的,但是在实践中存在一定的局限性,其中最大的不足就是导致现阶段南通沿海前沿区域出现临港产业发展迟缓和产城融合不够等问题。有五个方面的原因。第一,港口码头建设周期长。港口建设一般工程复杂、工期长、投资巨大,且需要上升到国家层面审批。因此,导致因港兴起、布局的产业发展将是一个长期的过程。第二,"以港兴产"影响因素多。港口是沿海产业和沿海新兴城镇发展的基础,沿海产业布局依托港口布点,而港口建设工期长又地处偏僻,导致配套产业发展不能及时跟进,产业发育制约因素较多,物流园区发展的支撑力度不够,难以形成较为完整的产业链,更谈不上打造具有较强竞争力的产业集群。第三,临港产业选择容易造成相似程度较高的局面。港口开发是沿海开发的重点,港口功能定位决定了产业方向,通州湾、洋口港、吕四港等在各自产业发展规划上都将临港基础产业(包括石化、钢铁、物流等)作为港口发展的重点,难免造成产业布局相似。第四,"以产兴城"启动阶段难

度较大。在产业发展初始阶段,在尚未形成一定规模的支柱产业和产业集群的前提下,沿海新兴城镇建设缺乏发展的人才流、物流和资金流等基础条件。没有规模产业,人口和劳动力不会集聚,依托产业而兴起新兴城镇更是无从谈起。第五,港、产、城融合难度较大。目前南通沿海港口周边或所在镇,城镇较为弱小,生产、生活配套要素不强,要实现港产城融合发展,建城的任务还很艰巨。

(三)**产业层次较低、新兴产业布局少,产业产出效率不高。**南通沿海开发规划在南通沿海前沿区域建设现代农业、装备制造、能源、重化工、现代物流五大产业基地。目前来看,由于沿海开发规划编制时间较早,随着世界经济发展态势、国家经济政策的变化以及通州湾开发启动等内外部环境变化的影响,产业规划未及时调整。根据产业定位存在门类过宽、细化不够、特色不够鲜明、新兴产业体现不够等问题。其中,产业链较短,产业附加值不高,产业扩大规模或者形成产业集群和比较优势产业竞争力的可能性不大等问题比较突出。

(四)**产业布局结构多元化不足,过于突出制造业,主导产业门类少,尤其是新兴产业布点少,未形成规模效应。**南通沿海布局的产业多数为制造业,如机械制造、电力能源、船舶修造、化工、纺织服装等,属于产业发展成熟期的成熟产业。仅有洋口港经济开发区、启东滨海工业园和海工船舶工业园等分别将海工与风电等处于产业成长期的新兴产业作为主导产业。目前,除海工产业外,其他新兴产业规模尚小,尚未形成一定的规模效应。不仅如此,对比南通沿海要素资源禀赋条件,沿海现有主导产业门类较少,对沿海开发起支撑和引领作用的基地型临港基础产业项目尚未实质性启动,而体现现代海洋经济特点和方向的海洋生物医药、海水综合利用、现代海洋商务服务等海洋新兴产业项目仍是空白。海洋、港口及腹地等资源优势没有得到有效的发挥。究其原因大致有四个方面:一是沿海产业布局规划缺乏对产业发展趋势的总体把握,尤其是对新兴产业发展的前瞻性、预判性不够。二是产业布局规划的灵活性不足,没有随时根据国际国内环境变化以及经济社会发展趋势及时、科学、合理地调整规划设计方案。三是布局沿海产业时受南通地区产业结构影响较深,从而导致沿海产业结构中制造业占据产业主体地位。四是缺乏有效的培育、促进新兴产业成长、壮大的激励机制。南通沿海产业缺乏促进新兴产业进驻、成长和壮大的一系列激励机制,新兴产业发展所需的人才、资金和相关扶持政策不突出,产业层次提升难度较大。

（五）沿海产业布局中拉长产业链发展的设想在实施中难度较大,尤其是生产性服务业的规划布局明显不足,尚未达成构建科学、系统的现代产业体系的目标。南通沿海产业布局和发展进程中专注某一特定产业的布局和发展,而完整产业链的构建难度较大,受到项目主体的想法、招商的水平等因素的影响。11个产业园区中很少有园区在产业布局时考虑发展生产性服务业中最重要的金融服务业。即便是发展物流产业也因所服务的港区尚未建成、制造业规模较小、效益不显著等因素而难以发挥产业集聚效应。沿海产业布局和发展较为单一的层次水平,粗线条、分散的产业分类,难以形成完整的上下游衔接、辅助、配套的产业链体系,产业集群建设将会非常艰难,实现构建现代产业体系的目标将难以实现。

二、优化沿海产业空间布局的建议

按照"打造特色产业、推动产业集聚、实现错位分工、促进绿色发展"的基本原则,根据沿海的资源、产业基础及区位特点,我们对南通沿海产业发展带提出"三板块、五集群、十五基地"的产业空间布局优化建议。

（一）三大产业板块

南通沿海海岸线从北往南,分为北翼板块、中部板块和南翼板块三大产业板块(见图2)。

1. 北翼板块（角斜—洋口板块）：包括海安老坝港滨海新区、如东沿海经济开发区、如东外向型农业综合开发区三大园区及相关城镇。该区内农渔业、旅游业资源丰富,有小洋口的国家级中心渔港、省级旅游度假区、精细化工园区,老坝港有中洋特种养殖基地等。

发展目标定位：建议重点培育海洋渔业、休闲旅游、精细化工三大支柱

产业。做大做强海洋渔业,发展农海产品深加工及农海产品保鲜物流、商贸等产业,提高行业附加值;提升休闲旅游档次,开发旅游配套项目,打造集度假、休闲、养生、美食等为特色的高品质旅游度假区;推动精细化工园区产业升级,化工园区产业主要通过淘汰落后产能,培育服务化工园区相配套的科技研发、服务外包、金融创新、交易服务等一系列服务行业,推动园区企业向高端化发展。

2. 中部板块(大通州湾板块):包括如东洋口港经济开发区、南通滨海园区、海门港新区和启东吕四港经济开发区四个沿海开发园区,该区域港口航道资源密集,是南通沿海港口开发的主要集聚区,通州湾、洋口港和吕四港三大港区均在此布局,港口经济特征明显,是南通沿海发展港口及临港产业的重点集聚区和港产城融合发展的重点区域。

发展目标定位:建议发展石化、钢铁、能源、重装备等重点临港基础产业,大通州湾区域整体向上争取国家石化产业和钢铁产业布点,炼化一体化等初级加工建议布局在洋口港和通州湾,吕四港重点发展石化下游产业链。发展临港物流,洋口港可重点发展液化品物流,吕四港可重点发展煤炭、石油等能源仓储物流,通州湾区域可重点发展铁矿石、粮油等干散货物流等,建设长三角北翼重要的航运中心。配套发展生产、生活性服务业,港口、产业、城市同步建设,打造大通州湾都市区,建设成为南通中心城市滨海新城区。

3. 南翼板块(汇龙—近海—寅阳板块):包括启东江海产业园、滨海工业园、圆陀角旅游度假区、海工船舶工业园四个沿海产业园区。随着崇启大桥的开通,该板块区位优势更加明显,是南通接受上海及苏南等发达地区经济辐射的首站,目前区域内已形成船舶海工、机械电子、旅游度假等产业基础和产业规模。

发展目标定位:建议发展船舶海工、机电设备、汽车、海洋医药等主导产业。推动海工船舶产业优化升级,加强海工船舶研发和关键成套设备及零部件的生产,提升产业附加值,积极推动跨江合作,借力上海,重点推动江海产业园等合作园区,发展汽车产业及海洋生物医药等产业,提升启东滨海工业园产业结构,打造成中小企业集聚的示范基地,加快圆陀角旅游度假区的建设,建设成为上海旅游的重要目的地,把南翼板块打造成为南通接轨上海、加快发展的先行示范区。

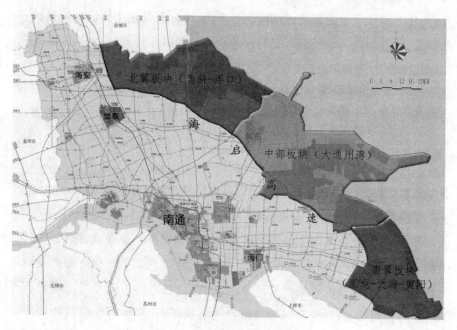

图2　三大产业板块示意图

(二) 五大产业集群

根据沿海产业发展的资源条件和现有的产业基础,建议在南通沿海前沿区域重点打造五大产业集群。

1. 临港重化工产业集群。石油化工、钢铁冶金、电力能源等临港重化工产业集群重点布局在中部板块。

2. 先进装备制造产业集群。重点布局在中部和南翼板块。航空装备、电力装备、环保装备、大型工程机械装备等产业优先布局在中部板块,汽车、海工设备、机械电子等产业重点布局在南翼板块。

3. 海洋新兴产业集群。《江苏省"十二五"海洋经济发展规划》确定的海洋新兴产业为:海洋工程装备、海洋新能源、海洋生物、海水利用、海洋信息服务。海洋工程装备重点布局至中部及南翼板块,海洋新能源、海水利用、海洋信息服务及海洋生物产业,根据发展的基础条件各有侧重进行布局,积极争取以通州湾为核心创建国家级南通海洋经济创新发展示范区。

4. 现代服务业产业集群。现代物流产业重点布局至中部和北翼板块,中部主要布局临港物流,北翼布局农渔产品保鲜物流,建设农产品、LNG、大宗干散货等一批交易中心;旅游产业三大板块各有侧重,北翼以休闲养生、海洋美食旅游为主,中部以高端海洋运动(飞行、游艇俱乐部),结合海洋环境打造为主;南翼针对上海周末游,以江海风情主题公园、海上运动休闲为主,配套发展高级酒店、餐饮、购物等相关产业;商务服务主要结合产业特点,发展与之配套的研发、设计、金融、保险、劳务、会展等商务服务产业。

5. 现代农业产业集群。依托中心渔港布局发展海洋捕捞业,构建多功能现代化综合渔港;依托联陆滩涂、辐射沙洲及近海资源,发展海水养殖业。积极发展水产品精深加工,开发绿色海洋食品、生物制品等产业。依托沿海基本农田,推进农业产业化,发展绿色蔬菜、水果、花木等高附加值现代农业,鼓励发展旅游观光农业、生态农业。

(三) 十五大产业基地

1. 石化产业基地:依托中部板块港口及腹地资源,在洋口港经济开发区、通州湾港区布局炼化一体化基地;吕四港布局石化新材料产业基地,在大通州湾板块培育发展完整的石化产业链。

2. 钢铁产业基地:发挥通州湾港口腹地资源和与上海交通便捷的区位优势,加强与宝钢的对接,积极争取大型钢铁产业基地列入国家规划,打造以通州湾冶金为核心,周边园区发展金属制品等产业为配套的钢铁产业链。

3. 电力能源基地:发挥港口煤炭运输的成本优势,做大做强吕四港电力能源基地,在通州湾港区新布局电力能源基地,以满足电力能源需求;加强绿色能源产业建设,在如东、启东近海鼓励发展潮间带和近海风电,鼓励发展分布式光伏和分布式燃气发电,打造沿海绿色能源基地。

4. 精细化工基地:做大做强如东沿海经济开发区化工园区,促进转型升级,提升产业层面,打造以医药、农药化工为主的国内一流、具有国际水准的精细化工产业基地。

5. 海工船舶基地：推动启东海工船舶产业转型升级，鼓励发展海工、特种工程船等高附加值产品及海工船舶上下游配套产业；在南通滨海园区新设海工船舶产业基地，重点承接市区沿江船舶产业升级转移和新增产能。

6. 汽车产业基地：充分发挥启东江海产业园苏沪合作园区的优势，加强与上海汽车产业的合作，争取省级支持，培育发展汽车整车及零部件产业，打造汽车产业基地。

7. 航空装备基地：依托海门港新区航空装备产业园发展基础，加快航空装备产业集聚；在南通滨海园区预留航空装备的产业发展空间，培育发展南通航空装备产业。

8. 环保装备基地：提升启东滨海工业园节能环保产业板块的产业档次，提升产业特色；在南通滨海园区预留环保产业装备的产业发展空间，结合东安循环经济产业园的发展，打造节能环保产业基地。

9. 重型装备基地：依托临港优势，在吕四港经济开发区、南通滨海园区优先布局发展港口机械、工程机械、石油机械、电力能源装备等产业。

10. 轻工产业基地：依托吕四电动工具产业园、三余现代纺织产业园、海安紫菜城等基础条件，打造粮油加工、电动工具、现代纺织、绿色食品、创意产品等轻工产业。

11. 旅游度假基地：做大做强如东小洋口、启东圆陀角两个3A旅游区，培育发展南通滨海园区旅游休闲度假区。

12. 现代物流基地：依托临港资源，建设洋口港、通州湾港、吕四港三个现代物流产业基地，做强洋口港LNG物流，大力发展第三方、第四方物流，建立物流公共信息服务平台和交易中心。

13. 科技创新基地：提升启东海工船舶工业园区的船舶设计研发能力，建设海工船舶研发基地；发挥如东沿海经济开发区的农药、化学药品产业的集聚优势，建设农药、医药研发基地；依托南通滨海园区的海洋科学研究试验基地，打造海洋基础研究和海洋信息服务，打造沿海科研、开发基地；依托海门港新区的科技创业孵化器，打造科技成果转化基地；发挥江海产业园的苏沪合作优势，打造海洋生物医药研发基地。

14. 海洋渔业基地：依托洋口、吕四两大国家中心渔港，打造海洋捕捞产业基地；依托海安老坝港滨海新区、如东外向型农业综合开发区、南通滨海园区等滩涂及近海资源优势，打造特种海水养殖基地。

15. 生态农业基地：依托老坝港滨海新区、如东外向型农业综合开发区和南通滨海园区等农业专业或涉农产业园区，推进农业产业化，优化产品结构，打造沿海生态农业示范基地。

（四）优化沿海园区产业发展定位

根据沿海重点产业优化布局方案，结合各园区产业定位，建议对沿海产业园区产业发展方向进行优化（见表2）。

表2 南通沿海园区产业空间发展定位优化表

园区名称	主导产业定位	备注
海安老坝港滨海新区	1. 农业（特种水产养殖、紫菜、生态观光农业）； 2. 新材料（磁性材料方向）； 3. 纺织服装。	为目前园区规模排前三位的产业，具备发展的基础条件，可以进一步延伸发展，做大规模，做长产业链。
如东沿海经济开发区	1. 精细化工（医药方向）； 2. 滨海旅游（温泉）； 3. 海洋渔业（捕捞业）。	有专业化工园区、3A级景区且有温泉资源、有国家级中心渔港。
如东外向型农业综合开发区	1. 特种养殖（海水养殖、育种等）； 2. 农海产品深加工。	园区定位为农业专业园区，具备发展的资源条件。
如东洋口港经济开发区	1. 新能源（风电、燃气发电、能源储备）； 2. 石化（与南通滨海园区共同打造石化基地）； 3. 临港物流（液化品物流）； 4. 设备制造（信息电子）。	具备发展的基础条件，LNG码头、龙源风电已投入运营、液化品码头即将建成，港口具备发展石化产业的基础条件。
南通滨海园区	1. 临港基础产业（石化、钢铁方向）； 2. 装备制造（航空装备、海工船舶）； 3. 电力能源（分布式太阳能和分布式燃气发电、能源储备、电力设备制造）； 4. 临港物流（沿海集装箱、铁矿石运输的主要港口、配合产业的相关物流）； 5. 滨海旅游（飞行、游艇）。	南通市级层面主导开发的重点开发园区，具备发展的资源基础。海工船舶产业主要定位为沿江整合提升转移的目的地和新增产能的布局区域。

续表

园区名称	主导产业定位	备注
海门港新区	1. 机电制造； 2. 绿色食品； 3. 建筑新材料； 4. 科技服务。	机电、食品、建筑材料、科技服务已具备一定的产业基础；结合东灶港两万吨级码头，可以发展相应的需要物流配套的相关产业；依托蛎岈山资源，在保护的基础上做好适当的旅游开发。
吕四港经济开发区	1. 电动工具； 2. 化工新材料(大炼化下游产业链)； 3. 电力能源及仓储物流； 4. 重型装备制造(港口机械)。	电动工具为该区域传统优势产业和支柱产业，下一步重点突出优化升级；石化新材料和电力能源已具备一定的产业基础，临港物流结合吕四港港口建设，下一步将重点发展；重装备主要依托挖入式港池发展。
启东江海产业园	1. 汽车(整车、零部件、新能源汽车)； 2. 海洋医药。	该园为苏沪合作示范园，充分利用上海的优势，期望能将汽车产业发展成重点支柱产业。
启东滨海工业园	1. 海工与船舶配件(海工设备、船用电缆、船用钢结构、船用螺旋桨、发动机和船用涂装设备)； 2. 机械装备(建筑机械、矿山机械、石油钻探设备、汽车检修机械、农产品加工机械等)。	均已形成产业集聚，每个产业已集聚30家企业以上，下一步主要是优化升级产品结构，提升科技含量。
启东圆陀角旅游度假区	滨海旅游(度假、会展、休闲)。	专业的旅游度假园区，拥有3A级景区，旅游地产项目正在加速建设。
启东海工船舶工业园	海洋工程(钻井平台、海洋工程船)。	海洋工程产业专业园区已落户20家企业，形成了产业集聚，下一步主要是优化升级，加强研发功能等生产性服务业和城镇配套功能的生活型服务业的配套。

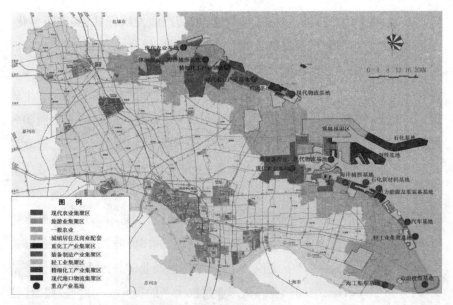

图3 南通沿海重点产业空间布局示意图

三、实现优化产业布局的主要途径

根据沿海产业布局和发展特点，笔者认为以产业深化为动力，优化南通沿海产业布局应通过以下五个方面实现：

（一）健全南通沿海产业布局规划的组织领导体系，强化沿海开发的统筹协调。应以南通沿海开发工作领导小组为基础，增强小组的规划统筹协调职能，从南通市沿海开发、陆海统筹的发展大局出发，强化沿海资源统筹管理，对岸线、滩涂、风能等战略资源开发利用项目进行联审会办和联合执法监管，协调利益，避免恶性竞争，构建各方共赢的沿海开发、陆海统筹协调体系。发挥市场决定性作用，做大做强市沿海开发资本平台，通过与县市区战略合作、参股、控股等方式，把握沿海开发的主导方向。组织指导沿海各地区及重点产业园区的决策层，论证、修正产业布局方案，确立适应国内、国际经济社会发展新常态的产业布局规划方案和产业发展战略。重新确定、细分沿海重点产业基地，尤其是在11个沿海产业园区产业规划中，突出战略性新兴产业及关联产业布局，制定发展新兴产业集群的长远规划。

（二）调整产业布局，评估主导产业，创新产业发展模式，实施特色化、多元化的产业布局和产业发展战略。 首先，调整、优化11个沿海产业园区的主导产业布局。根据各地要素资源禀赋的比较优势，要求每个产业园区确定最多不超过3个主导产业，且每个主导产业重复布点不能超过2个园区。其次，通州湾、洋口港、吕四港3个港区规划布局的临港产业要明确各自重点发展的产业方向，避免产业发展同构，实现协同发展。第三，建立沿海主导产业发展评价体系。从资本积累、创新能力、市场需求和扩散效应等四个方面对主导产业进行科学、系统的评估，补充先进高效产业，淘汰落后低效产业，维持沿海主导产业的先进性和支柱地位，促进沿海产业不断推陈出新，做大做强。第四，针对主导产业实施特色化、多元化的产业发展战略。明晰各产业园区的特色产业定位，提高传统特色产业的技术含量，加强产业关联，开拓中间市场，带动产业园区产业层次水平的提升。最后，按照"优江拓海"的发展战略要求，完善"江海联动"开发体制机制，按照沿海产业布局指导，有序引导沿江船舶、海工、重化工等先进制造业及其关联产业向沿海前沿区域转移。

（三）实施产业深化战略，延伸主导产业链条，拓展关联产业，打造产业集群。 引导各产业园区吸纳国内外先进的产业发展经验，发挥各自传统特色产业的比较优势，完善其上下游产业链及关联产业链，加强产业的关联效应，形成具有竞争力的产业集群。第一，已有产出的4个产业园区，要引导主导产业所在企业注重技术创新、生产创新、销售创新和管理创新，改进生产工艺，提高产品质量，深挖产业潜力。同时，完善、拓展与海洋渔业产业关联的如金融服务产业、灾害预警和保险产业、船舶修造产业等配套、辅助产业链，壮大海洋渔业产业。第二，已经进行初步产业布局的3个园区，根据当前形势适当地优化产业布局，以充实主导产业的上下游产业链为抓手，促进产业科学、合理布局。第三，正在筹备阶段，尚未实施产业布局方案的4个园区，应高起点地科学规划产业布局，注意与其他产业园区的产业布局的协调性。例如依托3个沿海港口规划布局的临港产业园区则要找准定位，各有侧重，与其他园区错位发展。

（四）构建沿海产业创新体系，加快高端人才引进、培育的长效机制建设。完善沿海产业技术创新的激励机制，充分发挥市场作用，建立创新资金储备池制度，吸纳多方资金特别是境外风投资金参与组建沿海产业创新融资体系。健全制度创新的激励机制，简化申报、审批手续。借助南通市打造智慧城市的契机，建立沿海创新服务平台，畅通产业发展、创新的信息流、资金流、人才流及物流的交流渠道，构建创新最佳环境。重视培育沿海产业创新主体，积极扶持和推动具有自主创新潜力与能力的企业或科研机构，成为沿海前沿区域创新的决策主体、收益主体和风险主体。建立高端人才引进、培育的长效机制，多项举措并举留住人才，用好人才，着重促进对高端人才培养、服务的制度化、常态化、人性化。

（五）实施产业发展后备人力资源培养战略。根据各园区确立的主导产业门类和上下游产业链发展需要，采用委培、定向、办分校等方式开展与国内外高等院校、职业教育院校的合作，根据专业需要调整学习、培训和实习时间，重点培养在产业园区拿来就可以用、留得住、用得好的后备人才队伍。建立沿海开发后备人力资源培养机制。制定人力资源培养、招募和储备规划，重点培养、招募和储备精细化工、海洋工程、现代海洋农业、海洋生物工程、物流仓储、金融、财税咨询服务等专业的人力资源。各产业园区也要积极配合参与人力资源培养，提供实习场地和机会，并且有计划地招募中西部人力资源，扩大产业发展的人力资源储备。

南通市委党校南通经济社会发展研究所　李　汝
南通市沿海地区发展办公室规划处　杨晓峰
南通市沿海地区发展办公室规划处　徐光明

（本研究报告为2013年江苏沿海沿江发展研究院招标课题《南通沿海前沿区域产业空间布局优化研究》研究成果）

基于南通空间结构形成及演化的沿海开发研究

摘 要 沿海开发、江海联动、优江拓海正将南通带入全面提升空间结构水平的新时代。本文运用空间分析方法分析了南通空间结构的形成、演化和现状，得出南通经济社会空间始终演绎着由西向东、由内陆和沿江向沿海推进的演变，沿江、沿路一直是近现代经济社会空间主轴和重心，是其他区域发展基础和支撑的结论。根据沿江港口空间资源和土地资源优势突出、沿海港口资源次之特点，要将资源导向与市场导向紧密结合，构筑优势资源系统。沿江地区通过调整规划、提高环保标准、财税引导等措施促进沿江落后、污染产能升级改造后向沿海转移，引进高新技术产业和现代服务业，把沿江建设成"软实力集聚地、滨江绿色生态区"，成为南通又一张亮丽名片。在沿海港口建设中果断停止产业上的重复开发、重复建设，进行行政区划调整，将洋口港、东灶港、吕四港并入通州湾，错位发展，形成区域组合港，集中财力物力重点建设通州湾新城。重点建设六大城市、四大主轴，构建南通经济社会发展菱形网络空间结构。

沿江开发、沿海开发、江海联动、陆海统筹等一系列区域开发、区域发展举措，尤其当前的江海联动、优江拓海发展战略，正将南通带入经济腾飞、走向辉煌的新时代，必将在空间结构上给南通带来巨大的可喜变化。

区域空间结构演化有自身规律，建立在客观规律基础上的发展措施，一般都能够很好地利用各种机遇和有利条件，实现科学、高效发展。

经济社会空间结构是人类经济社会活动在空间上的必然体现,合理的空间结构能够有效配置资源要素,实现要素系统功能的最大化,从而实现经济社会高效、全面发展,所以科学合理的区域空间结构历来是各级政府在经济活动中通过发展战略、发展规划着力打造的目标,沿海开发同样面临这样的问题。

一、南通经济社会空间结构的形成、演化与现状

(一)南通经济社会空间结构的形成及演化

德国学者克里斯·泰勒(1893—1969年)在获得了大量基础数据和资料后,运用演绎方法研究城市空间秩序,创立了"中心地理论"。中心地理论阐明了人类进入工业社会后,城市数量、规模、等级以及分布规律及其形成的动力,分析了在市场原则、交通原则和行政原则基础上形成的中心地空间系统模型,指出,在均质平原上,从运费节省、市场地域空间最大、市场等级完善等多方面分析,以城市为主体不同等级市场区域空间结构的最佳模型为六边形。这一理论被后人不断证实,并广泛用于区域空间结构研究,取得了很好的效果。

早期南通空间结构的形成有一个重要前提,就是古黄河三角洲泥沙及陆地众多河流携带泥沙在南黄海海岸不断淤积,导致陆地不断向海洋中增长,形成沉积型均质平原和淤泥质平原海岸。南通空间结构的形成分为五个阶段,即城镇空白阶段,城镇形成阶段,中心城市出现阶段,城镇等级形成阶段和城镇多中心阶段,网络化发展阶段。

根据史料并运用克里斯·泰勒演绎方法推理,南通早期位于一级城镇中心扬州的边缘区,而后伴随陆地面积不断扩大,城镇数量增多,才在均质平原上逐渐形成了由南通、通州、海安、如皋、如东、启东、海门构成的二级市场六边形空间结构体系。

早期均质平原处在相对封闭的环境下,区域中心城市应该在现在通州区的中心镇金沙镇(见图1),但受长江水运、上海和苏州高等级中心城市辐射影响,区域中心城市自然而然向交通通道更高一级的中心地即在现在的

南通市所在位置靠近,南通取代了理论上应为中心城市的通州。同样受沿江交通条件不断优化的影响,如皋、海门不再是六边形的顶点,而是分别成为南通—海安、南通—启东轴带上的一点,因此,南通现在以海安、南通、启东、如东为顶点呈不规则六边形。

图1 封闭环境下南通区域空间结构

可以看出,南通区域空间结构形成的顺序是由陆向江、向海,由西向东、由北向南,因此,南通经济社会发展属内生驱动型,基本动力来源于内陆,始终依托沿路、沿江发展,缺少天然良港,沿海地区经济社会发展动力不足,始终相对落后。

(二)南通经济社会空间结构现状

美国学者 W. J. Reilly 在调查了美国150个城市的基础上,归纳并提出了城市之间的"零售引力规律"及其计算模型。在此基础上,Converse 提出了城市之间"断裂点"(Break Point)的概念及其计算模型。其模型被不断改进,并被广泛用于研究城市间经济联系强度及区域空间结构的构建。其引力模型表述为:

$$I_{ij} = \frac{P_i P_j}{d_{ij}^2} \qquad (1)$$

式中：I_{ij} 指 i、j 两城市间的引力；P_i、P_j 分别指 i、j 两城市的"城市质量"；d_{ij} 指 i、j 两城市间的距离。

城市间引力值越大,说明城市间经济社会联系越紧密,在城市间通道上经济社会的发展越繁荣,经济社会发展的基础条件也就越好。以南通市区、海安县、如东县、启东市为顶点(见图1),分析2006—2010年这四个城市之间的引力特征,可以判断南通的空间结构现状,分析构建南通空间结构的基础。

选取城市十项基础数据作为城市综合质量评价指标(见表1),同时计算四个顶点城市与上海、苏州、南京、扬州、泰州、盐城六个相关城市之间的引力,把得到的引力值分别加到四个顶点城市的城市质量中,作为四个顶点城市的城市质量的一部分。

表1 城市质量标准化

源数据	标准化数据	权 重
总人口	总人口相对值	W_1
城市人口	城市人口相对值	W_2
财政收入	财政收入相对值	W_3
财政支出	财政支出相对值	W_4
国内生产总值	人均国内生产总值相对值	W_5
农业总产值	人均农业总产值相对值	W_6
工业总产值	人均工业总产值相对值	W_7
社会消费品零售额	人均社会消费品零售额相对值	W_8
职工人数	职工人数相对值	W_9
职工平均工资	职工平均工资相对值	W_{10}

在统计年鉴上选取的是上述四个顶点城市和六个相关城市2006—2010年的城市质量指标数据。对其进行标准化处理,得到诸城市的城市质量(表2)。

表2　2010年十座城市的城市质量

南通	海安	如东	启东	上海	南京	苏州	扬州	盐城	泰州
300.4	75.32	72.74	85.79	3 554.33	914.29	1 334.74	374.89	484.4	352.54

在计算城市间的距离时,主要考虑了时间距离因素,采用的是金贵等定义的时间距离计算公式:

$$d_{ij} = 0.36 dA_{ij} + 0.40 dB_{ij} \tag{2}$$

式中:d_{ij}指i、j两城市间的时间距离;dA_{ij}、dB_{ij}分别为i、j两城市间高速公路和一般公路里程。2006—2010年南通市域内的交通以公路为主,道路状况变化不大。把数值代入公式(2)得到城市间的时间距离。

把城市质量值和时间距离数据代入公式(1),得到各方向历年引力值(见表3)。

表3　四个顶点城市间的引力值

年份 城市	2006年	2007年	2008年	2009年	2010年
南通—如东	3.178	4.853	6.992	9.452	14.519
南通—启东	3.623	5.413	7.430	9.964	16.936
南通—海安	2.815	4.433	6.606	9.053	13.848
启东—如东	0.302	0.430	0.625	0.831	1.324
海安—如东	0.358	0.537	0.848	1.150	1.651

分析历年引力值矢量图发现,各方向引力值按大小排列的顺序无年际间变化,故只列出2006年和2010年引力值矢量图(见图2)。

从2006—2010年五个年份的引力值数据和两个年份的引力矢量图可以看出。

1. 在南通地域空间中,南通—海门—启东、南通—如东、南通—如皋—海安之间的引力远远高于海安—如东、如东—启东之间,而且南通始终为经济重心,并沿江、沿路便捷通道向三个方向呈扇形辐射。

2. 南通—海门—启东之间引力值最大,因为南通—海门—启动之间的沿江经济带为区域内重要的经济发展轴。南通—如皋—海安之间的引力位

居第二,此为沿宁启铁路、沿多条不同等级公路的另一重要区域经济发展轴。

3. 如东除受南通影响较大外,与海安、启东之间引力较小,海安—如东、如东—启东之间为低引力值带,尤其值得注意的是,如东—启东之间为南通沿海开发的前沿地区,在现实中这里却是四个顶点城市间经济社会发展联系的最低值带,是经济社会要素集聚的低谷。

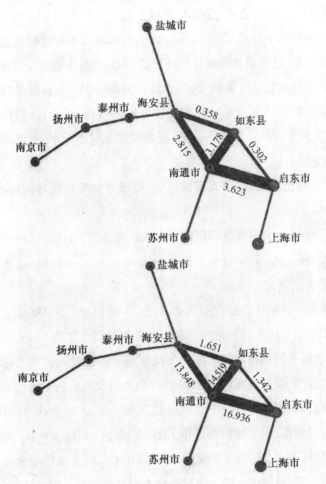

图2　2006年和2010年南通市区域间引力矢量图

二、遵循空间结构演变规律，预判交通格局变化，坚定地走江海陆协同发展之路

（一）统筹沿海、沿江、沿路空间发展，实现区域全面腾飞

研究表明，南通经济社会空间始终演绎着由西向东、由内陆、沿江向沿海的演变，沿江（南通—海门—启东）、沿路（南通—如皋—海安）一直是近现代经济社会空间的主轴和重心，是其他区域发展的经济基础和支撑。2014 年 3 月动工的沪通铁路一旦通车，东西南北方向广阔的市场腹地将突现在南通经济社会发展面前，这将引导和逼迫南通产业中心、经济中心乃至城镇中心向沿路和沿江交汇处的北城区集聚，这样的结论为我们揭示了南通经济社会的空间演变规律。进行沿海开发时我们要遵循这一规律，以沿江、沿路发展为重心，深化该区域产业改造和水平提升，提高城镇化建设水平，为沿海开发奠定基础，提供支撑。

（二）发挥土地资源、空间资源优势，资源导向与市场导向相结合，构筑优势资源系统

南通沿海每年淤积滩涂面积约为 5 000 亩，沿海土地面积不断扩大，可用空间辽阔，在上海、苏南乃至全国土地资源极其紧缺的今天，其资源优势和空间优势尤显突出。

淤泥质海岸决定了南通没有天然良港（年淤积增长 5 000 亩土地与有天然良港是矛盾的），无论洋口港还是通州湾港都是建立在水下沙脊之间水道的基础上的，现有手段和技术很难证明大规模基础设施投入到近海后海水动力结构会不会改变，沙脊间水道、人工岛和连岛大桥及码头会不会出现淤积。同时不能忽视的是，围垦、疏浚、挖港池建港成本巨大，天津港、鹿特丹港采用此路径扩大港口规模，因为他们是百年大港，有雄厚的临港腹地、广阔的离港腹地支撑。另外，人工岛与临港产业园区、物流中心之间发生的短途运输成本巨大，是我们在海洋运输进入微利时代不得不面对的问题。沪通铁路一旦通车，运量大、运输快捷、成本相对低廉的铁路运输综合优势，将强烈冲击南通的水上运输和陆路运输——京浦铁路、沪宁铁路通车终结了繁荣的大运河时代，沿

海铁路通车会不会削弱京沪铁路时代,给全面开花的港口建设以沉重打击呢?

所以,南通乃至江苏有淤泥质海岸的其他地区,在建设港口、发展临港产业时一定要慎之又慎,要集中财力物力重点建设一至两个港口,将适度建设的有限港口资源与土地资源、空间资源乃至上海和苏州的港口及产业进行整合,构筑资源体,将资源导向与市场导向紧密结合,构筑区域系统性优势。

(三)沿江、沿路和沿海实施不同发展战略,沿海建设聚焦通州湾,把南通市建设成长三角重要大城市

在沿江、沿路地带,通过技术革新和工艺改造保持纺织业、钢缆业等一些传统优势产业的发展,加快发展船舶修造及机械制造等先进制造业;通过规划调整、环保标准提高、财税引导等使得沿江落后、污染企业产能升级改造后向沿海转移,强力引进高新技术产业和现代服务业。加快建设海安、南通港大型现代仓储物流中心,放大沪通铁路通车后车站周围及其腹地的"站场经济";强化南通、海安、启东以交通建设为突破口的城市基础设施建设和改造,加快把南通市建设成大城市步伐,早日融入上海都市圈,成为长三角的重要城市,发挥大城市强大的综合功能。

在沿海广阔的空间内,利用土地资源优势,抓住全球产业转移的机遇,积极引进现代石油化学工业,承接沿江石油化学工业、传统制造业转移。优先发展海洋工程与船舶制造业,做好传统机械制造业升级改造,延伸产业链。在滨海地区,利用淤泥质海岸养殖优势、风力优势,加强海洋医药、海洋食品加工业及海洋新能源产业发展。利用沿海环境资源、海洋资源、土地资源、乡村资源等,优先发展旅游业,使其成为先头产业。在港口建设中稳扎稳打,果断停止遍地开花式的重复开发、重复建设,对现有港口通过制定合理的利益分配机制进行行政区划调整,将洋口港、东灶港、吕四港并入通州湾,形成区域组合港,进行错位发展,集中财力物力重点建设好通州湾新城。

(四)打造区域经济社会发展菱形网络空间结构,实现南通全面腾飞

区域空间结构有极核式、点轴式、网络式、域面,按由极核式空间结构到点轴式空间结,再到网络式空间结构、域面顺序,区域空间组织结构的层次和发展水平越来越高,模式也越来越理想。南通空间结构构建仍然要遵循克里斯·泰勒六边形理论,在现已形成的准六边形结构基础上不断完善,提高建设水平,打造现代化的菱形网络空间结构(见图3)。

南通菱形网络空间结构的主要发展轴应该是:① 南通—海门—启东段,以长江航道、通启高速、宁启铁路通启段、S336 为骨架的发展轴;② 南通—如皋—海安段,以沿海高速(G15)、长江航道、宁启铁路海通段、204 国道、沪通铁路(建设中)为骨架的发展轴;③ 海安—如东段,以 S221 和海(安)洋(口)铁路、海(安)启(东)高速北段为骨架的发展轴;④ 如东—启东段,以洋(口)启(东)铁路、海启高速东段和海防公路为骨架的发展轴;⑤ 中部包括南通—如东段在内,以二横四纵的省级公路(横向 S335、S334,纵向 S221、S222、S223、S225)、通洋铁路(规划中)、内河航道为骨架的发展轴。

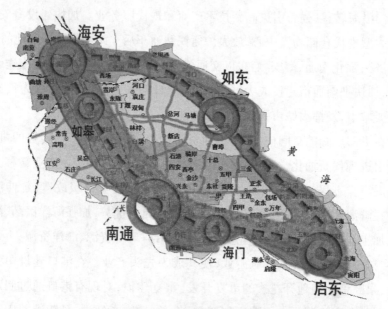

图3 南通经济社会发展菱形网络空间结构

南通大学地理科学学院 王英利

南通沿海地区重点城镇差异化建设与发展研究

摘　要　南通沿海8个重点中心镇实施区镇合一管理体制以来,虽然在基础设施完善和产业发展方面取得了明显成效,但是由于缺乏统筹,各镇并没有根据各自不同的自然资源、人文历史、经济基础、产业特点等显现发展特色。本文通过分析各地核心特点,综合考虑功能、美学等特征,提炼8个城镇的主导发展特色,进而实现差异化建设与发展。

近年来,南通沿海8个重点镇通过实施区镇合一的管理体制,大力积极调整优化经济结构,转变经济发展方式,建立沿海产业体系,实现资源开发、利用和保护的统一,努力创建"经济发展、科教领先、社会和谐、文化繁荣、生态优美"的现代化新型生态城镇,取得了初步成效。但是在城镇建设和发展中,存在着一个与大多城镇建设类似的通病,即特色不够鲜明。8个重点镇虽然有不同的自然资源、人文历史、经济基础、产业特点等,但在有选择、有重点、有特点地围绕当地特色进行综合推进发展方面均做得不够,形成"千城一面"的缺憾。本文结合分析各地的核心特点,综合考虑功能、美学等特征,提炼8个城镇的主导发展特色,进而实现差异化建设与发展。

一、南通沿海重点城镇特色的几种类型

沿海城镇的特色包括自然环境、人工环境、人文环境、产业项目等因素。因此,沿海城镇发展的规划设计,最为本质的是在与自然环境的平等和谐中获得审美的生存。在人与自然平衡对等的关系基础上,在沿海城镇区域范

畴内,协调自然、社会、人文、经济、历史等各个要素持续、健康、有序地发展,从而达到内在生态秩序和外在形式美感的有机统一。目前,南通沿海前沿重点城镇的特色归纳起来主要呈现5种类型。

(一)城镇能级型

城市经济学对城市做了不同能级的分类,同时也确定了城镇在城市发展总体规划中的定位。比如在城市发展总体规划中,对行政区域内的城镇等级规模和职能结构都做出了明确的定位,有的城镇是重点镇、有的是一般镇,有的是县城的卫星镇、有的是区域中心镇,等等。就南通沿海重点城镇而言,通州湾滨海新城作为南通中心城市东部片区已经纳入南通中心城市规划;吕四港镇、长沙镇为县城的卫星镇;洋口镇、包场镇、近海镇等为区域中心镇。定位不同,城镇的特色塑造选择就不一样,比如县城的卫星镇侧重于对县城或中心城市的配套服务功能,体现功能补充;区域中心镇一般是距离县城较远的片区中心,侧重于其综合配套功能。

(二)产业支撑型

产业定位与城镇特色的塑造息息相关,两者互相关联,互为促进,是城镇特色塑造的重点方面。有的城镇特色就是该镇的产业特色,比如吕四港镇的五金、近海镇的机电,依靠产业特色体现了城镇特色,提升了城镇的影响力。有的城镇特色自然资源催生了特色产业,比如温泉、海洋、生态等资源催生了特色旅游、海洋产业,比如洋口镇等。

(三)历史人文型

历史人文是一个地域本土文化的积淀,体现了一个区域的精神风貌,这是别的区域无法复制的。南通沿海早期有海安的青墩文化,启东吕四港镇有充满神奇色彩的八仙之一吕洞宾四次光顾的"吕祖"文化;近代有盐垦文化、牧垦文化,通州湾三余镇、海门包场镇有名人张謇、董竹君留下的美好故事;现代有海安角斜镇"角斜红旗民兵团"的光辉业绩。传统上沿海地区本就是人口稀少之地,可挖掘的历史文化不多,这些追江赶海的创业精神的历史遗存和文化传统都是提升小城镇品位的宝贵财富,可以随着旅游业的发展更加发扬光大。

（四）建筑风格型

建筑设计风格是小城镇特色塑造的一个重要组成部分，是最具视觉冲击力的特色之一。我国不同地域的建筑风格各具特色，传统建筑中的各种屋顶造型、飞檐翼角、斗拱彩画、朱柱金顶、内外装修以及园林景物等，充分体现出中国建筑艺术的纯熟和感染力。国外的建筑流派众多，比较突出的有产生于法国的哥特式建筑，高耸的尖塔，超人的尺度和繁缛的装饰，表现了神秘、哀婉、崇高的强烈情感；北美风格则融合了美国人自由、活泼、善于创新等一些人文元素，使得其建筑成为国际上最先进、最人性化、最富创意的建筑之一。当前，南通沿海8镇在规划建设中，根据居住、渔港、旅游、海洋产业等不同功能，采用形状、色彩等各类建筑语言营造与沿海环境相匹配的特色风格。南通滨海园区的外语城、洋口镇的林克斯小镇、吕四港镇的渔港风情一条街、寅阳镇的海上威尼斯就属于此种类型。

（五）绿色生态型

生态文明建设已经成为五位一体建设的重要方面，生态特色是城镇特色的更高级形态。这里的生态当然不仅仅是绿化、公园这么简单，而应当是以生态的理念全方位规划设计的生态之城（镇），包括生态的空间布局、生态的功能分区、生态的设计建筑、生态的系统设施等，实现绿色低碳环保的生产生活方式。比如，海安角斜镇、启东近海镇等正利用独特的河网、滩涂、湿地、鱼塘、农田、果园等自然资源，把握人与自然的关系，建设绿色生态小镇，达到和谐共生的境界。

二、南通沿海重点城镇打造特色需注意的几个问题

沿海城镇作为南通沿海开发的重要载体，承担了南通落实国家沿海开发战略，实现沿海开发全省领先的重要任务，是南通转型升级的主战场。因此，把8个重点区镇建设好、发展好是当前沿海开发工作的重中之重，在打造特色的过程中要特别注意把握以下4个问题。

(一) 总体定位问题

总体定位是城镇发展的主线,是区别于其他城镇的核心特点,而沿海 8 个重点区镇都位于沿海前沿区域的产业城镇带上,必然需要在总体定位上实现错位,体现特色。总体定位确定下来后,要把握好城镇发展的规划编制、基础设施、公共配套和景观设计等方面的问题,瞄准目标,培育特色,打响知名度,增强带动力。但是实际工作中,由于沿海城镇分别属于不同的县(市)区,在对自身发展的进行定位时,它们多数从本地角度出发,因而缺乏全面性和系统性。如果从全市或者更大的范围来看,沿海 8 个重点区镇的特色定位不够鲜明,需要至少站在沿海前沿或者全市范围这样的高度对其定位进行调整,从而更好地体现各自的特点和分工。

(二) 产业布局问题

产业发展是沿海开发的重中之重,是沿海 8 个重点区镇发展的重点,区镇合一后,每个重点区镇都有规模较大的产业园区,因此重点产业选择的差异化是实现城镇差异化发展的重要途径之一,也是形成沿海开发产业发展的合力的基本要求。目前,8 个重点区镇产业园区正在加快建设,产业的承载能力不断增强,招商工作在有力推进,彼此工作中不可避免地出现一些争项目、比优惠等现象,相互协调还不够,抓特色项目、重点项目的意识还不强,所以有必要从市级层面从产业的角度进行一些梳理和定位。

(三) 城镇风格问题

城镇风格问题,简单地说就是防止"千镇一面",从沿海 8 个重点区镇的角度说,就是防止 8 镇在城镇建设的景观塑造、建设风格等方面过于雷同,没有亮点。"高楼大厦加广场"曾经是城镇文明的美好体现,现在已经成为大多数城镇的共同特征。但是,当"美"成为一种共性,缺乏个性化时,"美"就失去了"美"的意义,而走向它的对立面。在城镇发展的进程中,城镇的个性特征得不到应有的重视和培育,这将使很多城镇渐渐失去其特有的性格,沦为模糊的城镇重影。结合南通沿海实际,8 个重点镇中除吕四属于传统强镇,规模较大之外,其他城镇过去规模较小,城镇建设可谓白纸一张,这就要求在设计之初找准定位,确定特色,一次性规划到位,加强沿海城镇发展特色的设计研究,分区分片实施,最终达到特色与功能、形象的统一,创造更高的整体价值。

(四)文化挖掘问题

不同的文化环境,形成了不同的城镇品格,使城镇散发出独特的魅力。但是,在实际的发展过程中,沿海城镇忽略了对历史人文的挖掘,使得城镇塑造的底蕴不深。比如,在吕四港镇的旅游规划定位中,强调重点开发吕四渔家风情游、海鲜美食游和夜游渔港等旅游产品,对于吕祖道教文化、鹤城传说这类人文因素挖掘较少。通州湾滨海园区的定位是打造港口、产业、城市三位一体的海港新城,基本与各地无异。事实上,三余镇的"盐垦文化"历史悠久,更是张謇先生的事业根基,但"盐垦文化"也随着三余镇的合并渐渐被忽视。因此,就沿海八个重点镇而言,从规划建设之初就应该注重历史文化的挖掘,提升城镇的内在素质和外在形象,提高城镇的知名度、影响力、辐射力和吸引力。

三、基于美学视角的南通沿海八大城镇特色建议

(一)老坝港镇:打造生态原型与形态美兼备的生态宜居小镇

生态原型美是城镇美的基石,是使人产生美感的基础。生态美学、自然美学一致认为,自然环境的异质特征形成了各个城市的差异性表现。河道、水域、滩涂、湿地等特定的自然环境,具有独特性和不可改变性,是唯一的、特色的美。这种特定的自然资源是人工环境创造的前提,在此基础上,推出自然生态滩涂景观、农村原生态景观等,就不会和其他城镇的旅游资源雷同,从而最大限度地展现自身的特色和价值。老坝港滨海新区河道密集,拥有水域、滩涂、湿地、鱼塘、农田、果园等多种自然资源,类型丰富,生态保育良好,呈现出"沿海广袤无垠,平原郁郁葱葱"的无限风光。

生态形态是生态原型的衍生物,特定的生态原型衍生特定的生态形态。老坝港独特的生态条件,使它衍生"三大之乡"的称誉——中国紫菜之乡、中国河豚之乡、中国鳗鱼之乡。老坝港镇凭借自身的天然优势,适合走特色生态观光游之路,让全国各地了解到紫菜、河豚、鳗鱼的生长状况,形成不可复制的唯一品牌效应,让大家一提起紫菜、河豚、鳗鱼,首先就会想到老坝港镇。独特

的生态形态具备与生俱来的天然美,将老坝港镇和其他城镇天然区别开来,成为其独一无二的形象标志,也正是老坝港镇走特色之路的不二选择。

(二)洋口镇:打造产业、城镇、旅游互为依托的温泉度假小镇

产业是城市发展的支柱和动力源泉,城市是产业发展的载体和依托。将产业功能、城市功能、生态功能融为一体,推进产业城市一体化发展,是推进城镇加速发展的重要举措。在小洋口地区,一个产业支撑较强、配套功能较为完善的产业新城已初具雏形,其承载功能、辐射效应和带动作用越来越明显。因此,以美学观为视角,洋口镇的发展特色应主要体现在城市整体统一的功能美。具体表现为产业功能、城市功能、生态功能融为一体,推进产业城市一体化发展,形成宜居宜业宜游的产业城市融合发展格局。

在小洋口地区,所谓产业城市融合发展,一方面,体现的是城市为产业发展配套和服务,是围绕产业发展需求而配置的城市功能,侧重于科技研发、金融结算、中介服务、交通物流、继续教育、专业医疗以及必备的生活设施等直接服务于生产过程的城市功能;另一方面,打造多个板块协调发展的产业集群,形成精细化工、装备制造、纺织印染、绿色能源、船舶海工、生态旅游六大产业板块协调发展的产业发展格局。从旅游板块看,洋口镇适宜以海洋、生态、地热等资源为依托,特别是通过国际温泉城、佛手湖公园等旅游项目的建设,打造国内一流的海洋渔业基地、温泉旅游度假胜地。

(三)长沙镇:打造以石化、能源、物流为重点的沿海港口新城

以美学观为视角,长沙镇的发展特色应体现为自然资源与经济发展"天人合一"。中国人崇尚"天人合一"的美学价值,人与自然的相融共处往往会得到品德的陶冶和情感的愉悦。因此,小城镇的特色建设中,要特别注意顺应自然规律,来开发自然和利用自然,将经济发展与自然优势、环境保护协调起来,达到资源的优化配置,最大限度地提高资源利用效率,并将其转化为经济效益。长沙镇的发展,要利用自身的资源优势,建设沿岸重要深水港口洋口港,实现经济的快速良好发展。

洋口港地处长江口北翼,经过国内数十个著名科研设计部门十多年的勘察论证,具备建设10~30万吨级深水大港的自然条件。可依托洋口港的

深水优势、便捷的集疏运条件、灵活的联运体系,建设各类集装箱泊位、大宗散货泊位、原油进口泊位、矿石中转泊位及LNG专用泊位等。可利用港区丰富的土地资源和淡水资源,兴办各类大型石化、冶金、船舶修造等项目,大力发展临港工业。因此,长沙镇应依托洋口港开发建设,打造以石化、能源、物流重点产业的沿海新型工业化港口新城。城镇设计侧重港口、产业元素,体现科技现代感,重点完善服务港口物流、临港产业发展等功能配套。

(四)三余镇(南通滨海新城):打造绿色、文明、现代的南通沿海副中心城市

相对于文化而言,物质空间也有其特定的秩序,不同的秩序会产生不同的美,即物质空间美,或者称为动态经济美。动态经济美建立在某种经济布局的基础上,在一定的物质空间内,通过不同的排列组合,可以使经济效益实现最佳配置。这种物质空间美,是和南通滨海园区的自然地理条件、人文环境塑造条件分不开的,利用独特优势,可打造具有本地文化特色的临港门户新城镇。

"盐垦文化"源于民国年代的张謇,是三余地区也是南通滨海园区的核心文化。1913年,张謇先生在三余镇成立了大有晋盐垦公司进行滩涂围垦。大有晋公司是张謇先生纺织帝国的根基。可以说张謇先生事业最大的根基就是在三余。这里有足够的民国文化根基,又有足够的土地资源和设计空间。而以民国文化为精髓的建设理念也将为这座新城带来巨大的经济效益。试想,在滨海新城的某个区域,人们玩民国风的海滩,走民国的石板街,划民国的小木舟,品民国的美食,住民国风的宾馆,赏民国的戏曲,感受民国娴静的乡村田园风光等,尽情地返璞归真,身临其境地感受民国文化,那是一种何等的震撼!

南通滨海园区(通州湾)由南通市级层面设立,目前已纳入南通中心城市发展规划,规划面积约585平方千米。其中,陆域部分约292平方千米,海域部分0米线以上滩涂面积约293平方千米。通州湾具有较好的滩涂和深水航道资源,是南通沿海前沿区域承南启北的中心节点。其重点特色定位是,依托通州湾地区得天独厚的海洋资源,以港口为龙头,建设南通中心城市临海门户,打造港口、产业、城市融合发展的示范区,重点发展能源、高端装备、新材料、物流等主导产业。生活区域,重点发展高品质住宅及现代商

贸、金融、餐饮、休闲等服务业，做精做强园区科教城、外语城等现代文化园区，展现"盐垦文化"特色，塑造环境艺术美。城市设计上按照建设南通沿海的副中心城市为规模标准，吸收绿色、生态、低碳元素，建设海港门户城市。

（五）包场镇：打造自然风光与名人效应并举的现代工贸小镇。

包场镇自然资源独特，以蛎岈山国家海洋公园为核心，可加快推进渔港风情街、海鲜一条街、通东文化产业园、城市森林公园、张公堤垦牧遗址公园等项目，打造集海上观光、海上运动、渔港海鲜、田园风光、历史人文、教育科普等为一体的长三角临港特色旅游目的地。包场镇民风淳朴，人文荟萃，名人文化、渔文化、红色文化等文化资源丰富，有张公堤、董竹君纪念馆、龙桥、海鲜美食街、刘浩烈士墓。多元文化的碰撞成就了包场镇独特的魅力，可以重点打造"中国版阿信——董竹君"，借助名人效应，让外界更快捷地了解与接触包场。

包场镇拥有较好的工业基础，可依托沿海港口资源和产业基础，重点做大做强重装备制造和食品加工两大支柱产业，建设沿海建材中转物流中心。城镇建设上按照海门市副中心的级别规划建设，强化对产业、贸易等公共服务平台配套，打造沿海重要的现代工贸中心。

（六）吕四港镇：打造海风古韵与现代文明交相辉映的渔港风情古镇

"黄海明珠"吕四港镇，有1 300多年的历史，因传说八仙之一的吕洞宾四次来此而得名。又传说古代这里栖息着大片白鹤，展翅翱翔，遮天蔽日，故又名鹤城。富有传奇色彩的"吕祖"文化、鹤城传说和"三树三庙"等文物古迹犹存。鲜明的区位特色、历史沿革和渔港资源，使吕四港镇具有鲜明的文化主题，其可以概括为海洋文化、渔港文化以及古镇文化主题。

吕四港镇拥有国家中心渔港吕四渔港，是全国四大渔港之一。吕四港环抱式港池正在加快建设中。目前已形成冶金、轻工、化工、机械、水产品加工等多门类的工业体系，有全国最大的电动工具配套产业制造基地。吕四港镇可依托千年渔港，挖掘吕祖文化、海洋文化，以"古""渔""仙"为主题元素，局部修复古镇旧貌，提升现有水系景观，并以水系串接，构建集海鲜美食、古镇体验、神仙文化体验、渔港休闲等功能于一体的现代化、多功能、综合性渔港风情区。依托新建的环抱式港池，重点发展粮油、糖等大宗散货物流，并配

套发展临港产业。吕四港镇在规划设计上应当重视古镇保护与开发建设、历史传统与现代化相结合,打造国内一流、国际知名的渔港风情古镇。

(七)近海镇:打造具有鲜明产业特点的现代化新兴工业小镇

以美学观为视角,近海镇的发展特色应体现出一种整体协调美,规划为"一带两港四轴四片六区",构成近海镇的总体空间架构。"一带"是指滨海生态景观带;"两港"是指塘芦港、协兴港;"四轴"是指临海高等级公路的交通发展轴、通海公路的生态发展轴、南海公路的城镇发展轴以及滨海大道与滨江大道联合的产业发展轴;"四片"是指休闲观光农业片区、精品高效农业片区、优质绿色四青种植片区、生态养殖片区;"六区"是指一个生活配套区、两个商务配套区、三个工业区。"一带两港四轴四片六区"集生活配套、现代服务业、休闲观光农业于一体,构成近海镇空间架构的整体美。

近海镇可凭借突出的区位交通优势,以现有产业为基础,延伸产业链。滨海工业园作为工业项目的主要承载地,应注重转型升级,优化服务环境,积极承接上海及周边地区的产业、资本的梯度转移,做大做强装备制造、精密机械、船配汽配、电子电器等四大主导产业,注重企业转型升级步伐,打造一批国际同步、国内领先的高新技术产业集群,培育一批独具特色的科技型产业基地,形成一批拥有自主知识产权和研发能力的企业。在城镇设计上重视布局产业配套的生产性服务业功能空间,体现工业化和现代化元素,打造启东乃至上海北翼最具产业特色、功能配套最齐全、最具活力的现代化工业新城镇。

(八)寅阳镇:打造拥有国际一流海工船舶基地的江风海韵小镇

寅阳镇位于南通的最东南角,东临黄海,南靠长江,是江苏唯一滨江临海的小镇,也是江苏最早见到日出的地方,与国际大都市上海隔江相望,是南通通江达海的重要陆地门户。海工船舶产业园依江而建,其海洋工程、船舶制造产业国内领先,世界闻名。以美学观为视角,寅阳镇发展特色主要体现在凭借得天独厚的自然条件,推动产业的发展,产业与城镇的距离逐渐融合,使自然美成为经济美的发展助力,即打造"生态特色经济美"。

寅阳镇应充分发挥其滨江临海的优越地理位置和旅游资源,打造具有江风海韵和南通地方特色的旅游特色镇,城镇设计上体现旅游、休闲、度假元素,建设生态、绿色、宜居小镇,拓展会展、养老等服务产业。工业特色方面,注重聚焦和培育自己的优势特色主导产业,构建以海洋工程装备产业为核心,以重大技术装备产业为支撑,以高技术船舶为辅助,以海工船舶配套为拓展的装备制造业产业链,形成区域特色鲜明、竞争优势明显的产业结构。全力打造启东市域的副中心、国际一流的海工船舶产业基地和现代化的生态宜居城镇。

附:沿海重点区镇城镇等级规模及产业特色定位表

城镇等级定位	规模等级	城镇名称	重点工业特色	旅游城镇特色	备注
南通中心城市东部片区	30万人	南通滨海园区（三余镇）	建筑新材料、高端装备制造、能源	生态湿地、海洋运动休闲	已经纳入南通中心城市规划
现代化小城市	10万人	吕四港镇	电动工具、能源	海鲜美食、渔港风情	这5个镇为省级重点中心镇
		近海镇	机械电子	—	
		包场镇	重装备制造、食品加工	蛎岈山国家海洋公园生态旅游	
		洋口镇	精细化工	温泉度假	
		长沙镇	石化	—	
特色重点镇	5万人	寅阳镇	海工装备船舶	江风海韵观光、商务休闲旅游	
		老坝港镇	石材、家具	长江珍稀鱼类观赏和品尝	

南通市委党校　倪羌莉

南通市委党校　何春红

南通市沿海地区发展办公室规划处　杨晓峰

南通市沿海地区发展办公室规划处　徐光明

南通市沿海地区发展办公室规划处　丁正涛

天津大学　许恒周

(本研究报告为2013年江苏沿海沿江发展研究院招标课题《南通沿海地区重点城镇差异化建设与发展研究》研究成果)

南通沿海各港区功能定位及错位发展、融合发展、统筹发展研究

摘　要　国内外先进地区港口(港区)的经验、交通部有关发展政策及沿江港口发展的现状表明,南通沿海各港区必须在明确功能定位的前提下,走错位发展、融合发展、统筹发展之路。根据南通沿海各港区的岸线、陆域情况及各自的优势特色,在功能定位方面,吕四港区、洋口港区、通州湾港区在开发时序上、发展重点上、拓展航线上、货运结构上、临港产业发展上应有所侧重。统一规划、有序开发是准确定位并实现错位发展、融合发展、统筹发展的先决条件。建议组建南通沿海港口开发投资集团,采用地主港模式,强化政策体系建设,实现管理标准一体化。

南通市具有优良的港口资源,为更好地把资源优势变为现实优势,南通市委、市政府提出了"江海联动、陆海统筹"的战略举措。当前,南通港口发展已进入转型升级的重要阶段,沿江港口实现了飞速发展,沿海港口建设也迈出了重要一步,但要实现"江海联动、陆海统筹"目标还任重道远。

从国内外先进地区港口发展的经验和教训,以及港口与产业发展的内在关系看,相邻港口(港区)的正确功能定位及错位发展、融合发展、统筹发展至关重要,有必要进行深入探讨。

一、南通沿海港区错位发展、融合发展、统筹发展的必要性

1. 从国内外港口发展的经验看,错位发展、融合发展、统筹发展是必然趋势

港口经过一定时期的粗放式发展,会出现重复建设、功能雷同和竞争无序等问题,不仅浪费资源,还削弱了区域内港口整体的竞争力。针对这种现象,国内外先进地区均在相邻港口之间、港区之间、港口企业与一般企业之间进行资源整合。通过资源整合达到明确定位功能、合理布局、优化配置资源、错位发展、融合发展、统筹发展的目的。

从世界范围看,美国的纽约和新泽西港、德国的汉堡港与不莱梅港,日本的东京、横滨、川崎、大阪、神户和尼崎西宫芦等港口,都先后进行了港口资源整合并成为世界强港。

从国内看,宁波、舟山两港合并;厦门和漳州两港统一规划、开发;广西防城、钦州和北海三港成立广西北部湾国际港务集团;秦皇岛、曹妃甸、黄骅三港联合组建河北港口集团有限公司,整合以后的港口整体竞争力都得到有效提升。上述港口资源整合的事例表明港口整合可使港口分工更趋合理,更有利于临港产业发展。

我们通过剖析实例来说明港口整合的积极意义:

东京湾港口群位于日本本州岛南部海湾。日本运输省港湾局通过一系列政策法规,把该地区的东京港、千叶港、川崎港、横滨港、横须贺港、木更津港、船桥港7个港口整合为一个分工不同的有机群体。除船桥港后来合并到千叶港作为其船桥港区外,各港口的具体分工如下:

东京港——输入型港口,商品进出口港,内贸港口,集装箱港;

横滨港——国际贸易港,工业品输出港;集装箱货物集散港;

千叶港——能源输入港,工业港;

川崎港——企业专用码头,深水泊位少,原料进口与成品输出;

木更津港——地方商港和旅游港;

横须贺港——军港兼贸易;

由于东京湾内港口群的职能分工合理,使得狭小的港湾内云集了6个

世界级大型港口。各港口根据自身的基础和特色,承担不同的职能,在对外竞争中多个港口形成了一个多功能复合体。

与南通相邻的苏州港三港区在寻求错位发展方面积累了一些经验,张家港港区为外贸物资运输、长江沿线江海物资中转和临港产业开发服务;常熟港区主要为常熟市经济发展和临港产业开发服务,并逐步拓展公共运输和中转服务功能;太仓港区以国际集装箱和铁矿石运输为重点,着重开展长江沿线石油化工品中转贮运及临港工业的能源、原材料、产成品运输。三港区功能明确、相得益彰,整体实力不断增强。

从港区布局和相应的经济腹地等要素看,南通沿海港区与上述港区有类似性,上述港区资源整合、功能明确、错位发展的成功经验值得我们借鉴。

2. 从政策导向看,错位发展、融合发展、统筹发展符合科学发展的要求

2011年,交通运输部出台了促进沿海港口健康持续发展的意见,提出要充分发挥主要港口在综合运输体系中的枢纽作用和对区域经济发展的支撑作用,发挥中小港口对临港产业和地区经济发展的促进作用,推动大中小港口协调发展,形成我国布局合理、层次分明、优势互补、功能完善的现代港口体系,同时还提出,要进一步明确和突出区域内的重点新港区,防止新港区开发出现低水平重复建设。要科学、合理确定新港区的布置方案与开发规模,避免贪大求全。

3. 从沿江港口发展瓶颈看,错位发展、融合发展、统筹发展是必然出路

由于缺乏合理分工,南通沿江港区普遍存在功能雷同、低级重复的问题;缺乏现代化、规模化公用港区;集疏运体系落后;港口与产业脱节;布局散乱且环保未得到重视;等等。这些问题不仅影响港口发展,港城矛盾也较为突出。

南通沿海港口发展必须吸取沿江港口发展的教训,同时借鉴国内外先进地区港口资源整合、一体化发展的经验。从源头上抓好相关工作,从发展初期就进行正确的功能定位,实现错位发展、融合发展和统筹发展,以达到布局合理、功能提升、增强竞争力的目的。

二、南通沿海港区的现状

1. 沿海港区的资源情况

吕四港区：规划港口岸线60.3千米，港口用地面积63.2平方千米。可建5万~10万吨级泊位47个。吕四港环抱式港池建成后可形成深水岸线21.5千米，可建5万~10万吨级码头55个。

洋口港区：规划港口岸线29.5千米，可建万吨级以上泊位62个，其中10万~20万吨级泊位8个、30万吨级泊位2个，临港产业规划面积260平方千米。

通州湾港区：规划港口岸线157.9千米，陆域面积达428平方千米，可建5万~30万吨级码头500个，具备开发建设大、中、小泊位配套的大型综合性港区的资源条件。

2. 沿海港区的优势特色

吕四港区：

（1）区位优势：吕四港区靠江靠海靠上海，是相对于其他两港区在区位上的优势。随着苏通大桥和崇启大桥的通车，优势更加突出。

（2）产业优势：吕四港区具备直接经济腹地，启东、海门传统产业实力雄厚，已形成纺织服装、机电制造、精细化工、新材料、生物医药、电力能源、船舶制造、电子信息、化工等产业集群。临港产业方面，大唐电厂二期工程进入国家发改委最后审批阶段，中化新材料、华峰工业园、广汇新能源等重特大项目持续推进，产业板块开始凸现。

（3）先发优势：港口开发建设方面，东灶港建成南通沿海第一个具备5万吨级兼顾10万吨级通航条件的通用码头。大唐码头在沿海港区率先营运。吕四港主体工程、环抱式港池围堤工程、防沙导流堤工程和一期造陆工程全面完工。

（4）江海河联运优势：通吕运河两岸聚集了大量的码头、堆场、仓储、工业企业等。通过内河航道整治，将建成三级航道，通至吕四港区大洋港。环抱式港池西港池紧靠大洋港，将内河转运区设置在靠近大洋港一侧，运输船只将直接从大洋港进入通吕运河,为船舶运输提供便利,有利于发挥海河联运的优势。

洋口港区:

(1) 资源优势:洋口港区具备建设大型深水泊位的条件,同时拥有丰富的滩涂资源。相对于吕四港区,具有10万~20万吨级的深水岸线资源。

(2) 产业优势:虽然传统产业发展相对落后,但临港产业方面,一批重大项目加速聚集。中石化LNG接收站二期工程、中石油成品油、台湾地区中石化、振戎仓储、法国爱森等重大项目的相关工作正在稳步推进。一批能源资源综合应用项目正快速集聚。

(3) 先发优势。2008年实现了初步通航。建成3平方千米人工岛、30平方千米临港工业区。建成LNG码头和万吨级重件码头各一个,LNG接收站及管理配套区等陆域设施。15万吨级石化码头、5万吨级木片码头、5 000吨级液体化工品码头等工程都在快速推进。航道建设方面,南航道满足7万吨级船舶乘潮双向通航,北航道满足10万吨级船舶乘潮双向通航,而将该航道提升为15万吨级航道的相关工作正在推进中。

通州湾港区:

规模优势:通州湾环境容量大,港口、岸线、土地资源丰富是其较为明显的优势,特别是中深水岸线长、滩涂面积大,适合于落户大需水量、大进出量的临港工业。通州湾港区的规划建设将使南通形成特大型江海组合港群。

三大港区优势特色明显,但也各自存在薄弱环节。通州湾港区虽然体量大,拥有庞大资源量,但开发程度低、前期投资大,启动难度大,与相邻的洋口港区和吕四港区相比,在产业发展、基础设施建设等方面相对滞后;吕四港区相对来说,深水资源、土地资源不如通州湾和洋口港区;洋口港区在产业基础方面不如吕四港区,人工岛离陆地较远,在码头经营货种方面受限制。

三、南通沿海港区错位发展、融合发展、统筹发展的主要内容

1. 港区功能定位上

吕四港区：近期主要为后方临港产业发展服务，为海门、启东两市物资运输服务，逐步扩大腹地中转运输服务规模，成为苏北地区的货流集散中心和区域经济社会发展的龙头。吕四港区为综合性港区，码头装卸货种较全，有干散货、液体散货、杂货、集装箱。但近期服务偏于本区域、临港产业和周边特定范围。

吕四港区远期的功能体现在以下几个方面：

（1）大力拓展现代物流服务功能。

以港口为基础平台，承接上海港航高端服务业的辐射，建立与港口紧密衔接的物流园区，聚集物流企业，配置现代化物流设施，并为腹地城市和企业提供原材料、半成品和贸易物资的分拨、配送、流通、加工、仓储、保税、信息等流通服务。

（2）信息服务功能。

围绕港口物流、商流、资金流、信息流，建立广泛的信息服务系统，形成物流服务中心和运营组织与管理中心。

洋口港区：由于西太阳沙人工岛离陆域较远，集疏运不便，干散货、散杂货运输经营成本较高，根据港区的实际情况，目前已对洋口港区的规划方案进行调整和优化，减少散杂货运输规模，重点发展油气类管道运输项目。西太阳沙码头区将形成以LNG、油品、液化品等液体散货运输为主的专业化作业区，为后方临港工业区和腹地液体散货运输提供服务。将"集装箱运输支线港"功能调整为"未来具备集装箱运输功能"。

总体说来，洋口港区是建设以石化、新能源为主体的专用性港区。以液体化工品、LNG装卸为主，服务重点是临港产业及周边一定范围的物流。码头大中小配套，以10万～20万吨级为主，2个30万吨级。

通州湾港区：通州湾港是长三角、江苏经济发展和对外开放的重要依

托及长江沿线大宗能源物资、原材料运输的重要中转港;是长三角地区内外集装箱运输的主要港口。它是南通市(苏中)加快调整产业布局、承接产业转移和实现工业化的重要支撑,也是南通港可持续发展的战略资源。通州湾港区建成后,将为苏北及长江中上游地区开辟新的出海通道。可替代宁波北仑港的部分功能,为20万吨级以上船舶减载后进入长江港口节约成本和运输时间。

通州湾港区未来建成大型综合性港区。既满足全球航运船舶大型化要求,又可实现码头大中小配套;既可装卸大宗散货、液体化工品,也能满足大型集装箱船舶的装卸要求;既能满足沿江码头产业转移的需求,也能满足临港产业发展的需求,更能满足间接腹地出海通道的需求,具有打造主枢纽港的潜力。

2. 开发时序上

一是吕四港区物流港功能应先于其他两个港区。三个港区都是以工业港起步。考虑吕四港区有良好的产业基础和区位优势,在满足临港工业需要的同时,可同步考虑建设物流港,以承接上海港及相关产业转移的需要。

二是洋口港区的开发可与临港工业同步发展或适度超前。

三是通州湾港区的开发建设在满足临港工业发展需要的同时,考虑承接沿江港区码头和沿江产业转移的需要。此外,通州湾港区开发还要考虑满足船舶大型化趋势的需求,应重点加快30万吨级航道的建设,以满足国际海运船舶大型化的趋势。

3. 发展重点上

吕四港区和洋口港区虽然都具备能源港功能,但重点不同。吕四港区侧重于煤炭资源、少量的液化品(广汇能源),和洋口港区的来源、流向都不相同。洋口港区全部是液化品和LNG。

吕四港区和通州湾港区虽都是综合性港区,但差异较大。吕四港区规模相对小些,以本区域及长三角为主要服务范围,江海河联运也侧重于与已有一定规模的启海港区的船舶海工平台相配套。通州湾港区是大型枢纽型综合性港区,近期为临港产业及南通产业结构优化服务;远期辐射范围将波及长江中上游、西部内陆地区,甚至全球。

4. 拓展航线上

航线的多与少、航程的远与近直接反映了港口辐射范围和承载能力。航线分类多样,按航程远近可分为远洋航线、近洋航线和沿海航线,按航线作用可分为主干航线和补给线等。洋口港区、吕四港区和通州湾港区应根据港口的规模、泊位的大小、可靠泊船只的型号选择适宜的航线,实现港口之间航线的远近错位、方向错位、用途错位,做到线路互补。

吕四港区的集装箱运输航线以沿海内贸和内支线为主。主要为本区域经济发展服务。通州湾港区在发展初期应积极拓展日本、韩国、香港地区及亚洲周边地区的近洋航线,以弥补江港集装箱航运逐步萎缩的不足。在江海转运条件成熟、集疏运体系完备的情况下,充分发挥其资源优势和区位优势,重点发展北美、欧洲、地中海、澳洲等地区的远洋航线,逐步建成国际集装箱枢纽港。洋口港区根据区域经济发展的需要适时发展集装箱运输。

5. 货运结构上

吕四港区:

(1) 煤炭。该港区煤炭运输近期以大唐电厂用煤为主,主要为内贸煤炭;远期将会考虑少量外贸进口煤炭。

(2) 成品油。主要为腹地用油服务,主要来自长江沿线及东北地区炼厂;少量外贸进口成品油,主要来自韩国、日本、新加坡等国家。

(3) 其他散杂货。主要是指港区和开发区基础设施建设所需的钢铁、矿建、水泥以及腹地内少量粮食、木材、化肥的运输需求,货物主要来自长江沿线及沿海其他港口。

(4) 集装箱。近期以东灶港集装箱运输为主;远期将服务范围逐步延伸至内陆腹地,在开辟集装箱内支线的基础上,进一步开辟沿海集装箱内贸航线。

洋口港区:

(1) 原油和成品油。原油、成品油中转运输是洋口港区未来发展的重点功能之一。

(2) 液体化工品。液体化工品近期以后方化工企业需求为主；远期发展中转运输，以贸易为主。未来 LNG 在洋口港区的接卸量将继续增长，以满足长三角地区经济发展对清洁能源的需求和环保要求。

通州湾港区：

(1) 煤炭。主要承担临港工业煤炭需求和腹地部分工业用煤的调入中转运输，重点发展煤炭储存、配送业务，保障长江沿线的能源安全。

(2) 油品。发展油品的仓储、配送，为长江沿线地区中转运输部分成品油。

(3) 铁矿石。利用可建大型泊位的优势，通州湾港区将发展大型临港钢铁工业，有大量铁矿石运输需求。

(4) 钢铁。近期为发展机械装备、汽车配件、现代冶金产业提供物流仓储服务，发展钢材中转、加工、剪切、配送等；远期为通州湾地区临港钢铁企业提进出口服务。

(5) 化工品。适应通州湾发展大型石化项目及新材料、新农药、新医药等精细化工产业的需求，提供化工品的装卸、仓储和配送服务。

(6) 集装箱。待通州湾港区功能逐步完善后，着力培育其集装箱运输功能，以提升南通国际化港口城市的地位。

6. 临港产业发展上

港口促使各种资源向其周边地区集中，促使更多的相关企业、供应商和关联产业集聚，形成产业链，优化产业布局。南通沿海也有吸引产业集聚之势，为更好促进港产城协调发展，实现陆海统筹。南通沿海临港产业的选择应遵循错位发展、融合发展、统筹发展之战略。

吕四港区：

一是积极承接上海产业分流和高端港航服务业分流。依托港口发展，继续推进启东滨海园区（落户项目中 80% 左右来自上海及周边地区）发展，积极打造装备制造、精密机械、船配汽配、电子电器四大支柱产业。继续发挥已建成上海外高桥集团（启东）产业园区优势，吸纳上海产业的转移，发展临港工业，利用自贸试验区的辐射效应，把园区建设成为上海品牌园区的市外制造业基地。

二是全力打造国家级海洋工程高端装备制造基地。充分发挥启海港区已形成的以船舶工业、沿江重工业、海洋工程为主的产业优势,加快建设海工船舶配套产业园,推动海洋工程装备规模化发展,发展海洋工程产业群。

三是推进新材料产业群形成。推进中化、华锋、广汇等项目达产和新材料园区建设,重点发展上下游紧密关联的工程塑料、特种橡胶和专用化工材料产业群。

四是加快港口物流业发展。利用江海河联运的优势,依托现有天汾电动工具产业园、船舶海工产业、海门市全国闻名的家纺业,推进大宗商品市场建设,加快规划建设煤炭、钢材、船舶配件、家纺产品等港口物流园或物流配送中心,近期以区域性物流为主,逐步扩大影响,增强辐射范围,发展为苏中、苏北服务的区域性物流集散中心。

洋口港区:

一是建设能源储运基地。积极打造新一轮国际产业转移平台,在未来10至20年内建成绿色能源基地。

二是建设大型炼化一体化项目。根据规划,计划建设年加工能力1 000万吨的原油加工厂,相应建设年产100万吨乙烯的石化企业,将形成大型能源石化工业区,生产成品油系列。在临港工业区建设原油仓储罐区和一系列石油加工设施。

三是建设液体化工品储运基地。洋口港区适合发展大型重化工产业,培育以炼油、生产乙烯和甲醇以及合成氨与复合肥为重点的石油化工产业发展基地。

通州湾港区:

一是吸引大用地量、大运输量、大用水量的产业项目的落户。利用港口、岸线、土地资源丰富的优势,重点引进国内外大型装备、船舶修造等重大产业项目落户,形成海洋装备工业集群,建成全国海洋装备工业的基地。

二是承接沿江大宗散货、装备制造业等的转移。引进沿江现有产业的上下游适港产业落户,有效整合江海港资源和临港产业,促进规模化产业集群的形成,如船舶、海工企业、化工企业和以中转为主的煤炭及建材等散杂货装卸企业等。

三是构建新兴产业制造基地。抢抓全球产业布局调整的机遇,引入世界500强企业,积极引进节能环保、智能装备、新材料项目,在电子信息、机械制造、新能源、软件及创意、生态环保等战略性新兴产业集群发展方面下功夫,打造特色产业园区。

四是建设全国一流的大宗货物加工业基地。依托港口,集散原材料和产成品,建立大进大出的加工工业,在临港区域布局建设粮油、木材、煤炭等大宗货物加工企业集群,建成我国沿海重要的大宗货物加工配送基地和储运基地。

五是建设长三角重要的深水港口物流基地。依托深水港口开发建设,高起点规划布局港口仓储区、临港工业物流配送区、综合服务区等。建设长三角北翼具有区域战略意义的深水港口物流基地。

四、南通沿海港区错位发展、融合发展和统筹发展的对策措施

沿海港区的错位发展、融合发展、统筹发展从根本上说,取决于各港区的资源条件和相关优势,但要真正实现错位发展,还必须做到以下几点:

(一)统一规划,有序开发

交通部颁布的《港口规划管理规定》要求,发挥港口衔接各种运输方式的综合运输枢纽作用;统筹不同层次港口的合理布局和功能分工,优化港口资源配置,提高港口群体的综合竞争力。为此,南通沿海港区应做好以下四方面的工作。

一是加强对港口规划宏观性、综合性、前瞻性等特点的认识与把握。在港口规划中综合考虑产业需求、港口与城市关系、港口与区域经济关系等。

二是港口规划从单纯需求导向转向"资源+需求导向"。在港口规划中,除考虑现实需求外,还应站在资源开发和保护的角度,尽量多地发掘港口资源,进行港口开发建设的资源储备。

三是实施一体化发展规划。港区与后方陆域、城市建设、产业布局实行同步规划和一体化开发，注重港口与各类专业园区、城市建设的有机结合，使港城更加协调互动发展；积极引导区域产业的集聚和合理布局，促进产业链的形成和完善，使临港产业区真正成为沟通腹地与国内、国际市场的纽带，进而促进区域工业化进程。

四是强调规划实施的严肃性与控制性。加大执法力度，改进执法手段；行业主管部门加大地区、部门利益协调力度；主动定期、及时对规划进行动态调整和完善，持续满足变化的需求与发挥引领作用。

（二）优化港口开发模式，合理利用资源

近年来，地主港模式被世界银行评定为向世界所有港口推荐的主要模式。它较好地解决了政府和企业在港口开发建设中的权责关系，凸显政府在港口开发建设中的主导地位，既确保了岸线资源、港口土地以及港口码头等基础性设施的国家所有权，又通过向企业让渡港口经营权，为港口注入了市场活力。

具体操作上有两种形式，一是政府管理制；二是公司管理制。笔者认为选择后者更符合目前体制的实际，即由政府主导组成公共企业，对所在港口按照规划进行基础设施建设，将港口区域内的岸线、土地或建成的基础设施等出租给多元化业务经营公司而收取租金，其运行方式类似于组建政府投资公司的模式。参照这种模式，建议南通组建沿海港口开发投资集团。

从组织架构上看，一是组建南通沿海港口开发投资集团。主要由代表南通国资的相关负责人牵头组建，现有的三港区港口投资公司的主要负责人参与及吸引世界著名的港航企业、国内较大实力的港口企业或大型涉港企业共同参与。二是南通沿海三港区自行组建港区开发投资公司。

从职责上看，南通沿海港口开发投资集团，一是负责航道、锚地、港口集疏运体系、信息化平台等公共基础的建设，使相邻港区深水航道等重大战略资源、铁路和公路等重大交通基础设施、信息化建设等共建共用，在规划、投资和使用上都可以节约、集约、高效。二是尊重规划，按需开发，并以此决定三港区港口码头开发建设的次序、节奏。集中力量加快一批大型深水泊位

特别是公用码头泊位和集装箱专用泊位的建设步伐,使港口通过能力能够基本满足发展远洋运输和适应临港产业发展的需要。三是与港区产业发展相关方面的沟通协调。

南通沿海三港区的投资开发公司主要职责,一是根据沿海开发的统一部署,结合地方产业发展的需要,着重进行港口码头的建设。在码头建设中注重现代化、规模化、专业化。二是开展引进港口码头经营主体等相关工作。

(三) 强化政策体系建设,实现管理标准一体化

沿海港区错位发展、融合发展、统筹发展,最终体现在港口的一体化发展上,即有序的、可持续的科学发展,港产城相得益彰的发展,形成"分工合理,优势互补,良好竞争,共同发展,互利共赢"的局面。

在坚持规划先行、科学开发、统筹推进的前提下,还要注重政策体系的一致性和港口管理的一体化。

1. 优惠政策一致

在尊重规划的前提下,着力建设优良的政策环境。一是招商引资政策一致。港口开发建设投资大、回报期长,需要积极引进外资参与,曾经有相邻地区为争夺项目而比拼优惠条件的现象,影响了南通沿海港区建设的有序发展。为此,南通沿海最好组织统一的招商引资团队,或者在政策条件上由市级层面组织协调把关。二是建设经营政策一致。坚决杜绝政策倾斜的现象,让市场起决定作用。避免类似太仓港、连云港提供优惠政策对其他地区产生的不利影响在南通沿海港区发生。

2. 港口企业管理标准一致

一般来说,港口企业在准入条件、安全管理、口岸管理、规费征收等方面都依据部省标准,但也不排除个别地方有变通的现象,如沿江地区的港口,为吸引船舶公司,在集装箱运输方面纷纷出台优惠政策;为吸引货源,在规费征收方面标准各不相同;口岸管理方面,集装箱开箱检查率不相同,服务时间也不同;等等,人为造成不公平竞争。

随着行政审批体制改革的深入,港口行政权力事项逐步下放,目前如皋港口管理权限已完成交接,其他县(市)也将逐步到位。为适应这一形势,沿海港区所在地港口管理部门在对港口企业的管理上要自觉地遵守相关法律法规,市级港口管理部门应加大督查力度,避免管理标准不一而产生的恶性竞争。

南通市港口管理局　王世秀

（本研究报告为2013年江苏沿海沿江发展研究院招标课题《南通沿海各港区功能定位及错位发展、融合发展、统筹发展研究》研究成果）

南通沿海地区盐土绿化问题研究

> **摘　要**　本文在归纳南通地区盐土绿化现状的基础上，分析了南通盐土绿化存在适合本地气候土壤生长的观赏绿化植物品种较少、绿化成本较高、盐土绿化施工及管养水平参差不齐等问题，通过调查及试验论据提出了几条解决南通盐土绿化问题的途径：建立以原生态盐生植物为重点的自然保护区；引种及推广适合本地盐碱地生长的常绿耐盐碱植物品种，如弗吉尼亚栎、木麻黄等；探索微生物对土壤的改良机理，降低土壤改良成本；改进及推广"'浅密式'水平暗管排水"盐土绿化排盐技术工艺，降低盐土绿化施工成本等。

一、江苏及南通沿海地区盐土绿化建设发展概况

1. 江苏沿海开发概况与机遇

江苏沿海地区是长江三角洲（以下简称长三角）的重要组成部分，南部毗邻我国最大的经济中心上海，北部连接环渤海地区，东与东北亚隔海相望，西连新亚欧大陆桥和长江黄金水道，是陇海兰新沿线地区出海通道的战略要冲。江苏沿海地区具有的独特区位地理优势、良好的资源条件、丰富的人力资源、较好的产业基础以及较完善的基础设施，均为江苏沿海大开发提供了有利条件及保障。

《江苏省沿海开发总体规划》主要针对江苏沿海开发区域包括连云港、盐城和南通三市市区以及赣榆、东海、灌云、灌南、响水、滨海、射阳、大丰、东台、海安、如东、通州、海门、启东14个县（市），制定了2005—2015年全省沿

海开发目标及政策性纲领。规划提出了开发条件及目标,分析了存在的机遇及挑战,明确了沿海开发的总体目标:到2015年,沿海地区以县为单位全面建成小康社会,成为南融长三角、北联渤海湾、沟通中西部的重要经济带和江苏新的经济增长极。《江苏省沿海开发总体规划》对海洋经济开发及沿海产业发展提出了建设规划和要求,其中与南通密切相关的有:建设沿海港口工业区,建大建强吕四、如东、启东等地海洋渔业区,建设海洋保护区和旅游区(蛎岈山牡蛎礁保护区),建设特色海洋产业,围绕江海自然景观特色重点建设启东圆陀角自然风景区、吕四渔港风情区和如东南黄海旅游休闲区,打造独具江海情韵的"博物馆之城"品牌形象,逐步发展成为休闲度假胜地。

2. 南通沿海盐土绿化建设地位和意义

南通沿海地区作为江苏省"十一五"到"十二五"期间沿海开发的重点三大城市之一,具有诸多有利条件:滨江临海的独特区位优势、集"黄金水道"与"黄金海岸"于一身的建港优越条件、丰富的滩涂资源以及较完善的多种运输方式构成的交通枢纽,尤其是丰富的滩涂资源开发和利用,对盐土绿化问题研究提出了新的要求。

《南通市沿海开发规划》文件对南通沿海总体布局进行了规划,开发规划的总体布局是"两带两轴五组团",其中"建设沿海产业带"是一条重要发展带,即建设沿海产业聚集区,重点发展石油化工、电力能源、冶金建材、重型装备产业,建设现代物流、滨海旅游、特色农业三大工程。此外,还专门规划了"海洋生态保护和旅游观光岸线"——规划41千米,用于海洋和海岸自然生态保护、生物物种自然保护、自然历史遗迹保护和大众旅游服务设施建设。

综上所述,南通盐土绿化产业主要服务于沿海各大产业园区,同时,滨海旅游、特色农业、自然生态海岸线建设也是盐土绿化产业发展的重要平台,因此盐土绿化问题具有重要的研究意义。

二、南通典型滨海园区盐土绿化建设现状及存在问题

1. 盐土绿化工程建设现状

近年来,南通在沿海盐土绿化方面投入了大量人力、物力及财力,盐土

绿化建设发展较快,各大沿海开发园区绿化建设稳步开展,绿化效果明显。根据调查,目前南通沿海盐土绿化方向主要为道路绿化、工厂学校及单位附属绿地绿化、居住区绿化、生态公园绿化及旅游景区绿化。

启东滨海工业园区近年来完成绿化总面积达250万平方米,目前已成型绿地土壤平均含盐量从最初的1.5%降至0.3%以下,苗木成活率达95%以上。园区绿化坚持采用不用客土、进行原土改良的生态环保方法,与客土回填绿化造林方法相比,不仅节省了经济投入,达到了更持久的绿化效果,更保护了6 000亩农田土免遭破坏。国家林业局、江苏省沿海办、江苏省林业局、南通市政府、南通市林业局多次组织召开经验交流会和现场观摩会,肯定园区目前取得的成绩;中央电视台、《新华日报》、新华社、《南通日报》等媒体或通讯社都亲临园区进行过实况报道。

启东吕四港经济开发区近两年围绕吕四石化新材料区的道路绿化工程开展绿化建设,该区位于吕四沿海围垦区域,区内土壤为围垦吹沙形成,盐碱度偏高,普通苗木的种植已经不能实施,采用"节水型物理—化学—生态综合改良与植被构建"专利技术实施该绿化工程,目前,处于养护期的一期工程,因前期土壤改良、种植及现阶段的养护工作都比较规范到位,故苗木存活率较高,基本达到了石堤大道延伸段的景观绿地设计效果。

海门港新区完成绿化总面积达170万平方米,绿化涵盖了围垦区大部分道路及公园、厂区绿化。绿化成活率普遍达到95%,并且长势良好。该园区近两年内完成的南通纺织职业技术学院(现江苏工程职业技术学院)绿化工程、海门港新区森林公园项目将成为新的沿海地区生态可持续发展建设的亮点。

海安老坝港滨海新区完成盐土绿化面积约75.7万平方米,该园区的主要绿化项目为园区主要千米道路沿线绿化项目、河道沿线绿化项目,以及滨海新区中央公园景观绿化项目等,各项工程均按施工计划得到有效实施。

如东洋口港经济开发区截至2014年年底,已完成盐土绿化面积约70.3万平方米,该园区临港工业区土质以冲沙形成的盐碱地为主,天气属于沿海湿地气候,所以种植方式采用土壤改良与换土相结合,植物树种选择相对耐盐碱品种。

如东沿海经济开发区沿海地区土壤含盐量较高，近几年来根据本区的特殊地理条件，在树种选择、造林技术积极探索，在盐土绿化造林上取得了很大的成绩。近三年累计完成盐土绿化造林面积 969 万平方米，全区森林覆盖率提高了 6.9%。园区 2014 年绿化的亮点工程有森林公园建设工程、旅游区景观河绿化工程、临海高等级公路旅游区绿化工程、新镇区绿化工程、化工园区绿化隔离带绿化工程，这五大绿化工程总规模超过 667 万平方米，总投入超过 1 亿元。

南通滨海园区 2013 年至 2014 年上半年，盐土绿化总投资 14 336.4 万元，盐土绿化面积达 82.2 万平方米，现有绿化项目仍在养护期内，由施工方负责管养。

2. 南通盐土绿化技术科研发展概况

通过资料收集和调查可以发现，近年来围绕南通沿海盐土绿化方面开展的研究大致可分为三个层面：政策性建议及数据综述、品种引进及驯化、盐土绿化栽植技术等。

黄夏银、李冰等从生态环境保护角度针对南通沿海地区生态资源开发的现状进行了调查和分析，并提出了实施生态空间管制、生态保护与生态建设（生物多样性保护、生态廊道建设、滩涂湿地保护、海洋渔业资源保护与生态修复）等几个生态建设建议。周丹对南通沿海旅游资源开发利用进行了研究，通过对南通旅游市场的游客旅游方式、逗留时间等进行分析，提出了南通沿海旅游资源开发利用的建设思路。

南京中山植物园的宗俊勤、陈静波、郭爱桂等在南通如东洋口港临港工业区围海大堤边进行了暖季型草坪生长适应性试验，筛选出了"海雀稗'P006'"和"沟叶结缕草'Z014'"，两者对当地盐碱地适应性较强并具有一定的脱盐效果，可作为滩涂绿化地被草种。江苏沿江地区农业科学研究所张健、李敏、李玉娟等对沿海滩涂耐盐植物引种和驯化栽植进行研究，总结了竹柳、柽柳、田菁等耐盐植物的耐盐特性及栽植技术。南通农业职业技术学院丁宁、胡琳、张熹等进行了沿海耐盐观赏地被植物引种筛选研究，从植物耐盐性、土壤脱盐性、组织培养驯化等几个方面进行了研究,初步筛选出了适应南通沿海地区栽植的金娃娃萱草、海滨木槿、紫珠等观赏地被植物。此外,南京林业大学也在南通市沿海地区开展了盐土绿化试验的相关研究。

在盐土绿化种植技术方面,南通地区各农林科研院所、园林绿化单位也开展了技术探索和研究:如东海堤林业管理站的蔡亚萍、宋万平等根据当地气候土壤特性,总结了重盐碱地造林模式技术要点及耐盐树种筛选标准;该单位的吴仲祥、周克梅、杨国富等对沿海地区营造刺槐丰产林技术进行探索,总结了从选地、整地到栽植和后期病虫害防治及间伐更新技术;南通建筑工程总承包有限公司的王良、王峰、张祥栋等结合自身在盐土绿化工程项目施工中的经验,归纳了盐土绿化施工的一套技术规范,为沿海盐土绿化工程施工提供了一定的技术指导。

3. 南通沿海地区盐土绿化存在的问题

(1) 适合本地气候、土壤生长的观赏绿化植物品种较少。

南通滨海地区盐土土质多为泥质土壤,含盐在 0.6% ~ 20% 之间,pH 值在 8.6 以上,水位埋深在 0.6 ~ 0.8m,土壤板结,含盐高,属重盐碱地区,距海较近,海风、海害、盐尘较为严重,给绿化种植和养护带来了严重困难。通过调查,南通多数滨海园区存在适应本地土壤生长的绿化植物品种较少的问题,尤其是常绿品种,目前筛选出的较为成熟的品种只有十几个,主要以海桐、金边黄杨、金圣女贞、龙柏、红叶石楠、刺槐等耐盐碱植物为主。这些造成本地沿海地区的绿地设计风格相对保守,品种比较单一,制约了绿地景观的层次性和多样性,同时绿地中生物多样性长期单一,易产生较为严重的病害、虫害,致使植物猝倒、猝死,长此下去,甚至存在绿地退化的风险。

(2) 盐土绿化成本较高。

目前南通滨海地区盐土绿化普遍采用以土壤改良为主、客土法栽植为辅的绿化种植形式,这在一定程度上提升了南通本地盐土绿化的经济性、环保性、持久性,但是土壤及气候的特殊性,决定了盐土绿化在土壤改良、肥水管理、管养人工等方面的成本高于正常绿化成本:土壤初步改良成本在 20 ~ 70 元/m^2 不等;盐碱地初步改良后土壤贫瘠、有机质含量很低,在苗木种植之前需要大量施用有机肥、无机肥、改良剂等以满足植物正常生长的生理需求;同时为防止地表返盐,在苗木种植时应尽量做到满覆盖以减少地面蒸腾作用,苗木种植密度要比正常条件下大;新种植的苗木因立地条件差,且海边风大,长势较慢且弱,更容易遭受虫害、病害,因而后续的追肥、修剪、浇水、喷药次数都要比正常绿地多,并且还要根据植物长势适时适量进行叶面喷水和叶面施肥;因盐碱地绿化要求施工严格精细、养护科学合理、管理高效实用,作业人员非一般园林工人所能胜任,需要定期对园林工人进行教育和培训,人力成本也相对较高。

(3) 盐土绿化施工及管养水平参差不齐。

"三分种,七分养"描述了绿化工程后期养护工作的重要性,盐土绿化的后期养护工作由于植物生长环境的特殊性而显得尤为重要,植物常年经受海风、海雾、土壤返盐等多重恶劣自然条件侵害,需要专业的管养技术团队养护。通过调查可以发现,南通沿海地区盐土绿化近年来取得了较大的进展和成效,但由于起步较晚,绿化施工及管养核心技术仍依赖于天津、上海、山东等地的企业及科研单位,本地专门研究开发盐碱绿化技术的人才及机构相对缺乏,大大增加了盐土绿化成本,不利于沿海地区生态开发的长远目标发展。

三、南通沿海地区盐土绿化建设及提升建议

1. 对重盐围垦区及滩涂区进行合理"生态规划",建立以原生态盐生植物为重点的自然保护区

江苏东部沿海滩涂具有生态功能的活跃性、滩涂资源的多样性、生态系统的脆弱性、环境破坏的多元性等多样生态特性,按照《江苏沿海地区发展规划》,海域滩涂围填利用以综合开发为方向,优先用于发展现代农业、耕地占补平衡和生态保护与建设,适度用于临港产业发展。目前,南通沿海园区重点开发项目主要围绕港口开发及周边产业展开,盐土绿化产业基本处于服务配套沿海各产业的地位,沿海重盐围垦区绿化树种基本是在土壤改良的基础上引进常用树种,用于土壤改良和绿化建设的费用投入较高。笔者通过对南通洋口港临港工业区自然植被进行调查,目前已发现22种自然植

被,属于13个科20个属,基本为一年生草本植物,也有少量多年生木本,南通沿海地区原生态植被情况基本与此接近。多项试验研究表明南通沿海地区合欢、白蜡、火炬树、柽柳、海滨木槿、伞房决明、金娃娃萱草、紫珠、紫穗槐、海滨雀稗等耐盐树木及地被能在重盐地区生长,并具有较高观赏价值。建议通过合理规划,在保护和利用当地原生态耐盐植物的基础上,推广适用耐盐植物品种,可降低部分绿化成本。

2. 积极挖掘、引种及推广适合本地盐碱地生长的常绿耐盐碱植物品种

南通地处北亚热带季风气候区,气候温和,沿海地区绿化植被受海风、海雾影响较大,一月份平均气温2度,最低达零下12度,能在我国华南沿海正常生长的亚热带、热带常绿植物基本不能在南通沿海地区露天越冬,气候条件是形成南通沿海地区常绿植物品种缺乏的主要原因之一。中国林业科学研究院亚热带林业研究所陈益泰、陈雨春等引进美国弗吉尼亚栎在浙江、江苏、上海三省市海涂和内陆多个地点试种,均能正常生长,在杭州湾滨海盐土上生长良好。查永江、金久宏等在浙江萧山沿海防护林带通过对弗吉尼亚栎、木麻黄、紫花海棠三种植物种植对比试验,发现弗吉尼亚栎和木麻黄这两个树种生长良好,可以在萧山围垦地区作为营造沿海防护林的新优树种加以推广,浙江杭州湾和萧山滨海区滨海气候跟南通地区滨海气候较接近,建议农林科研院所及农林院校开展弗吉尼亚栎和木麻黄等常绿耐盐植物的引种、驯化及推广种植研究,在滨海沿线建植常绿防风防护林带,可以降低秋冬海雾和海风、夏季台风对滨海地区环境的影响,同时常绿品种运用到滨海区绿化中,也能提升滨海绿化的整体效果。

3. 自主研发盐土绿化的土壤改良技术,探索微生物对土壤改良机理,降低绿化成本

南通盐土绿化起步较晚,目前国内较先进的盐土绿化施工技术、土壤改良技术主要由天津、上海、山东等地的科研院所及研发企业拥有,南通近几年建设比较优秀成功的盐土绿化项目均由外地企业承担,无形中增加了绿化成本。目前盐土绿化方面的研究主体主要为地方农林科研院所和地方院校,以及从事盐土绿化的园林公司,建议建立专门研究盐土绿化方向的研究

单位,加大盐土绿化技术人才能手的引进,主要进一步研发经济、生态、环保的盐土绿化土壤改良基础性技术,如微生物对土壤改良的影响机理等,探索在较短时间内降低土壤盐度及pH值的新型技术,从而进一步降低盐土绿化成本,并形成本地特色知识产权,利用技术创新营造新的效益增长点。

4. 建设盐土绿化工程施工养护专业团队,推行经济可行的施工管养技术

南通是著名的建筑之乡、花木之乡,拥有本地园林绿化工程施工建设单位,但在盐土绿化工程施工及养护技术上却相对较弱。承担本地滨海园区盐土绿化工程建设的外地企业具备相对成熟的技术,本地企业不具优势。绿化公司处于盐土绿化工程生产一线,具有很多盐土绿化技术开发、实践和经验总结的机会,建议相关部门和绿化企业以沿海开发为契机,共同开展盐土绿化技术问题公关研究,如研究排水脱盐技术与土壤改良剂使用技术相结合的施工技术、总结后期肥水养护管理技术等,并形成相应施工技术规范,在行业内推广。张万钧、郭育文等对滨海海涂地区绿化及排盐工程技术进行了研究和探讨,总结了滨海重盐碱地绿化圃地整理建立可采用"'浅密式'水平暗管排水"技术工艺来持续降低土壤含盐量,控制土壤返盐,可在绿化圃地建设中使大多数耐盐植物使耐盐度短时间内达到土壤全盐量0.3%~0.4%的临界指标。施工养护团队和绿化公司可根据南通沿海地区盐土现状,确定埋设暗管的"临界深度",采用"临界深度"施工相比采用"允许深度"施工能够节约45%的土方及防护和排水等费用。同时通过政府推动、市场化运作模式启动育苗、选种、栽培、养护、科研为一体的盐土绿化苗木基地建设,组织科研单位开展面向园林绿化企业员工的关于盐土绿化施工及养护知识的培训及讲座,建设本地盐土绿化专业施工养护团队,服务当地盐土绿化建设。

四、结语

沿海开发和盐土绿化问题是世界各地交叉学科研究的热点问题之一,根据南通盐土绿化现状和存在的问题,我们在解决问题的同时,还可以把相

关研究、产业和团队做强做大,争取在满足服务当地盐土绿化的基础上,走出南通,让盐土绿化从当前的"投入型经济"转型为"创收型经济"。

南通农业职业技术学院　丁　宁
南通市沿海地区发展办公室项目处　蒋　俊
南通农业职业技术学院　胡　琳
南通农业职业技术学院　张　熹
南通农业职业技术学院　殷琳毅

(本研究报告为2013年江苏沿海沿江发展研究院招标课题《南通沿海域盐土绿化问题研究》研究成果)

通州湾开发建设中项目引领与产业带动对策研究

摘要 通州湾的发展离不开项目引领与产业带动,应把握时代背景,因势利导,将园区建设成长三角一体化重大平台、长三角最具投资创业价值新高地。本文在了解通州湾项目与产业发展基本情况及难点困境的基础上,提出对策建议:以市场为导向,发挥政府作用,为园区项目与产业发展提供综合保障;借力上海自贸区、融入长江经济带,打造长三角一体化重大平台;立足全球价值链、发展总部经济,推进项目引领与产业带动。

通州湾(南通滨海园区)位处我国沿江经济带和沿海经济带的交汇点,南可对接浦东、联动上海;北可带动苏北,推动沪苏一体;西可溯江而上,辐射苏中、服务中西部;东可越黄海而出,挺进太平洋。通州湾能够利用海洋和陆地两种资源,能够开拓国内和国际两个市场,是中国东部沿海承南起北的重要节点,是江海联动、陆海统筹的轴心和长(江)太(平洋)战略的十字型枢纽。通州湾的发展要靠优质项目来引领,好的项目可以为园区带来技术、品牌、出口渠道、市场渠道、管理、知识产权等系列要素;通州湾的发展要靠优质产业来带动,好的产业可以吸引人才聚集,增加就业,带动园区配套设施及关联产业的发展和延长,并优化产业链条。发挥项目引领与产业带动的作用,通州湾或可建设成长三角一体化重大平台、长三角最具投资创业价值的新高地。

一、通州湾项目与产业发展的时代背景

2008年世界爆发金融危机以来,世界经济形势和格局正悄然发生着变化,国内产业的发展条件也有了改变,只有充分认识和把握通州湾现阶段引进项目、发展产业的时代背景,才能实现区域经济更快、更好地发展。

1. 全球经济发展进入调整期,国际产业结构进行重大变革

一是国际经济新规则正在构建。近几年,美国主导的TTP(Trans-Pacific Partnership Agreement,跨太平洋伙伴关系协议)、TTIP(Trans-Atlantic Trade and Investment Partnership,跨大西洋贸易与投资伙伴协议)等协议,渐有抛开WTO多边框架、制定国际投资新规则之意。对新规则、新标准的了解和解读是通州湾引进国际化项目、发展国际化产业的基础。

二是国际产业结构正在进行重大变革。发达国家在经历了严重的金融危机之后纷纷提出"再工业化"战略,进一步加强对高端制造业知识产权的保护和垄断,放缓高端制造业向海外转移的速度,中国通过引进外资来获得高端技术外溢的难度加大。并且,随着研发、设计、咨询、技术支持、营销等环节不断从生产过程中剥离出来,成为新的生产性服务业,全球产业链和价值链的组织形式也发生着改变。

三是全球化带来诸多问题。全球化极大改善了许多国家及地区的物质条件和福利水平,但受益较多的是拥有强势资源、处于价值链高端、占据主导地位的国家;弱势国家为了参与到全球化经济中,往往需要付出国民失业、环境污染、健康受损等沉重代价;一些未被卷入经济全球化进程的国家和地区,则与世界的差距逐渐拉大。通州湾要想在全球化中得以发展必须向产业链、价值链高端攀升。

四是发展中国家全面崛起。全球金融危机爆发过后,以中国为代表的新兴经济体在世界经济中的作用增强,由此产生了进军国际市场的强烈决心:中美BIT(Bilateral Investment Treaty,双边投资协定)谈判获得重大突破,进入实质性谈判阶段;中国上海自由贸易试验区挂牌成立;党的十八届三中全会明确提出"以开放促改革",都表明中央政府要利用开放的倒逼机

制推动国内市场化改革,获得与自身实力和贡献相匹配的地区影响力。通州湾理应把握机遇使产业发展更上一个台阶。

2. 国内产业条件发展变化,产业发展亟待转型升级

一是沿海地区要素成本上升。近年来,沿海地区人口红利趋于消失,轻松获得廉价劳动力的时代成为历史,一直以来依靠低劳动力成本保持竞争优势的时代宣告终结;沿海地区土地等要素成本高,近年来,中西部地区投入开发力度加大,且具备更低的要素成本优势,形成对沿海地区一些低端产能的竞争替代,大批对成本敏感的企业向这类地区转移并升级。

二是经济刺激计划的弊端显现。2008年我国政府所推出的4万亿的经济刺激政策在资金投向方面存在重大的不平衡,低端产业产能严重过剩,企业没有顺应市场规律完成优胜劣汰,整体宽松的财政政策无法形成经济发展的内生动力,没有能够推动产业结构的转型升级。在经济和金融全球化的趋势下,经济开放度的提高使货币政策有效性面临下降,依赖利率和超速货币供给来刺激产出的模式越来越难以为继。

三是出口拉动型模式难以持续。危机爆发以前,沿海地区的整体发展模式是出口导向型的,主要依靠发展出口来拉动经济增长;危机爆发以后,大量海外资本撤回、国外需求市场收缩,新兴经济体崛起并参与竞争,国内土地、劳动力等要素价格上升,低成本的竞争优势不再,出口导向型经济发展模式已不能适应当前的发展需求,迫切需要对内开放,拓展内需市场,促进产业结构调整升级。

四是缺乏明显的制度创新。改革开放初期,家庭联产承包责任制促进了农业生产率的提高,农村以集体和个体经济组织为主体的乡镇企业异军突起,国有企业的承包制和股份制改革提升了国有企业效率,20世纪80年代初经济特区相继成立,沿海城市逐步开放。近年来,很难再看到新的重大创新,值得一提的是,以上海自贸区为代表的平台正在尝试建立可复制、可推广的开放型经济新体制。

二、通州湾项目与产业发展的基本情况及难点困境

通州湾日益成为建设长三角一体化的重大平台,园区现已为项目与产

业发展打下了一定基础，但也面临着一定的困难。

1. 通州湾项目与产业发展的基本情况

一是依托丰富土地资源，海洋工程进展顺利。园区近期代管总面积585平方千米，远期规划控制总面积约820平方千米。腰沙、三夹沙开发持续推进，连接腰沙的重要通道通海大道全面开工建设，腰沙围垦一期通道堤身主体工程基本完工，二期申报工作进展顺利，预计2015年年底前完成建设。三夹沙围垦一期工程已开工建设，通州湾起步码头正快速有序地推进，一期工程岸线使用已获国家交通部批准，码头建设省级审批手续的前期工作已基本完成。同时，依托海港物流业以及大项目用海报批工作正在全力推进。园区不可多得的深水海港资源是发展临港产业的基础，是规划建设国家综合性现代化大型深水港口群的前提条件。

二是大交通互联互通基本实现，新城形象初显。园区已建和在建的主干道路22条，总长近80千米，临海高等级公路、通洋高速、平海公路、海洋铁路等工程顺利推进；全市将建成以三、四级航道为主，五、六级航道为辅的"四横五纵一联"718千米干线航道网络；轻轨正在规划中。园区公共配套设施迅速完善，政务中心、汽运中心已建成；城建中心、艺术中心、休闲中心等正在建设；科教城、健康城、外语城、中南城、中商城等现代城市经济体项目正加快推进；生态景观工程全面实施，团结河、纳潮河河道护坡一期工程完工，围垦南区人工湖开挖完成。这些都为园区引进项目、发展产业奠定了基础。

三是项目依次进驻，产业迅速聚集发展。园区注册项目300家左右，在建项目80多项，在谈项目20余个。华电通州湾大型综合能源基地实质性启动，瑞士苏尔寿、加拿大庞巴迪等世界名企落户，曼特威汽车配件产业园、通州湾国际电子商务城、中南集团NPC新型建材、美国乔治海茵茨飞机制造、华研精粹、多维机电等一批项目相继竣工投产。园区目前以建筑材料和金属材料为主的新材料产业、航空产业、电子商务等刚刚起步；机器人、游艇、通用航空等高端装备，电子商务、休闲度假、健康产业等都在建设发展中；综合能源、航空产业、装备制造、新型材料等特色产业板块初具雏形。

2. 通州湾项目与产业发展的难点困境

一是通州湾开发刚刚起步，综合建设薄弱。开发伊始，通州湾基础设施建设相对薄弱。园区在道路交通设施、医疗配套、教育机构、生活设施等方面建设尚未完善，与长三角其他港口城市相比还存在较大差距。园区与各功能产业区之间的便利交通、与南通市区的主干互联互通、与长三角各城市的城际交通方面还不能满足需求，将会提高园区企事业单位的运营成本。此外，只有港口形成，才会有好的项目、大的产业进驻，才能够推进发展。

二是园区软环境建设不足，难以吸引人才进驻。园区目前仅13.2万人左右，以农业人口为主，青壮年主要在外经商务工，人口集聚程度明显偏低。受制于距离市区较远、生活设施匮乏、中小学教育资源较少、通勤便利程度不高等因素，园区在汇聚人流、吸引人才方面速度仍然偏慢，缺乏高层次的科技人员与高素质的劳动力队伍，在管理人才、技术人才方面存在引不进、留不住的尴尬局面，难以吸引高尖端人才进驻，难以吸引产业聚集。

三是产业规划缺乏宏观性布局与整体性安排。通州湾与如东县、通州区和海门市交界，在目前省管县（市）的行政体制下，相关县（市、区）在所辖范围内已开始布局相关沿海开发园区或产业，但是三个县（市、区）各自规划开发，缺乏整体产业发展布局和规划，重复建设显现，陆域的资源利用率低；港区、航道的布置不能相互协调，航道与岸线资源得不到优化配置，岸线及海域资源浪费，这必将制约通州湾的未来发展。

四是沿海各城市之间竞争激烈。从全国范围来看，辽宁沿海经济带、天津滨海新区、山东半岛蓝色经济区、长江三角洲地区、广西北部湾经济区、珠江三角洲地区、海峡西岸经济区的开发规划均已上升为国家战略，通州湾的开发，必然面临着残酷的资金、市场、技术、人才等方面的竞争。通州湾与同处长三角的浙江、同处江苏的盐城和连云港，甚至是同处南通的吕四、洋口港也存在一定程度的核心竞争力比拼与资源争夺。

三、通州湾开发建设中项目引领与产业带动对策建议

(一)以市场为导向,发挥政府作用,为园区项目与产业发展提供综合保障

1. 政府"有形之手"引导全局发展,市场"无形之手"调节资源配置

第一,政府"有形之手"引导全局发展。政府应具备全局观念,突破市、县分割,避免通州湾和与其交界的如东县、通州区和海门市各自为政,避免出现重复建设、产业同质化等现象;全局规划港区、航道与岸线,为资源优化配置扫除行政壁垒;引导产业与沿海同类区域形成错位发展,规避恶性竞争。政府是公共物品和服务的天然供给者,应引导园区生活、交通、教育、医疗、环境、商业设施等公共物品与服务的规划完善,改善投资环境,吸引项目进驻、产业聚集。

第二,市场"无形之手"调节资源配置。作为沿海开放城市,南通是最早接触市场经济、接触国际规则的区域之一,通州湾的项目引进、产业发展应具备国际眼光,建立开放透明的市场规则,使市场在资源配置中起决定性作用。公平、开放、透明规则体系的建立,将有效约束市场主体行为,规范各类市场运行,保障市场体系有序竞争。园区应开展有利于健全市场规则体系的制度创新,制定适宜的经济政策,完善经济法规,健全市场监督体系。

2. 完善软硬件基础设施建设,为项目与产业发展聚集要素资源

第一,搭建便捷的交通网络。交通网络是硬件基础设施建设的重要环节,其设计要考虑园区内部交通,以及与市区之间接驳,与南通各县市的对接,与上海以及长三角城市的联通;考虑公路、轻轨、立交桥、地下轨道交通设计;考虑内河航道、联通长江和出海;考虑跨江跨海大桥,以及将通州湾接入铁路网;在港口设计上,考虑和长三角沿海各港口错位竞争、协调发展。并且在交通设施项目新建之初,就要未雨绸缪,考虑到未来维修与保养的各种方案及可操作性。

第二,强化园区软环境建设。软件基础设施建设的作用不像硬件基础设施那样立竿见影,然而软件基础设施建设会成为经济长期发展的动力。对软件基础设施投资的回报不仅体现在增长的速度上,也体现在增长的质

量上,只有软件基础设施建设配套完善,园区才能够吸引要素聚集,成为人才向往的高地。政府应从直接参与身份中抽离出来,协调各方行动,搭建信息共享平台、融资交易平台等各类中介服务平台,便于市场配置资源,促进项目与产业发展。

3. 构建通畅与多样化的融资渠道,为项目与产业发展提供物质基础

第一,鼓励多元化主体参与,发展混合所有制经济。混合所有制可打破行政壁垒、行业垄断,把生产力最大限度地释放出来,通州湾作为沿海开发的新平台,应鼓励混合所有制企业发展,推动发展适合园区项目引领与产业聚集的新型业态。在鼓励多元化主体参与园区建设的过程中,可推动具备条件的民间资本依法发起设立中小型银行等金融机构,专注于服务民营经济和中小型企业,促进市场竞争,增加金融供给,为园区项目与产业发展引入竞争因素。

第二,政府宏观引导发展方向,创新融资模式。园区项目与产业建设需要巨额资金投入,建设周期长、潜在风险大。完全依靠政府进行建设会阻碍经济发展进程,政府应凭借公信力,从建设参与者变成引路人,科学引导资金流向。在融资模式方面,可尝试发展 BOT 模式(Build-Operate-Transfer,建设—经营—移交)、TOT 模式(Transfer-Operate-Transfer,移交—经营—移交)、ABS 模式(Asset-Backed-Securitization,资产证券化)、PPP 模式(Public-Partnership,公共民营合作制模式)等多种创新,并将成熟经验复制到全市甚至更广区域。

(二)借力上海自贸区、融入长江经济带,打造长三角一体化重大平台

1. 借力上海自贸区,推进园区产业聚集及可持续发展

第一,充分利用区位优势,借力溢出效应。上海产业定位于国际化、高端化,部分非国际化、非高端化的产业将被转移出去;研发与营销等环节逐渐从生产过程中分离出来,形成生产性服务业,部分生产环节也将被转移,通州湾较之上海,有着劳动力、土地等要素成本低,综合配套条件优良等优势,为上海自贸区产业转移提供了更广阔的纵深腹地。园区可以利用区位优势,融入上海,培训国际化人才,完善知识结构、知识水平,承载自贸区产

业溢出。

第二,努力创新发展模式,规避虹吸效应。园区应明确自身区域定位,强调本地产业与上海、苏南、苏北乃至长三角区域及长江经济带沿岸产业分工,巩固传统产业,发展特色产业、优势产业,加速产业集聚,规避上海自贸区带来的虹吸效应及避免与同类区域恶性竞争。同时关注上海自贸区的政策动向,立足本地实际,更新管理理念,推动管理体制创新,树立"负面清单"式的管理理念和方法,改善和优化营商环境,为园区产业发展注入更多活力。

2. 融入长江经济带,将产业发展向更大范围、更高平台推进

第一,对接国际标准,拓展国际市场。园区应充分了解 TPP、TTIP 等当今国际主要投资贸易协议内涵,关注中美 BIT 谈判,尽早适应国际标准;借助上海自贸区提供的更高水平的开放平台,复制其贸易便利化、投资便利化等政策,更快对接国际标准。在保持传统海外市场的同时,配合"长江经济带"战略、服务西部开发开放战略需要,向西拓展内陆市场,转变贸易目的国,走通中巴(巴基斯坦)、中印缅经济走廊,将市场拓展到西亚和南亚。

第二,加强区域协作,建设统一市场。南通市内各县市渐次实现资本、人员、信息等要素自由流动,逐步打破壁垒,建设市内统一市场。依托江苏沿海开发和长三角开发两大国家战略,立足江苏沿海和长三角区域,建设区域内的统一市场,实现区域内要素自由流动、资源互通、产业竞争有序的良性发展局面。在此基础上,把目光转向内地市场,沿长江经济带,推进区域间包括基础设施建设在内的各种互联互通,提高区域合作水平,参与建设长江经济带统一大市场。

(三)立足全球价值链、发展总部经济,推进项目引领与产业带动

1. 鼓励研发,培育中小企业,夯实向高端制造业升级基础

第一,投入研发,促进产业集约发展。经济学家索洛(Robert Solow)的研究表明,经济增长的85%来自于技术进步,基础研究是经济增长的源泉。基础研究投资大,见效慢,主要应由政府来资助,以促进产业生产率的提升。

企业则主要专注于改善制造工艺,德国、日本这样的制造业大国,几乎在所有领域都有世界顶尖公司,其并不以"技术创新"见长,而是以"高质量"获胜。园区应鼓励企业改进制造工艺,而不是一味追求生产全球技术最前沿的新产品。

第二,培育中小企业,关注长远发展。中小企业是大企业存在与发展的真正基础,日本不少只有十来人的企业却拥有世界顶级的加工技术,德国中小私营企业则以稳定的家庭所有权集中生产了大量不可取代的优质产品。园区应为中小企业提供优质生存环境及发展空间,鼓励中小企业走专业化发展道路,使之成为未来产业发展的生力军。同时,率先鼓励中小银行发展,为项目与产业投资提供前期贷款,为企业日后的资金账户管理等金融需求提供高质量、个性化的一站式服务。

2. 攀升价值链高端发展总部经济,以价值链治理来协调产业升级

第一,同步发展总部经济与制造经济。园区可考虑建设由总部基地和制造业基地协同定位的产业生态群。总部基地与制造基地相结合的模式,契合了不同地区要素禀赋的优势,降低了整个价值链的生产经营成本,可成为园区下一阶段项目引领、产业升级和区域协调发展的重要机制。若能吸引各类跨国公司地区总部、投资性公司、研发中心入驻,不但能带来更多项目资源,促进产业发展,更能将通州湾建设成长三角最具投资创业价值的新高地。

第二,攀升价值链高端、提升核心竞争力。园区应立足区域现有产业,扶持龙头产业特别是具备成为跨国公司潜力的企业,专注于产业配套开发、品牌运作、渠道营销等价值链高端领域的服务活动。园区应平等对待各类所有制总部企业,将现有外资跨国公司总部政策延伸拓展到内资总部,争取更多央企到园区投资落户。充分利用微博、网络等各类信息平台,以公开为原则,进一步加大主动来园区内资总部企业的政策公开力度。

3. 以项目引领促产业发展,以产业发展带动区域腾飞

通州湾园区可依托自身优势引进技术含量高、环境污染少、附加价值高

的项目,以项目的开展来引领相关产业的发展,再以产业的发展带动产业链条上的其他环节,吸引更多优质项目进驻园区,带动人口集聚,促进经济发展,实现良性循环。建议在加强园区基础设施建设的同时,引进高品质项目引领园区制造业发展,同步发展为制造业服务的生产性服务业,逐步形成一系列一流的新兴产业基地。通州湾拟重点发展项目与产业建议将主要围绕制造业和生产性服务业展开(见表1)。

表1 通州湾拟重点发展项目与产业建议

	项目	产业
制造业	新型建筑材料项目、特种纤维材料项目、高性能密封材料项目	新材料产业
	海洋工程装备项目、高端船舶项目、船舶配套项目、海洋工程配套项目	海工船舶产业
	节能装备产品项目、水处理装备项目、大气污染防治装备项目、环境监测仪器项目、秸秆综合利用设备项目、防酸碱潮环保建筑材料项目、临海工业治污项目、绿色临海建筑业项目	节能环保产业
	智能电网装备项目、新能源装备项目、轨道交通装备项目、机电一体化装备项目、大型机械装备项目	智能装备产业
	通用飞机和直升机项目、航空设备及维修项目	航空装备产业
	海洋生物医药项目、高端海洋水产项目、海水淡化设备项目、海洋健康食品项目、海水利用项目、海洋生物项目	海洋科技产业
	海洋风能项目、海洋水能项目、海洋太阳能项目	综合能源产业
	汽车制造项目、汽车零部件制造项目	汽车产业
生产性服务业	培训项目、产学研一体化项目	教育培训业
	区域总部项目、商贸物流项目	现代物流产业
	贸易金融项目、航运金融项目、计算机及信息处理项目	港口服务业
	海洋旅游项目、滨海度假项目、运动康体项目、特色餐饮项目	海洋旅游产业

在园区项目与产业选择方面,应把握以下要点:一是以南通现有产业为依托,升级具备一定发展基础的传统产业、发展优质产业,借力上海的技术探索、研发与融资平台,向产业链高端攀升。二是加强临港产业与内陆的联系,强化园区产业与上海、苏南、苏北及长江沿岸产业区的分工协作,参与

国际分工,形成连接陆地与海洋的核心产业节点。通过项目引领与产业带动,促进优质资源集聚,使园区成为长三角一体化重大平台、长三角最具投资创业价值新高地。

南通大学商学院　杨春蕾
南通市沿海地区发展办公室　蒋　俊

(本研究报告为 2013 年江苏沿海沿江发展研究院招标课题《通州湾开发建设中项目引领与产业带动对策研究》研究成果)

第三编

通经济研究

南通市海洋经济发展现状及"十三五"展望

摘 要 "十二五"以来,南通市海洋经济加快发展,在促进全市经济转型发展和长三角北翼经济中心建设中发挥了重要作用。"十三五"期间,南通应抢抓江苏获批成为国家海洋经济创新发展区域示范试点和南通成为国家江海联动开发试验区的有利契机,充分利用"靠江靠海靠上海"的独特区位优势,推进形成"一个新引擎、两条发展带、八大集聚区"的海洋经济总体发展格局,分类推进新兴海洋产业加快发展,大力促进传统海洋产业转型升级,加快海洋科技教育发展,完善海洋基础设施网络,加强海洋生态文明建设,全面建成海洋经济强市。

一、"十二五"以来南通海洋经济发展现状分析

(一) 主要成就

1. 海洋经济规模持续壮大

2009年江苏沿海开发上升为国家战略以来,南通海洋经济发展步伐明显加快,总体实力不断提升。2010年至2013年,南通全市海洋生产总值分别为846.64亿元、1 185.28亿元、1 244.19亿元和1 407.40亿元。2013年南通全市海洋生产总值比"十一五"期末增长61.3%,约占全市地区生产总值的27.9%。2010—2013年期间,南通全市海洋生产总值在江苏省、长三角地区以及全国海洋生产总值中所占的比重总体上均呈现不断上升的趋势。2013年南通全市海洋生产总值在江苏省、长三角地区(苏浙沪两省一市)以

及全国海洋生产总值中所占的比重分别比2010年上升了2.7、1.8和0.5个百分点(见图1)。

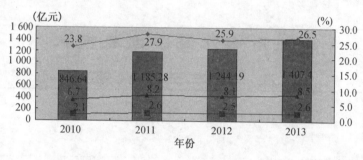

图1　2010—2013年南通海洋生产总值及其在江苏、长三角、全国海洋生产总值中的占比

2. 海洋产业结构明显优化

南通全市海洋一、二、三产业生产总值占比由2010年的9.7∶55.6∶34.7优化为2013年的7.0∶45.7∶47.3。海洋一产中大力发展百万亩浅海养殖和大洋性远洋捕捞,年均增长约4%~5%。海洋二产中船舶与海洋工程装备产业位居全市海洋产业之首,虽然受国际市场低迷影响,其经济效益和船舶出口仍呈下降态势,但其总产值仍高达1 555.6亿元,较2012年增长4.9%。近几年以滨海旅游、海洋交通运输、海洋信息服务为代表的海洋第三产业对南通全市海洋生产总值的贡献份额迅速提升,全市海洋三次产业结构实现了由"二三一"向"三二一"的转变。

3. 海洋产业集聚步伐加快

目前南通已形成以石油化工、能源、临港工业和综合物流为产业定位的洋口、吕四板块;以海工装备、海洋食品、滨海商贸居住为产业定位的通州湾、海门东灶港板块;以中小企业集聚为特色的启东滨海工业园、如东沿海经济开发区板块;以特色高效农业、滨海旅游、主体地产为产业定位的海安老坝港、如东沿海旅游、启东圆陀角板块;以海洋船舶及海工装备制造为特色的沿江板块。南通海工产业规模位居全国第二,产品涉及近海到深海的主要门类,占据全国1/3市场份额。2012年1月,南通市正式启动"国家海洋工程装备和船舶产业集聚标准化示范区"试点工作,这是南通市建设的第一个国家级产业集聚标准化示范区项目。南通市政府制定出台的《南通市重点产业布局指导意见》(通政发〔2013〕13号)中明确提出要"加快新兴产业集聚发展"部分,其中,"海洋工程"被列为六大重点新兴产业之首,并提出要"重点做强崇川、启东、如皋海洋工程产业,打造国家级海洋工程产业基地"。另外,南通已成为全国最大的海上风电基地,2013年海上风电装机容量120.598万千瓦,风力发电上网电量24.5亿千瓦时。以风电整机制造为核心,叶片、塔筒等各类配件相配套的产业链逐步形成。

4. 海洋基础设施不断完善

"十二五"以来,南通沿海、沿江港口群开发建设取得历史性突破。沿江海油碧路、南通电厂、宝钢物流等码头相继建成投产,与此同时,港口企业加快推进码头结构加固改造,沿江港口通过能力不断增加,码头靠泊等级明显提升,大船品牌优势进一步得到发挥,2013年共接卸15万吨级以上大型船舶201条;沿海港口生产规模逐步扩大、通航等级不断提高。继2011年洋口港10万吨级航道建成后,吕四港区10万吨级航道、洋口港区15万吨级航道建设加速推进,计划近期重点开发的通州湾港区的规划建设也在加紧论证。经过近年来的加快建设,2013年南通港共完成货物吞吐量2.05亿吨,比上年增长10.6%,成为省内第二个突破2亿吨的港口;共完成集装箱吞吐量60.05万标箱,比上年增长19.1%,首破60万标箱大关。这些指标不仅创下南通港历史新高,而且增长幅度领跑全国规模以上港口。

5. 海洋创新体系逐步健全

一是强化涉海企业技术创新主体地位。近年来,南通积极引导涉海企业围绕市场需求和长远发展建立研发机构,支持建立以企业为主导的海洋产业技术创新战略联盟。目前相关涉海龙头企业已发起成立了5个海洋产业省级创新联盟、15个省级海洋产业工程技术研究中心,拥有海洋类博士后科研工作站6个、院士工作站4个。南通中远船务研发的"深海高稳性圆筒型钻探储油平台的关键设计与制造技术"项目成果获得2011年度国家科技进步一等奖。二是共建海洋产业共性技术研发机构。2010年9月19日,南通市人民政府与中国科学院海洋研究所共建的"中国科学院海洋研究所（南通）"正式揭牌，为南通国家级海洋研究机构的创建揭开了序幕。2013年，海门通光集团与中国科学院沈阳自动化研究所共建实验室，致力于海洋信息网方面前瞻性新技术、新课题、新应用的研究与开发，以支撑海洋产业可持续发展。三是完善涉海企业技术创新服务平台。2011年，南通依托航运职业技术学院成立了"江苏省船舶工程技术研究开发中心"，该中心目前拥有一个省级公共服务平台、两个市级科技平台；2013年，南通的"江苏省南通中小船舶及配套产业公共技术服务平台"被江苏省经信委、江苏省教育厅联合确定为省首批"高校中小企业公共技术服务平台"。四是加强海洋经济发展人才队伍建设。2012年出台的《南通市引进人才团队专项计划实施办法》（通办发〔2012〕34号）中明确要求，优先引进海洋工程等新兴产业领域以及船舶装备等重点转型升级产业领域急需的创业创新人才团队。同时，南通充分利用航运学院、南通大学等地方涉海高校科教资源，加快推进海洋应用人才培养步伐，并通过积极吸引河海大学、上海海事大学、上海电力学院、北京物资学院、中科院海洋所等国内涉海高校和科研院所来南通设立研究生院等形式，加大高层次海洋人才的培养力度。

6. 海域使用管理成效显著

继2010年6月在全国率先出台《南通市海域使用权出资登记管理办法》之后，"十二五"以来，南通积极推进海域管理创新，海域开发利用市场化、法制化、科学化、规范化水平明显提高。2011年南通颁发了全国首批海上构（筑）物所有权证书；2012年在全国率先实施海域使用权直通车制度；2013年在全国率先出台《海上构（建）筑物抵押管理暂行办法》，并建立了海上构（建）筑物融资机制，盘活了海上沉积多年的千亿元以上资产，拓展了沿海开发投融资渠道，实施了全国首宗海域使用权作价入股工商注册登记等。目前南通全市海域使用权抵押贷款余额超80亿元，占全省80%以上，位居全国地级市首位。同时，南通还在全国率先实现了国家、省、市、县四级海洋工程监管信息的实时联网，先后组建了江苏省内首家市级海籍测量中心、市级海域储备中心，组建了市海洋环境监测预报中心、市海域使用动态监管中

心,在江苏省内率先开展了沿海化工园区和重大海洋工程项目水质在线实时监测、围垦工程海上采沙实时监视监管,建设了三维实景动态监管系统,并在全国推广。目前,南通全市共建有7个海域使用动态视频监控点、2个海洋环境水质自动监测浮标、21个海洋工程环境常年监测站位。基于多年来南通在海洋资源市场化出让、海域使用权抵押融资、海域使用权"直通车"制度实施、海域评估及用海项目动态监管等方面的大胆探索,2014年8月,南通获批成为目前全国唯一的国家海域综合管理创新示范市。海域使用管理制度的不断创新为南通沿海开发、陆海统筹发展提供了巨大空间。

(二) 存在问题

1. 新兴产业尚需引导

虽然近年来南通海工装备产业一直保持着良好的发展势头,但大量船企纷纷转型进入海工领域,若缺乏科学引导,极易导致海工装备企业只是在地理空间上一般性扎堆,相互间同质化竞争日趋激烈,难以形成产业链的合理分工和优势互补、有机融合的共生体。另外,除海工装备业、海上风电外,海洋生物医药、海水利用业、海洋现代服务业等其他海洋新兴产业的发展规模明显偏小,还处于起步阶段,导致海洋新兴产业总体在南通全市海洋经济发展中的贡献率有待大幅提升。

2. 配套产业发展滞后

就海洋工程装备制造业而言,南通虽已成为全国最重要的造船和海洋工程装备基地之一,但与世界造船发达地区相比还有一定差距,低速机、通讯导航、曲轴等高端船舶配套产品生产能力明显不足,仅有部分钢结构、舱口盖、热交换器、油水分离器、压力水柜等粗放型配套产品生产,且南通本市配套率较低,难以满足海洋工程装备产业的配套需求。此外,海洋工程核心设备和系统亦主要依赖进口,本土自给能力严重不足,这显然会影响南通海洋工程装备制造业的国际竞争力。就海上风电而言,虽然南通全市风机制造水平已大大提高,但是在海上安装技术、相关材料的使用、专业人才等方面都还面临着诸多困境,各项防护设备自给率极低,多数还需从欧美国家进口。

3. 海洋科技基础薄弱

由于南通不像上海、天津、青岛、杭州、厦门、无锡等一些城市那样拥有海洋类高校或中央驻地方科研院所，同时南通地方海洋科技资源相对较少，这就导致南通海洋科技基础总体上较为薄弱。高层次海洋科技人员与高素质劳动力队伍的缺乏，必然导致很多具有重要开发价值的海洋战略资源不能得到充分利用。这也是当前南通知识技术密集、物质资源消耗少、成长潜力大、综合效益好的部分海洋新兴产业（如海水利用、海洋药物和生物制品业、深海战略资源勘探开发业、海洋现代服务业等）发展受到制约的重要原因。

4. 统计工作亟须完善

完善的海洋经济统计工作，是保证社会各界及时了解全市海洋及相关产业基本情况以及为政府制定海洋经济发展政策提供依据的重要保障。但就目前而言，南通全市在海洋经济统计资料的准确性、及时性、全面性方面尚有欠缺，亟须通过海洋经济摸底调查和建立海洋经济统计数据直报平台等途径，有效、科学地组织南通全市海洋及相关产业的专项统计调查工作。

二、"十三五"期间南通海洋经济发展面临的机遇和挑战

（一）机遇

1. 海洋强国战略引领中国海洋经济加速发展

党的十八大首次做出了"建设海洋强国"的重大战略部署。为了推动实施这一战略，2013年初，国务院从顶层设计的高度做出了重新组建国家海洋局的重大机构改革方案，以更好地推动海洋经济发展，维护海洋权益；2013年7月30日，中共中央政治局就建设海洋强国问题进行了集体学习，习近平总书记在主持学习时强调，发达的海洋经济是建设海洋强国的重要支撑，要提高海洋开发能力，扩大海洋开发领域，着力推动海洋经济向质量效益型转变，让海洋经济成为新的增长点；2013年11月，财政部下拨2013年海洋经济创新发展区域示范补助资金10亿元，重点支持海洋生物高效健康养殖、海洋生物医药与制品、海洋装备等成果转化和产业化以及海洋产业

公共服务平台项目;2014年1月,我国第一次全国范围的海洋经济调查工作正式启动,旨在完善我国海洋经济基础信息。海洋强国战略的加快实施,为南通海洋经济在更广范围、更大规模、更深层次上参与国际、国内合作与竞争,进一步拓展新的发展领域和空间提供了良好政策环境。

2. 依托黄金水道建设长江经济带的溢出效应

南通地处我国沿江、沿海"T"型经济带交汇点,兼具滨江与临海两大战略优势。近年来,随着长三角一体化发展和江苏沿海开发两大国家战略的深入实施,特别是随着苏通大桥、崇启大桥的相继建成通车和洋口港等海港的初步通航,南通的区位优势、资源优势、产业优势进一步放大,集聚效应、辐射效应进一步凸显,跨江融合发展之势进一步强劲。在当前全球经济格局深度调整、国际竞争更趋激烈以及中国发展面临陷入"中等收入陷阱"风险的背景下,针对长江流域整体开发现状、开发潜力与其重要战略地位不相称的现实,党和国家领导人审时度势,提出了建设长江经济带、谋划区域发展新棋局的战略部署,这有利于南通以海洋经济延伸流域经济,以流域经济支撑海洋经济,通过优江拓海、江海联动,达到优化资源配置和产业结构升级,将南通打造成流域经济与海洋经济联动协调的长江经济带北翼"桥头堡",并进而将综合经济优势尤其是海洋经济优势向内陆地区扩散和转移,带动腹地经济发展。

3. 江苏获批国家海洋经济创新发展区域示范点

财政部、国家海洋局在2012年首次设立专项资金支持山东、青岛、浙江、宁波、福建、厦门、广东、深圳等部分省(市)开展海洋经济创新发展区域示范之后,又于2014年4月决定增设天津、江苏作为海洋经济创新发展区域示范试点,重点推动海水淡化、海洋装备等产业科技成果转化和产业化。2014年9月,江苏省海洋经济创新发展区域示范实施方案获得国家财政部、国家海洋局批准,中央财政将对试点工作给予滚动支持。至此,江苏省成为第五个国家海洋经济创新发展区域示范试点地区。这为南通充分发挥滨江临海的独特区位和资源优势,借助国家战略性新兴产业发展专项资金支持,示范探索产学研用协同创新的新模式与新机制,重点突破海洋装备等重大核心关键技术,大力推动海洋装备等产业向全球价值链高端跃升提供了新的契机。

4. 南通陆海统筹发展综合配套改革全面推进

为充分利用南通独特区位优势和陆海资源优势,2013年6月,全省苏中发展工作会议将支持南通创建陆海统筹发展综合配套改革试验区上升到苏中"一市一试点"层面。2013年12月,江苏省委、省政府正式印发《南通陆海统筹发展综合配套改革试验区总体方案》后,南通市委十一届六次全会即对以陆海统筹发展综合配套改革为重点的全面深化改革工作做出了全面部署。创建陆海统筹发展综合配套改革试验区,是南通破解当前发展瓶颈、奠基未来竞争优势的一项战略工程,是加快建设长三角北翼经济中心和打造长江经济带北翼"桥头堡"的重要载体与有力抓手,也是进一步促进南通海洋经济又好又快发展的重大机遇。

(二)挑战

1. 国际国内竞争日趋激烈

海洋是人类存在与发展的重要空间,占地球70%面积的巨大空间,使得海洋孕育着广阔的发展空间,在新技术革命的推动下,新的可开发利用的海洋资源不断发现,海洋已成为财富源泉与全球经济重要增长极和发动机。就国外而言,金融危机后的全球经济增速放缓,世界经济格局孕育着深刻变化,产业发展格局和发展路径正在发生新的变革,包括海洋在内的新兴产业越来越成为竞争的焦点。为应对新的形势和挑战,沿海国家普遍调整或制定新的海洋战略和政策,从全局战略高度出发关注海洋问题,实施海洋行动计划,加大海洋科技研发投入,优先布局海洋新兴产业,力图争夺发展主导权,抢先确立国际竞争优势。就国内而言,"十二五"以来,我国先后批准了山东、浙江、广东、福建、天津五个海洋经济试验区,浙江舟山群岛新区获批成为首个以海洋经济为特色的国家级新区,辽宁沿海经济带、河北曹妃甸工业区、天津滨海新区、上海浦东新区、广西北部湾经济区、海南国际旅游岛等沿海区域发展规划相继实施,各沿海省市发展海洋经济百舸争流的局面正在形成,南通发展海洋经济面临着比较严峻的竞争形势。

2. 生态文明建设任务艰巨

党的十八大报告将中国特色社会主义事业总体布局由经济建设、政治建设、文化建设、社会建设"四位一体"拓展为包括生态文明建设的"五位一体",由此,中国在科学发展的历史进程中,进入一个崭新的生态文明时代。我国是一个陆海兼备的大国,在海洋上有着广泛的战略利益,海洋生态文明建设是我国社会主义生态文明建设的重要组成部分,美丽中国离不开美丽海洋。当前,在国家陆海统筹战略的推动下,我国海洋事业呈现出全面发展的良好势头,加强海洋生态文明建设面临着难得的历史机遇,但与此同时,由于包括南通在内的我国海洋经济发展中仍然存在着"重近岸开发、轻深远海域利用,重资源开发、轻海洋生态效益,重眼前利益、轻长远发展谋划"等诸多问题,我国海洋生态系统正承受着巨大压力,海洋生态文明建设任务艰巨。就南通而言,随着沿海地区经济快速发展以及临海产业的加速集聚,当前南通近海生态和资源约束强化,瓶颈制约增大,科学利用海洋资源、合理保护海洋生态环境成为当前较为紧迫的战略任务。

三、"十三五"期间南通海洋经济发展的目标和重点

(一) 发展目标

到2020年,南通陆海统筹发展成效显著,海洋经济强市全面建成。其中南通全市海洋生产总值力争突破3 000亿元(占南通全市地区生产总值的30%),海洋经济综合实力、辐射带动力和可持续发展能力明显提升;海洋产业结构进一步优化,三次产业结构优化为5∶40∶55,海洋新兴产业增加值占海洋生产总值比重达30%左右;海洋开发研究与试验发展经费占海洋生产总值比重达2.5%,科技贡献率达80%左右;沿海港口货物吞吐量突破1亿吨,建成万吨级以上码头泊位超过20个,集装箱和原油、成品油等大宗商品运输在沿海港口中所占比例较大提升,港航服务水平大幅提高;大宗商品储运与贸易、海工装备制造、海上风电、滨海旅游、现代海洋渔业等产业在全国地位巩固提升,海洋生物医药、海水利用、海洋科教服务等领域取得重大突破,建成现代海洋产业体系;海洋生态文明建设取得显著成效,海洋

生态环境、灾害监测监视与预警预报体系健全,陆源污染物排放入海得到有效控制,基本建成陆海联动、跨区公保的生态环保管理体系形成良性的海洋生态系统,防灾减灾能力明显提高。

（二）发展重点

1. 优化海洋经济空间布局

按照陆海统筹、江海联动、优势集聚、合理分工的原则,整合挖潜各类功能区,优化海洋产业空间布局,着力强化通州湾新区的新引擎地位,积极构建沿海蓝色产业发展带和沿江新兴产业发展带,重点打造八大海洋产业集聚区,推进形成"一个新引擎、两条发展带、八大集聚区"的海洋经济总体发展格局。

一个新引擎：紧抓江苏成为国家海洋经济创新发展区域示范试点的有利契机,积极争取南通单独获批创建国家海洋经济创新发展示范市,并全力支持通州湾新区创建国家海洋经济创新发展示范区,以海工装备制造业、海水淡化与综合利用业、海水养殖业、海洋生物医药业以及海洋新兴服务业为主导产业,努力将通州湾打造成江苏海洋经济发展新引擎和长江经济带龙头新支撑点,成为江苏海洋经济创新发展区域示范的先导区。

两条发展带：① 沿海蓝色产业发展带。依托南通海岸带地区和沿海港区,加快推进贯通沿海的疏港铁路、通达沿海的高等级公路及轨道交通建设,加强海岸带及邻近陆域、海域优化开发,突出港产城联动发展和产业集聚发展,因地制宜构建现代海洋产业体系,推动形成要素高度集聚、功能布局合理、生态环境良好、海洋特色鲜明、竞争优势突出的沿海蓝色产业发展带,打造陆海统筹发展综合配套改革试验的前沿支撑轴带。② 沿江新兴产业发展带。依托南通沿江船舶海工等海洋产业的现实基础,以提升质量、延伸产业链、加快转型升级为重点,有机结合沿江"腾笼换鸟"与沿海"筑巢引凤",在推动与中心城市功能矛盾突出的沿江老港区液化品仓储与大宗散货功能向沿海通州湾、洋口港和吕四港三大港区先行转移的同时,加快推进船舶造修和配套相关企业向高端船舶与海工装备等新兴产业领域转型升级,推动海工船舶、装备制造产业做大做强,打造促进海洋产业加快转型升级的示范引领轴带。

八大集聚区：① 船舶和海洋工程装备产业集聚区。依托沿江船舶和海洋工程装备产业发展基础,高端打造六大"海洋工程装备配套产业基地"(南通经济技术开发区海洋工程船舶及重装备制造产业基地、崇川海洋工程产业基地、南通船舶配套工业集中区、通州船舶海洋工程产业基地、启东船舶海洋工程产业基地和如皋船舶海洋工程及配套产业基地),提升南通船舶及海洋工程装备产业综合竞争力,形成一批创新能力强、发展潜力大、经济效益高的船舶和海洋工程装备产业集群。② 临港石化产业集聚区。依托洋口港、吕四港优越的集疏运条件,紧抓国内外石化产业布局向沿海地区集聚和结构调整的历史机遇,充分利用上述两大海港在发展石化产业方面所具有的区位优势、资源优势、空间优势、交通优势和环境优势,按照"优江拓海"的发展新思路,坚持走"生态化、一体化、专业化、园区化"产业发展道路,以大项目建设为抓手,构建产业结构、布局合理、产业链配套完善、国际竞争力和可持续发展能力强的临港石化产业体系,研究制定激励南通沿江石化企业向沿海地区转移升级的政策引导机制,加快推进沿海地区形成具有国际水准的现代化石化产业集群。③ 海洋新能源产业集聚区。依托如东近海及潮间带风电场,科学开发丰富的海上风能资源,大力发展近海风力发电,打造集风电运营、管理、科研、培训等于一体的海洋新能源产业集群,有力支撑江苏"海上三峡"建设。同时,以风电场规模化建设带动风电装备产业加快发展,实施重大科技攻关,加快科技成果转化和重点产品开发,推进风电装备规模化、标准化、系列化。④ 海洋高科技产业集聚区。依托滨海园区科教城,加快引进"国字号""海字头"海洋科研院所以及国内外涉海高校来南通设立科研分支机构或研究生院,创建一批海洋高端研发机构,全力打造海洋基础科研、应用技术创新、成果孵化与企业培育三大平台,提升海洋科技服务、海洋人才培养、海洋科技成果转化和产业化等功能,形成海洋高新技术产业集群。⑤ 港航服务业集聚区。依托南通港、如皋港、洋口港、启东港等国家一类开放口岸和南通综合保税区以及规划建设中的通州湾港区等载体,以打造辐射长江中上游地区及广大内陆腹地,具有通关、代理、物流、商贸、金融、法律等多种港航服务功能的区域性国际航运服务平台为目标,加快构建集疏运网络、大宗商品交易平台以及金融和信息支撑系统"三位一体"的港航物流服务体系,加速推进南通区域性国际航运服务中心运营和建设,形成集商品交易、产品展示、金融服务、电子商务、仓储物流、信息发布于一体的港航物流与港航服务业集群。⑥海洋生物医药产业集聚区。依托江苏双林海洋生物药业有限公司等重点企业,以打造企业科技园区的方式,带动海洋生物医药产业集聚区发展。同时,通过设立海洋生物医药产业发展引导基金,加大国内外优秀海洋生物医药科研机构、企业和人才的引进力度,加快建立具有较强海洋生物医药技术研发能力和产业化促进体系,形成集约式、特色化的海洋生物医药产业集群。⑦海洋渔业经济集聚区。依托国家中心渔港和一级渔港,以打造我国重要的海洋水产品资源集散地为目标,推进集渔民居住、海洋水产品精深加工、贸易、物流、餐饮、休闲等于一体的渔港区域综合开发,创造条件加快远洋渔业发展,形成现代海洋渔业产业集群。⑧滨海旅游产业集聚区。依托滨海特色景观,打造沿海重点旅游板块,进一步巩固和提升南通"近代历史名城,江海休闲港湾"的旅游品牌形象,大力推进以滨海休闲度假和江海文化为核心的旅游产品体系建设,推进滨海旅游与沿海产业、文化、生态、城镇加快融合,形成面向国内外游客的特色海洋休闲度假旅游产业集群。

2. 构建现代海洋产业体系

(1) 分类推进海洋新兴产业加快发展。

紧紧抓住国家鼓励发展战略性新兴产业的政策机遇,优先发展海洋工程装备制造业、海洋可再生能源业和海洋现代服务业,积极培育海水利用业、海洋药物和生物制品业。

其中优先发展的领域有:

海洋工程装备制造业。紧密围绕海洋资源开发,推动船舶企业转型,发展壮大海洋工程装备制造业。重点发展新型高端海上石油、天然气钻井平台和生产平台、浮式生产储卸装置、深海探测设备、海洋风能工程装备、大型一体化模块制造业,以及动力定位系统、控制系统、深海锚泊系统、海水淡化、油污水处理等关键系统制造业,提高大型海洋工程装备的总装集成能

力,支持大型海洋工程装备制造企业与钢铁、石油等上下游企业以战略联盟或参股、合资合作等方式,适当延伸产业链,实现优势互补,大力推进产业集聚发展,努力打造国家级海洋工程装备制造业基地。

海洋可再生能源业。重点发展以海洋风力发电为主的海洋可再生能源业。加快完善海上风电场设计及运营、核心装备部件制造、并网、电网调度和运维管理等关键技术,形成从风况分析到风电机组、风电场、风电并网技术的系统布局。加强各有关部门间的沟通协调,明确海上风电管理的关键环节和有关要求,提高管理效率。

海洋现代服务业。重点发展涉海物流服务和滨海旅游。首先,依托良好的产业基础和交通条件,放大江港、海港、空港"三港同城"优势,完善物流服务和政策体系,引进国内外知名物流企业,建立区域性总部型物流基地和运营中心,推进现代物流加速发展。其次,挖掘沿海生态、渔港、海鲜、温泉、文化、风光等特色旅游资源,推进江海旅游整合发展。加快发展休闲度假旅游、文化体验旅游、滨海湿地生态旅游和江海美食旅游,打造江海旅游门户城市。稳步发展游艇高端消费,推广游艇大众化消费,配套发展游艇租赁、保险、服务、培训、装饰、维修等相关游艇服务业。另外,推动发展海洋商务服务业,打造沿海信息港。培育发展涉海中介及会展服务业,发展船舶航运中介、海洋环保、海洋科技成果转化交易等新兴海洋服务业。

其中重点跟踪培育的领域有:

海水利用业。引进发展国内外海水直接利用和海水淡化先进技术,培育发展海水利用设备制造,实施海水综合利用和循环利用。重点开展超滤和反渗透膜、水质自动监测、新能源海水淡化、能量回收、新兴管阀等海水淡化关键技术和装备的研发和产业化,积极开展海水淡化产业发展试点示范。

海洋药物和生物制品业。积极发展新医药,优化提升中成药,加快发展海洋生物技术及产品。重点开展海洋生物功能活性物质研究,开发高附加值的海洋药物与生物活性分子、医药原料、终端制剂以及海洋生物营养品、功能食品、保健品和新型营养源、生物质能源产品等,打造长三角北翼重要的生物医药及保健品基地。

（2）大力促进海洋传统产业转型升级

以技术改造、品牌战略、集聚发展等为工作重点，推进船舶制造、海洋化工、海洋渔业等海洋传统产业转型升级。

船舶制造业。提升海洋船舶制造业水平，建立现代造船模式，推动船舶制造向大型化、全能化、特色化、低碳化转型，重点发展超大型油轮和矿砂船、大型集装箱船、大型 LNG 船等高附加值船舶及配套设备，打造世界级"船谷"。

海洋化工。积极争取大型石化布点、构建沿海石化产业集群，突破高端关键技术，大力发展高附加值、低能耗产品链，配套发展绿色精细化工，实现海洋石油化工绿色低碳循环发展。重点发展大型炼化一体化项目和智能催化剂、环保新农药等产品，打造国内新兴石化基地和重要的精细化工基地。

现代海洋渔业。大力发展浅海养殖和工厂化养殖，推动水产养殖园区化、设施化、高效化。稳定发展海洋捕捞，创造条件加快远洋渔业发展，打造集海洋捕捞、冷链物流、休闲旅游、美食消费于一体的现代都市型海洋渔业产业链。大力发展水产品精深加工，建设国内一流的水产品加工基地。推进海洋类地理标志产品的开发与保护，着力打造长三角地区优质水产品供应基地、国家沿海地区现代渔业示范区。

3. 加快海洋科技教育发展

加强海洋类院校、涉海人才队伍、海洋科技创新平台建设，提高自主创新能力和成果转化能力，增强科技教育对海洋经济发展的支撑引领作用，推动海洋经济实现创新驱动、内生增长。

首先，增强涉海院校和科研院所的办学质量和研究水平。支持本地高校加强涉海学科建设，加大海洋应用型人才培育力度。加快推进与上海交通大学、南京航空航天大学、香港理工大学、东南大学、浙江大学物流学院、中科院海洋所等国内外优秀高校和科研院所合作开展海洋学科建设与项目研究，扩大研究生培养规模，提升海洋科研层次。其次，加快涉海人才队伍建设。制定中长期涉海人才队伍建设规划，实施涉海人才培养、高技能人才招聘、海外领军人才引进、企业家培训、人才吸引与发展等计划。加强创新

型海洋领军人才队伍建设,加快实施海洋紧缺人才培训工程,积极培育高技能实用人才队伍。建设一批创业创新平台,完善涉海人才交流服务平台,引导人才资源向涉海企业流动,形成海洋人才高效汇聚、快速成长、人尽其才的良好环境。再次,构筑海洋科技创新平台。进一步引导科研机构、科技型企业在海洋基础研究和船舶设计、海工装备、海洋能开发、海水利用、海洋生物工程、海洋渔业等领域建立科研中心和重点实验室。加强重点科研创新服务平台建设,为涉海企业提供科研创新服务,推进科研成果转化。

4. 完善海洋基础设施网络

一是要加快建设沿海港区重点航道工程。重点建设吕四港区10万吨级、洋口港区北水道15万吨级、通州湾港区网仓洪进港航道,吕四港区进港航道上延工程,南通长江口北支航道疏浚工程等航道工程。设立沿海港口基础设施建设专项基金。以港口规费征收部分、国家和省补助以及港口所在县市区和受益企业共同筹措资金为来源,为沿海进港航道、锚地等基础设施的建设和维护提供有力保障。

二是要加快建设江海河联运航道网。加快沿海"一纵一横一闸"内河航道建设。建成"一纵"连申线高等级航道,"一闸"九圩港复线船闸及通江连接线航道,打通入江口门。加快"一横"通扬线航道建设,尽早实现吕四港区至九圩港出江全线贯通。加快完善内河航道网规划布局。按不低于三级航道的标准建设重点航道,全力推动通州湾、洋口港等疏港航道列入国家和江苏省"十三五"专项规划,实现一次中转即能由黄海直达长江中上游地区和进入全国航道网络。

三是要加快建设多式联运枢纽。实现县级节点和重点港区有高速公路直通,主要临港产业园区有一级以上公路直达。组建港口铁路公司,推动沿海港口间铁路的衔接。加快洋口至吕四铁路和通州湾至南通主城区轨道交通等项目研究实施。市、县(市)区、各相关职能部门联合开展对建设以海港为核心的多式联运枢纽的研究,力争列入国家和江苏省"十三五"专项规划,尽快建成江海河、公铁空等多种方式的联运枢纽。

5. 加强海洋生态文明建设

一是要节约集约利用海洋资源。加强岸线管理，严格控制自然岸线的开发利用，保留公共岸线，开辟公共休闲岸线，严格审批企业业主岸线，发展可再利用岸线。依法加强围填海项目用海审批管理，根据海洋资源环境承载力，合理安排用海规模、空间和时序，探索开展海域资源利用项目后评估。充分发挥市场配置资源的基础性作用，建立健全海洋科学开发利用的长效机制，有偿、有序利用海洋资源，探索建立海域资源闲置处罚及海域使用权收回制度。

二是保护修复海洋生态。加强海洋自然保护区基础设施和综合能力建设，提升规范化管理水平。搭建海洋保护区监测监视网络和综合信息平台，加大执法力度。推进海洋生态红线制度建设，实现海洋经济可持续发展和生态文明和谐发展。探索建立保护区生态补偿机制、生态原产地产品保护机制。有效保护自然海岸线及其景观，开展生态化人工岸线和人工滩涂湿地建设。加强海洋生物资源保护，强化生态环境损害评估，完善落实补救措施，维护海洋生态平衡。构筑人工生态潜堤，修复浅海生态系统。

三是综合防治海洋环境污染。加强石油化工等企业污染治理设施的运行管理，推进工业与城镇建设区配套建设污水和生活垃圾处理处置设施，加强水产养殖业污染防治，严格控制新增主要污染物排放量，实行区域主要污染物排放总量控制。科学布设监测设施，加强海洋环境监测。推进陆源入海污染物和海上排海污染物的综合整治，实现达标无害排放。

四是建立健全海洋防灾减灾体系。提高海洋、气象灾害和突发事件预报预警能力，强化海洋灾害预报预警。健全海洋灾情管理体系，建立海洋灾害风险评估制度。加强部门协调，提高海洋灾害应急能力。开展沿海和海上生产项目风险排查与安全管理，建立涉海企业生产事故应急体系。

四、推进南通海洋经济加快发展的保障措施

（一）强化组织领导

南通市政府要围绕建设海洋经济强市目标，切实加强对"十三五"海洋

经济发展规划实施的组织领导,制定实施意见、工作方案和考核制度,明确分工,落实责任,完善决策、协调、执行的长效机制。按照规划确定的功能定位和发展重点,制定专项规划,加快重点项目建设,有序推进海洋经济发展的试点工作,确保规划顺利实施。成立由南通市长牵头的海洋经济工作联席会议制度,全面统筹协调南通海洋产业发展工作及重大事项的审议。筹建海洋产业专家委员会,为产业发展提供决策咨询。成立海洋产业行业协会,鼓励协会发挥桥梁、纽带和协调作用,支持行业协会建设公共服务平台,参与海洋产业发展的政策研究、人才培养与交流、技术与产品推广等产业服务工作。

同时,竭力争取财政部、国家海洋局在批准江苏实施海洋经济创新发展区域示范的基础上,单独批准南通创建国家海洋经济创新发展示范市,列入全国海洋经济发展"十三五"规划;竭力争取国务院有关部门按照职能分工,切实加强对南通"十三五"海洋经济发展规划实施的指导,在政策实施、项目安排、体制创新、人才培训等方面给予大力支持,帮助解决规划实施过程中遇到的问题。

（二）深化改革开放

坚持市场化改革方向,加快海岸线、海域使用权、海岛等海洋资源的市场化建设,探索以海洋为内容的城市资产经营方式。大胆突破阻碍海洋产业发展的体制机制,积极争取国家以及省有关部门的支持,以全球化视野配置国际海洋资源,先行先试探索建立有利于海洋产业发展的体制机制,以主体开放、科技创新、生产方式创新、产业组织创新、商业模式创新、金融创新与体制机制创新,实现海洋产业的开放创新发展。探索建立根据海洋经济发展规划和产业政策调控海域使用方向和规模的机制。

（三）加强金融支持

增强沿海基础设施建设融资能力。采取政府注入土地、海域、股权等方式做大资产规模,通过收购、兼并、重组等方式,做大现金流,推动政府投融资实体做大做强,争取达到3A信誉等级。研究运用公私合作模式(PPP),吸引社会资本参与沿海基础设施建设。鼓励和引进公共基金、保险资金等参与具有稳定收益的沿海基础设施项目建设和运营。增强对涉海企业金融支持。鼓励银行业金融机构创新信贷产品,研究在现有法律法规和政策框架下,适当扩大贷款抵(质)押物范围,探索试行在建船舶抵押融资的模式。支持符合条件的涉海企业发行债券和通过境内外资本市场上市融资。竭力争取国家海洋局支持南通开展开发性金融支持海洋经济发展试点,重点围绕发挥涉海资源、资产的资本化效能和市场化配置作用,开发新的涉海金融与保险产品,构建更多的融资平台,畅通融资渠道,满足未来海洋经济重点发展领域和重大工程对资金的迫切需求,促进海洋经济健康快速发展。

（四）加大政策扶持

在科学编制南通市"十三五"海洋经济发展规划的基础上,抓紧研究制定相关配套政策和海洋产业发展指导目录,建立重点海洋产业项目和工程审批"绿色通道",加快用地预审、海域使用、环境批复、规划选址等审批事项办理进度。对重点区域和项目给予优先安排,实行优惠的海域使用金政策。鼓励战略性新兴产业合理用海,严格控制过剩产能的用海供给,限制落后用海方式,大幅降低海域消耗强度。加强海洋经济发展高层次人才战略需求研究,在"双创"计划、"333"高层次人才培养工程、科技企业家培育工程等方面向沿海地区、涉海企业倾斜,进一步吸引涉海高校和科研机构在南通设立分校或分院。

（五）完善统计工作

在南通市级经济统计系统上开辟海洋经济统计子系统,构建海洋经济统计数据直报平台,建立海洋经济发展数据定期通报制度,对海洋经济运行情况及时加以监测和分析。统计及发布数据要细化到沿海各地区、各类海洋产业与海洋相关产业,为政府部门指导与决策、为社会涉海投资与产业发展研究提供依据和参考。在海洋经济统计与运行检测方面实现国家、省、市、县系统兼容与信息共享。明确市、县两级海洋主管部门在海洋经济统计中的主导地位,相关涉海行业主管部门和沿海区镇是本行业、本地区海洋经济统计的责任主体。

南通大学江苏沿海沿江发展研究院　杨凤华

南通市推进海洋经济创新发展问题研究

摘　要　2013年，江苏省委、省政府印发了《南通陆海统筹综合配套改革试验区总体方案》。本文从陆海统筹的视角，对南通推进海洋经济创新发展中存在的江海港口联动发展、陆海产业集聚、江海联运集疏运体系构建和重大要素资源支撑等问题进行分析研究，提出了五个方面的对策建议：优化岸线资源配置，统筹江海港口开发；放大滨江临海优势，加快沿海产业集聚；构建多式联运体系，打造区域物流中心；完善服务配套功能，提升产业承载能力；突破要素瓶颈制约，增强产业发展活力。

2013年12月，江苏省委、省政府印发《南通陆海统筹综合配套改革试验区总体方案》，提出推进陆海统筹发展是党的十八大提出的建设海洋强国战略的重要举措，是破解二元经济结构难题、提升海洋经济的重要举措。南通滨江临海，陆海资源丰富，具备建设海洋强市的资源和基础，为抢抓陆海统筹综合改革的新机遇，以体制机制创新为动力，研究加快推进南通海洋经济创新发展途径和举措具有较强的现实意义。

所谓海洋经济范畴，是指为开发海洋资源和依赖海洋空间而进行的生产活动，以及直接或间接为开发海洋资源及空间的相关服务性产业的活动。本文重点研究的推进南通市海洋经济创新发展问题，包含了海洋经济发展本身和推进海洋经济发展宏观环境等方面。

一、南通市海洋经济发展的基本现状

（一）**海洋经济规模不断壮大**。2010年至2013年，南通全市海洋生产总值分别为846.64亿元、1 185.28亿元、1 213.53亿元和1 381亿元。2013年南通全市海洋生产总值比"十一五"期末增长63.1%，约占全市地区生产总值的27.4%。2013年南通全市海洋生产总值在江苏省、长三角地区（苏浙沪两省一市）以及全国海洋生产总值中所占的比重分别比2010年上升了2.7、1.8和0.5个百分点。

（二）**海洋产业结构明显优化**。南通全市海洋一、二、三产业生产总值占比由2010年的9.7∶55.6∶34.7优化为2013年的7.0∶45.7∶47.3。海洋一产中大力发展百万亩浅海养殖和大洋性远洋捕捞，年均增长约1.35%。海洋二产中船舶与海洋工程装备产业位居南通全市海洋产业之首，虽然受国际市场低迷的影响，但其总产值仍高达1 555.6亿元，较2012年增长4.9%。近几年以滨海旅游、海洋交通运输、海洋信息服务为代表的海洋第三产业对南通全市海洋生产总值的贡献份额迅速提升，全市海洋三次产业结构实现了由"二三一"向"三二一"的转变。

（三）**海洋产业集聚步伐加快**。目前南通已形成以石油化工、能源、临港工业和综合物流为产业定位的洋口、吕四板块；以海工装备、海洋食品、滨海商贸居住为产业定位的通州湾、海门东灶港板块；以中小企业集聚为特色的启东滨海工业园、如东沿海经济开发区板块；以特色高效农业、滨海旅游、主体地产为产业定位的海安老坝港、如东沿海旅游、启东圆陀角板块；以海洋船舶及海工装备制造为特色的沿江板块。南通海工产业规模位居全国第二，占据全国1/3市场份额。南通已成为全国最大的海上风电基地，2013年海上风电装机容量120.598万千瓦，风力发电上网电量24.5亿千瓦时。以风电整机制造为核心，叶片、塔筒等各类配件相配套的产业链逐步形成。

（四）**海洋基础设施不断完善**。"十二五"以来，南通市沿海、沿江港口群开发建设取得历史性突破。沿江港口企业加快推进码头结构加固改造，沿江港口通过能力不断增加，码头靠泊等级明显提升，2013年共接卸15万吨级以上大型船舶201条;沿海港口生产规模逐步扩大、通航等级不断提高。继2011年洋口港10万吨级航道建成后,吕四港区10万吨级航道、洋口港区15万吨级航道建设加速推进通州湾港区的规划在加紧论证,腰沙通道一期工程已基本建成。2013年南通港共完成货物吞吐量2.05亿吨,比上年增长10.6%,成为省内第二个突破2亿吨的港口;共完成集装箱吞吐量60.05万标箱,比上年增长19.1%,首破60万标箱大关。

此外,南通市的海洋科技创新、海域管理"直通车"等体制机制创新也处于全国、全省的前列,这一系列的工作为推进海洋经济创新发展打下了良好的基础。

二、南通市推进海洋经济发展中存在的问题

虽然南通市海洋经济发展取得的成果明显,在全省中的地位也靠前,但是和先进地区相比还有不少的差距,对照江海联动、陆海统筹的总体要求,要实现海洋经济的跨越式发展,主要存在以下四个方面的问题。

（一）江海港口联动发展问题。港口经济是海洋经济发展的主要支撑。南通港口经济曾经一度辉煌,但是随着沿江岸线的逐渐饱和与沿海港口建设的相对滞后,南通在港口的总体布局上呈现江重海轻的局面。造成这种局面主要有三个方面的原因。一是沿江岸线利用率低,功能布局不够合理。货主码头占用大量岸线,易使码头能力闲置;公用码头总体个数少,难以规模化、集约化经营,港口生产效率、管理水平上不去。同时,南通市沿江优良岸线集中分布于主城区段,沿江主力港区紧邻城市布局,部分老港区在规划编制以前就已建成。这既限制了港口进一步发展的空间,也使城市面临港口发展带来的土地、交通、安全和环保压力。二是江海港口经营主体多,缺少强有力的大型港口集团。仅相较于盐城、连云港而言,这两市是统一的国有港口集团公司运营所有辖区内的港口开发建设,统筹能力很强。而南通市港口集团为合资公司,规模较小,多数港区分属于不同县(市)区,由不同的主体开发,形成不了规模效应,也难以实现统筹发展。三是江海港口缺乏联动机制。随着沿江的饱和,部分沿江港区功能需要向沿海转移,就这一项

工作没有总体的谋划和部署,缺少利益的协调机制,功能如何转变、利益关系怎么确定、转到沿海哪里,都还没有具体的研究成果或规划。

(二)陆海产业集聚发展问题。目前从产业发展的角度而言,南通海洋经济在产业发展上存在沿海产业集聚和内陆产业转型缓慢,沿海产业发展重点特色不明、沿海产城承载能力较低等问题。主要有三个方面的原因,一是受国际国内宏观经济影响,招商引资的难度进一步加大,沿海产业引进的速度缓慢,这进一步要求我们在国家战略的基础上从区域合作、产业合作上寻求突破。二是受行政区划利益体制的限制,内陆产业向沿海转移升级工作缺少统一领导和协调,比如说,行政区域间利益的协调问题、搬迁项目利益补偿问题、新上项目布局引导问题等都没有专门的人员或机构来解决,这又是一项复杂的系统工程,不建立强有力的组织领导机构,将难以推进有关工作。三是沿海产业板块的特色定位模糊,沿海的主要产业板块园区在主导产业发展的定位上还不够明确,这些都导致在产业转移升级和项目引进的导向上还不明确,推进产业优江拓海的计划还需要进一步细化。

(三)江海联运集疏运体系构建问题。长期以来对沿海基础设施投入的欠账导致了南通沿海的基础设施长期滞后,新一轮沿海开发战略的实施,经过5~10年的建设,沿海沿线的基础设施建设有了长足的发展,但是沿海与沿江内陆地区之间的骨干线路还没有贯通,这使江海联动、陆海统筹的快速通道目前尚无法对接,主要反映在三个方面:一是江海河联运的航道网尚未建成,沿海港口海进江的运输优势无法形成;二是江海河、公铁水多式联运的基础配套尚未形成,多式联运便捷的物流组织效益尚不能有效地发挥;三是南通市大宗商品交易的组织机构少,品种单一,无法催生出大的货源和商品贸易。

(四)重大要素资源支撑问题。发展要素的支撑问题对于区域经济发展是非常重要的,对于海洋经济而言,重点在三个方面显得尤为重要,一是口岸开放问题,虽然洋口港、吕四港的开发工作有了很大进展,但是从便捷通关的角度而言还有很多的工作要做。二是金融支撑问题。海洋经济的发展需要与海洋经济活动相关的金融政策支持,而由于这一块是新生事物,银行业务开展规模小，还需要拓展，甚至沿海地区的银行金融服务机构都少，办事尤为不便。三是科技人才的集聚问题。海洋经济发展需要一大批的涉海专业人才，由于沿海地区条件艰苦，人才多不愿前往，如何切实组织好海洋经济人才的引进工作还需要出新招和实招。

三、南通市推进海洋经济创新发展的对策举措

（一）优化岸线资源配置，统筹江海港口开发

1. 统筹江海港区规划布局。促进江海岸线集约利用。探索建立江海岸线有偿使用和合理退出机制，对涉及防洪保安、河势稳定、生态环境、港口码头等功能性岸线实施刚性控制。对南通全市沿江岸线及通江河口各类与城市规划不符、违规建设或综合利用率低的小码头实施关停并转。物流岸线资源由政府主导收储，工业岸线资源要集约利用，纵向发展。促进沿江港区转型发展。推动与城市功能矛盾突出的沿江老港区液化品仓储和大宗散货功能向沿海通州湾、洋口港和吕四港三大港区先行转移。统筹沿江可开发物流岸线资源，着力发展集装箱运输。中心城区岸线资源主要发展具有区域特色的沿江高端、绿色产业带，营造滨江亲水生活休闲空间。促进沿海港区功能提升。统筹沿海通州湾、洋口、吕四、海门等港区或作业区港区功能规划布局，促进分工协作，培育具有区域影响力的优势物流品种，加快沿海港区液化天然气、煤炭、矿石、液体化工品等大宗散货公用码头泊位规划建设，不断提升沿海港区各类货物通过能力，打造结构合理、功能完善、服务高效的现代化江海港群。

2. 统筹各类资本投资港口开发。由南通市级国有企业发起，形成多种所有制参与的港口开发机制，实现沿江沿海公用码头项目统一布局、建设和运营，做大做强港口龙头企业，力争及早上市。

3. 统筹推动航道基础设施建设。重点建设吕四港区10万吨级、洋口港区北水道15万吨级、通州湾港区网仓洪进港航道，吕四港区进港航道上延工程，南通长江口北支航道、天生港航道疏浚工程等航道工程。以港口规费征收部分、国家和省补助以及港口所在县市区和受益企业共同筹措资金

为来源,为沿海进港航道与锚地等基础设施的建设和维护提供有力保障。

(二)放大滨江临海优势,加快沿海产业集聚

1. 推进优江拓海。优化产业发展布局。按照"五沿"产业布局要求,协调推进沿江产业转型和沿海开发,新上电力能源、海工船舶等项目优先向沿海布局。引导产业转移升级。把沿江"腾笼换鸟"与沿海"筑巢引凤"有机结合,统筹沿江产业退出与沿海产业承载之间的衔接,研究激励沿江企业向沿海转移升级的政策引导机制,制定工作方案,明确时间表,推进企业逐步转移。加强利益协调。探索建立南通全市沿江县(市)、区政府间项目向沿海转移及新引进项目的利益分成机制。

2. 深化区域合作。实施跨江联动。强化与武汉、重庆等长江中上游节点城市合作,加快与成渝、长江中游、皖江等城市群的协作,深化与长江流域沿线城市的港口、交通、物流、产业等合作,增强服务长江经济带、对接丝绸之路经济带和海上丝绸之路"两带一路"的能力。构建产业联盟。坚持政府搭台、协会主导、企业自愿、联盟自律、共谋发展的原则,构建产业联盟。推动与长三角城市群重点企业、研发机构等单位共建研发合作、产业链合作、市场合作和技术标准等4类产业联盟,强化区域间产业的互动、融合。

3. 打造重点产业。确立发展重点。推进南通全市沿海8个实施区镇合一的产业园区明确2个左右重点产业,按照打造全产业链的理念,谋求重点产业发展实现突破。打造产业集群。推动海工船舶、装备制造、化工医药产业做大做强,迅速壮大产业规模。继续开展石化、冶金、能源产业的规划研究,争取在国家"十三五"重大项目规划布点上求得突破。优先培育海洋生物医药、海洋新材料和海洋新能源产业等海洋新兴产业。

4. 做特滨海旅游。打响5张旅游品牌。海安县老坝港打造以长江珍稀鱼类观赏和品尝为特色的旅游品牌;如东小洋口打造以温泉度假为特色的旅游品牌;通州湾打造以临海生态湿地、海洋运动休闲为特色的户外运动品牌;海门港新区打造蛎岈山国家海洋公园生态旅游品牌;启东打造吕四港海鲜美食渔港风情和圆陀角江风海韵为特色的旅游品牌。实施3项关键举措。坚持规划引领,打造沿海重点旅游板块,加快培育形成主打产品,推动综合开发;强化资源整合,推进滨海旅游与沿海产业、文化、生态、城镇加快融合;提升产业要素,加快建设一批沿海生态休闲度假旅游集聚区。

5. **发展现代渔业。**培育一批渔业养殖加工规模企业。突出水产养殖园区化、设施化、高效化,大力发展浅海养殖和工厂化养殖。开发多样化、系列化、标准化的海洋功能性食品,加快培育壮大一批水产品加工龙头企业。建设高水平渔业经济集中区。以国家中心渔港和一级渔港为依托,创造条件加快远洋渔业发展,推进集渔民居住、渔船保障、水产品加工、贸易、物流、餐饮、休闲等于一体的渔港区域综合开发。

(三) 构建多式联运体系,打造区域物流中心

1. **建设江海河联运航道网。**加快"一纵一横一闸"内河航道建设。建成"一纵"连申线高等级航道,"一闸"九圩港复线船闸及通江连接线航道,打通入江口门。加快"一横"通扬线航道改造建设,尽早实现吕四港区至九圩港出江全线贯通。加快完善内河航道网规划布局。按不低于三级航道的标准建设重点航道,全力推动通州湾、洋口港等疏港航道列入国家和江苏省"十三五"专项规划,实现一次中转即能由海直达长江中上游地区和进入全国航道网络。

2. **建设多式联运枢纽。**加快建成通达沿海的高等级公路。实现县级节点和重点港区有高速公路直通,主要临港产业园区有一级以上公路直达。加快建设贯通沿海的疏港铁路。组建港口铁路公司,推动沿海港口间铁路的衔接。加快洋口至吕四铁路和通州湾至南通主城区轨道交通等项目研究实施。加快开展多式联运枢纽建设专题研究。市、县(市)区、各相关职能部门联合开展对建设以海港为核心的多式联运枢纽的研究,力争列入国家和江苏省"十三五"专项规划,尽快建成江海河、公铁空等多种方式的联运枢纽。

3. **建设区域大宗商品交易中心。**以建设长三角北翼区域现代物流中心为目标,打造集运输、仓储、深加工、商贸为一体的大宗商品交易基地。建设特色物流园区。重点建设以矿石、煤炭、集装箱、钢材、建材为主的通州湾港区综合物流基地;以LNG、石油等液化品为主的洋口港区专业物流基地;

以矿石、棉花、粮油、糖等大宗散杂货为主的吕四港区物流基地。建立港航综合服务中心。发展代理、金融、保险、贸易、法律等功能于一体的现代港航服务体系，建立船用保税油供应中心，大力发展船用保税油业务，吸引更多国际航行船舶靠泊和货物中转。借鉴上海自贸区8大交易平台的建设经验，积极推动江海港口综合物流信息平台及大宗商品电子现货交易平台建设和运作，探索仓单管理等创新办法，争取启运港退税政策试点。发布大宗商品价格指数，成为华东地区天然气、煤炭、液体化工品、钢材、棉花、有色金属、粮油等贸易动态的风向标。

（四）完善服务配套功能，提升产业承载能力

1. 推进投资贸易便利化。坚持放权搞活。参照江苏省"强镇扩权"的做法，将县级部分经济社会管理权限向沿海重点镇下放到位。审批服务事项全部进入"一站式"便民服务中心，实现园内事园内办结。深化清单管理。支持沿海园区更大力度探索推进行政审批事项目录清单、政府行政权力清单、投资审批"负面清单"等清单管理模式，规范政府行政行为。支持先行先试。加强陆海统筹综合改革指导，优先支持沿海重点镇开展工商注册登记"先照后证"、海域使用、多规合一等探索。

2. 推进生产生活便利化。完善生产性服务配套。按照10个生产性公共服务平台清单，根据南通全市各镇产业发展需要，打造电子商务、研发设计、检验检测、知识产权、数据服务、金融服务、人才服务、展示交易、通关服务、智慧物流等特色产业生产性服务平台。完善生活性服务配套。按照10类生活性服务业功能清单，围绕提高生活品质，沿海重点镇要着力完善便民中心、农贸市场、商业网点、宾馆饭店、教育医疗、文化健身、电力通信、公交客运、商业住宅、职工公寓等功能设施。打造沿海宜居环境。鼓励沿海重点城镇按照绿色、生态、低碳理念进行规划设计，集中发展绿色建筑，加大水环境整治，污水集中收集处理和达标排放，大力推进盐土绿化、生态湿地、沿海防护林等生态环境建设，提升临海城镇人居环境品质。

（五）突破要素瓶颈制约，增强产业发展活力

1. 加大对外开放力度。加快口岸开放。推进洋口港、吕四港一类口岸开放验收,争取尽快对外公布,推进海门叠石桥市场采购贸易方式改革,支持海门港口岸独立开放,加快推进通州湾港口对外开放基础性工作。优化通关模式。全面推行"一次申报、一次查验、一次放行"通关模式,推进区域通关一体化和检验检疫一体化,提高通关效率。打造开放功能。在沿海地区加快建设保税仓库,支持建设保税物流中心,力争布局海关特殊监管区。发展一批集商流、物流、资金流、信息流于一体,有形市场和电子商务平台相结合的进口交易平台。支持南通滨海园区建设加工贸易区,支持如东洋口港石化交易物流中心建设,支持海门、启东等地建设海产品国际贸易平台,支持有条件的地区申报省级进口交易中心。

2. 加强涉海金融支持。增强沿海基础设施建设融资能力。采取政府注入土地、海域、股权等方式做大资产规模,通过收购、兼并、重组等方式,做大现金流,推动政府投融资实体做大做强,争取达到3A信誉等级。研究运用公私合作模式,吸引社会资本参与沿海基础设施建设。鼓励和引进公共基金、保险资金等参与具有稳定收益的沿海基础设施项目建设和运营。增强对涉海企业金融支持。推动国有四大银行率先在沿海重点区镇设立营业网点。推动建立沿海中小企业应急互助基金。推动建设动产抵押仓库,发展动产抵押融资。支持企业凭借海洋资源资产通过上市、发行债券等渠道开展直接融资,创新发展涉海保险产品。建立多层次多类型的天使投资、风险投资、股权投资等基金。在香港地区和新加坡等地开设投融资公司窗口公司,培育境外市场的融资能力。

3. 加速科技人才集聚。做强现有平台。依托江苏省海洋工程装备产业技术创新战略联盟、南通中科院海洋研究所海洋科技研究发展中心、通州湾物理模型实验基地等科技创新平台,在海洋工程、海洋应用基础、海洋动力等方面开展探索。拓展创新路径。积极引进国内外知名企业合作共建科技创新园区,支持各类企业联合高等院校和科研机构,组建产业技术创新战略联盟,力争列为国家海洋高技术产业基地试点城市。加速人才集聚。加大高层次领军人才及团队引进支持力度,把涉海人才列入南通全市高层次紧缺人才目录。推动涉海重点高校、大院大所、中央企业开展深度合作,重点支持具备条件的院士、千人计划、国家杰青、长江学者、973 首席科学家等顶尖人才带团队、技术、项目和资金到沿海实施科技创新和成果转化,加速协同创新。

附表：

沿海重点产业特色及物流重点定位建议

园区	重点工业特色	旅游城镇特色	物流特色品种
南通滨海园区	建筑新材料、高端装备制造、能源	生态湿地、海洋运动、休闲	钢材集装箱、煤炭
吕四港经济开发区	电动工具、能源	海鲜美食、渔港风情	粮油、糖、海产品
启东滨海园区	机械电子	—	—
海门港新区	重装备制造、食品	蛎岈山国家海洋公园、生态旅游	建材
如东沿海经济开发区	精细化工	温泉度假	—
洋口港经济开发区	石化	—	LNG 液体化学品
海工船舶工业园	海工装备、船舶	江风海韵观光、商务休闲旅游	—
老坝港滨海新区	石材、家具	长江珍稀鱼类观赏和品尝	

南通市委党校　崔新进
南通市沿海办　杨晓峰
南通市沿海办　徐光明
南通市沿海办　丁正涛

欧洲内河开发实践对南通的启示

> **摘　要**　南通的内河运输是江海联动开发中的"短板",南通沿海沿江港口缺少强有力的内河运输与之衔接配套。为了探索发展南通内河水运的路径,课题组对荷兰与德国进行了调研,针对发展南通内河水运的课题,提出了加大内河水运基础设施建设力度、多元化筹集内河水运基础设施建设资金、推进"智慧内河水运体系建设"、发展内河临港产业、重视内河沿线生态文明建设、提高内河集装箱运输在多式联运中的地位、组建内河港航开发控股公司等建议。

一、引　言

南通是长三角北翼的中心城市,位于长江经济带与沿海经济带的"T型"交汇点,据江海之会,扼南北之喉,区位优势突出。近年来,南通抢抓长三角一体化发展、江苏沿海开发两大国家战略机遇,走出了一条江海联动、跨江融合发展的特色之路。2014年9月,国务院发布《关于依托黄金水道推动长江经济带发展的指导意见》,明确要求推进通州湾江海联动开发,这为南通未来发展带来了重大战略机遇。

机遇与挑战并存,南通的内河运输一直是江海联动开发中的"短板",南通沿海沿江港口缺少强有力的内河运输与之衔接,内河集疏运体系较为落后。南通制造业的蓬勃发展也对内河水运提出了更高的要求,通吕运河和通扬运河沿岸40多家船舶配套企业生产的钢结构全部依靠内河水运输送,南通建筑业80%以上的原料需要通过内河运往各地。到2020年南通内河货运需求量将达到1.2亿吨,提升内河水运能力已成为发展南通经济的迫切需求。南通市市长张国华于2014年8月1日就南通市交通信息化和内河航道工作进行调研时曾指出,要推进交通信息化和内河航道建设,充分发挥交通对改善民生、推动发展的重要作用,为南通市建设智慧城市、加快江海联动开发和参与"两带一路"建设提供有力支撑。

发展内河水运,有利于建设综合交通枢纽,推动"江海联动"升级,是南通对接长江经济带国家战略必不可少的重要一环。长江经济带战略出台之后,部分省市已开始关注内河水运发展。例如,湖北省提出"推介江汉运河航运,助力长江经济带建设"(2014年12月),安徽省提出"为抢抓建设长江经济带战略的机遇,新建江淮运河"的具体举措(2014年11月);浙江省湖州市提出争创全国首个"内河水运转型发展试验区"的目标(2015年2月)。南通也应全力发挥濒江临海、水网发达的禀赋优势,通过大力发展内河水运打造江海联动升级版,服务长江经济带大发展。

为了探索南通发展内河水运、促进内河经济转型升级的路径,本课题组对内河水运极为发达的荷兰和德国进行了考察。本次考察旨在借鉴发达国家的成功经验,为南通发展内河水运事业提出具有可操作性的政策建议。

一、荷兰鹿特丹港建设概况及在发展内河水运方面的经验

1. 鹿特丹港概况

荷兰重视内河水运的观念在欧洲颇具代表性。荷兰位于莱茵河入海口,面向北海、背负欧洲大陆腹地,具有得天独厚的区位优势(见图1)。每年通过内河运输的货物占国内货物运输吞吐总量约20%,占国际货物运输吞吐总量约50%(不包括海运和管道运输)。

图1　鹿特丹与莱茵河

鹿特丹是荷兰第二大城市,总人口约105万人。鹿特丹港(见图2)素有西北欧门户之称,是欧洲石化产品、铁矿石、煤炭等物资最重要的集散地,也是西欧最大的石油中转港和储存港,欧洲大宗物资储存和分配中心,以及欧洲和亚、非、北美之间过境运输的枢纽。1961年,鹿特丹港吞吐量首次超过美国的纽约港(1.8亿吨),成为世界第一大港。从1961年到20世纪90年代后期的30多年里,鹿特丹港规模及吞吐量一直雄踞世界港口榜首。

鹿特丹港的集装箱吞吐量中近60%是通过内河航道运送的(见表1)。装运集装箱的内河驳船每日来往于鹿特丹港与莱茵河沿岸的集装箱码头之间。荷兰拥有先进的铁路、公路运输体系以及庞大的地下管道网络,能够把大量通过内河水运到港的货物门对门地运往全国各地以及其他国家。荷兰经济的发展离不开强大的内河水运,这与鹿特丹港的国际地位形成一种相互联动的关系。

图 2 鹿特丹港全貌

表 1 鹿特丹港集装箱运输中各类运输方式的班次数及占比

运输方式	2006年		2007年		2008年		2009年		2010年	
	班次数	占比(%)	班次数	占比(%)	班次数	占比(%)	班次数	占比(%)	班次数	占比(%)
驳船	1 364	23.2	1 471	22.7	1 413	21.8	1 371	23.2	1 462	21.8
支线船	1 400	23.9	1 647	25.4	1 809	27.9	1 768	30	2 324	34.4
铁路	486	8.3	537	8.3	596	9.2	452	7.7	441	6.5
卡车	2 619	44.6	2 835	43.6	2 676	41.1	2 309	39.1	2 520	37.3
总计	5 869	100	6 490	100	6 494	100	5 900	100	6 747	100

鹿特丹港仍在扩建中，该港计划到 2035 年具备 32 万个集装箱的货运能力。为了解决土地资源紧缺的问题，鹿特丹港务局批准了一个耗资 40 亿美元的"玛斯平原垦地"二期项目（Maasvlakte 2）（见图 3、图 4）。为了维持世界重要港口的地位，鹿特丹港不断进行现代化改造，最新的规划包括以下 4 点内容。第一，加大基础设施建设力度，提高港口容纳超级船舶的能力。第二，进一步发展集装箱业务，到 2035 年港口建设完成后，鹿特丹港每月承运的集装箱可绕赤道半圈。第三，提高自动化水平。"玛斯平原垦地"二期项目的自动化设备将使整体效率提高 50%。操作人员可在办公室里远程控制起重机。自行卸载集装箱的自动化车辆在道路转发器的指引下运送集装箱，无须等待起重机。第四，加大环保力度，建设低碳港口。设备供电主要依靠可充电式铅酸电池。推广电动调度车辆、清洁型发电机。通过更高效

的铁路和内河船舶辅助运输集装箱,削减25%的卡车运输量(2030年前)。港务局还启动了碳捕获和储存项目,计划每年将120万吨CO_2转入废弃的海底油田中。新建设施竣工之后,鹿特丹港将成为全世界最先进的港口。

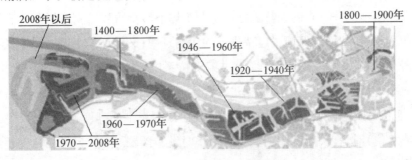

图3　鹿特丹港的扩张历程

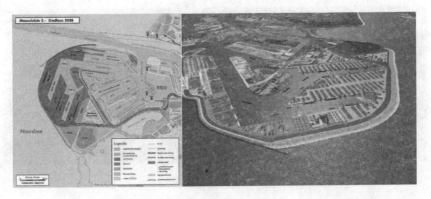

图4　鹿特丹港的"玛斯平原垦地"二期项目(Maasvlakte 2)

2. 鹿特丹港与莱茵河航运联动发展经验

第一,重视内河基础设施建设。主要表现在以下两点。一是建设高标准深水航道。自19世纪末以来,荷兰政府不断对航道进行整治和建设,并制订了2020年内河航运基础设施发展的目标。二是建设现代化港口,港口作业高度机械化、自动化。

第二,依靠先进技术确保航运通畅,保护内河基础设施。荷兰国土地势较低,有一半土地必须长期受到防洪保护。1953年发生特大洪水之后,荷兰政府开始在莱茵河、马斯河、斯凯尔德河三河交汇入海处兴建三角洲

(Delta)工程。该工程于1956年动工,1986年竣工并正式启用,共耗资120亿荷兰盾。三角洲工程使荷兰西南部地区摆脱了水患困扰,促进了该地区乃至荷兰全国的经济发展。马仕朗大坝是三角洲工程的一部分,是全世界最大的水坝之一。它的独特之处在于两个球形转轴可以分别水平和垂直移动两个闸门,从而既保证了鹿特丹港的运输畅通,又保证了当地居民不受洪水侵袭(见图5)。马仕朗大坝由决策支持系统(BOS)控制。BOS对水位、风向、风速和每秒水流量等数据进行全天候监控。系统通过数据分析对海面、鹿特丹及上游城市的水位做出预测,在预测海平面高度超过3米(最高警戒水位)时,在关闭闸门前至少3个小时发布预警。一旦风暴潮高度超过3米,BOS系统会启动关闭闸门程序。

图5 荷兰马仕朗大坝

第三,重视内河水运信息化建设。荷兰受欧盟委托,开发了三大信息系统。一是IVC90信息跟踪系统:掌握航行船舶信息,特别是对载有危险品船舶或有污染的船舶实施全程监控追踪。二是VOIR信息编辑系统:为船舶航行提供安全有力的航行信息,有效控制航运事故的发生或快速处理航运事故。三是IRAS航运信息综合特种分析系统:通过长期统计,对基础设施的大量原始数据进行分析,为政府建设或整治船闸、码头、航道的工作及时提供依据。

第四,建立多式联运体系。在荷兰,各大港口集装箱吞吐量中的40%是通过内河运送的。2003年7月,荷兰政府曾经做出决定,把集装箱公路运量中的20%转到内河运输。鹿特丹港约有30%的内陆集装箱是由内河船舶运输的。到2035年,鹿特丹港集装箱年处理量将达到3 500万标箱,比现在多三倍。内陆内河水运量将比目前高五倍,铁路集装箱运量将增至七倍。这意味着铁路与内河运输货量的总占比会从目前的40%逐渐增长到65%。

第五,发展临港产业。 发达的临港产业为荷兰的内河水运提供了必要的货源。众多跨国公司在鹿特丹落户,为整个欧洲甚至全世界生产工业品。鹿特丹市炼油、化工、造船等工业主要是依托鹿特丹港发展起来的,工厂主要分布于新水道沿岸,形成一条以石油化工、船舶修造、港口机械等工业为主的临海沿河工业带。Shell和Koch等5家公司在此设立了大型炼油厂,年原油加工能力8 500万吨以上,是全世界最大的炼油和石油化工中心之一。鹿特丹港还利用技术优势,大力发展造船业和水工产品制造业。鹿特丹地区许多农产品加工基地和食品公司的贸易、存储、加工以及运输等功能也都集中在港区,形成了欧洲最重要的农产品交易中心。此外,与航运服务相关的船舶分级、船舶监测、检查测试与保养、废物处理、船舶修理等业务也集中在港区及其周围。发达的临港工业也促进了金融、贸易、保险、信息、代理和咨询等服务业的发展。

三、德国汉堡港建设概况及在发展内河水运方面的经验

1. 汉堡港概况

汉堡港是德国第一大港,位于易北河、阿尔斯特河、比勒河三河交汇处(见图6),是欧洲南北和东西航线的交汇点和欧洲最重要的中转港,是德国、波罗的海地区、东欧和中国及远东地区各类货物运输的主要枢纽港和物流中心,其服务区域覆盖中欧、东欧、北欧和俄罗斯等地区。该港拥有300多条国际航线,可通往全世界1 100个大型港口,被称为德国通向世界的门户(见图7)。

汉堡具有完善和发达的内河运输网络,来自世界各国的海轮可从北海沿易北河航行抵达汉堡。易北河的主干道和支流都横贯汉堡市区。由阿尔斯特河、比勒河以及上百条河汊和小运河组成的河道网遍布市区。因此,汉堡港可称为"河海两用港",是欧洲河海、海陆联运的重要枢纽。

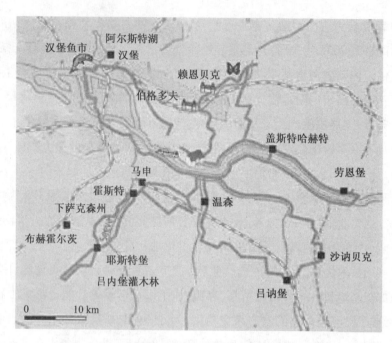

图6 汉堡与易北河等三条河流的位置

汉堡港每年处理的海上货物总量为1.2亿标准吨,包括800万个标准集装箱,集装箱运输是其增长的主要动力。汉堡港在2014年上半年完成了创纪录的7 260万吨(+6.6%)的总吞吐量,集装箱吞吐量达480万标准箱。在同一时期,欧洲北部各大港口总吞吐量平均增长了1.8%,集装箱吞吐量增长2.6%。汉堡港的业务增长明显高于北欧各大港口总吞吐量的平均增长幅度。

图7 汉堡港全貌

2. 汉堡港与易北河航运联动发展经验

汉堡港与易北河航运联动发展的经验可归纳为以下五点。

第一，建立内河水运有效监管体系。为了避免出现市场无序、过度竞争、盲目发展等消极现象，德国与欧盟建立了内河运输政策评价系统、内河运输市场监控体系和内河运输市场信息指数。借助这些技术手段和分析机制，政府部门能够掌握内河水运市场最新动态，了解内河水运政策的效果，及时调整或制定相关政策和措施，引导运力和运量、运输供求双方之间的协调发展。

第二，引进多元投资主体。进入20世纪80年代后，由于航道开发建设费用的不断提高，德国政府采取由业主公司综合开发、国家补助以及实施优惠政策的方式推进建设。具有代表性的事例是莱茵、美因、多瑙运河建设事业，该事业总投资42亿马克，开发公司在国家担保下向世界银行贷款总投资的58%，政府通过投资补助注入总投资的30%（无须偿还），另外12%依靠私人资本。

第三，建立多式联运体系。德国着力推行和普及多式联运，政府通过资金和土地等政策，支持货运中心发展。在功能设计上，货运中心至少与两种运输方式连接。内河水运成为多式联运的重要组成部分。多式联运的发展极大地提升了德国综合运输的水平，促进了德国现代物流发展。此外，德国政府还充分发挥铁路、公路、驳船多式联运能力，扩大了易北河等相关运河网络连接的驳船集装箱运输能力，有效地缓和了汉堡港集装箱码头的拥塞形势。

第四，大力采用先进技术。德国在主要内河航段和各大港口都建立了交通管理系统，船舶装有定位装置，船舶之间可以收发船速、方位等信息，港口也可及时得到信息，从而确保了交通顺畅和安全。所有航道和港口都装有雷达导航系统，以保证夜航和雾航安全。此外还建立了水运管理信息系统，提高了航道的通行能力和船舶的运输效率与效益。为了支持内河水运的优化运作，德国开发了面向内河水运公司和港口的驳船货运系统，实现了集装箱、大宗货物等各种货物信息在货主、港口、承运方以及其他合作伙伴之间及时准确的交流。此外，德国的先进技术还体现在现代化的船闸和桥梁系统上，这些系统确保了船舶通航顺畅（见图8）。

图8 先进的船闸和桥梁

第五、发展内河临港产业(图9)。汉堡是德国第二大工业基地和第二大金融中心。汉堡的临港产业区既包括传统的造船业、提炼业和外国原料精加工业，

图9 汉堡港口新城

也包括航空工业、电子工业、精密机械、光学仪器制造、机械制造和化工等新型高科技产业。汉堡港通过大力发展临港产业，为汉堡市提供了14万个就业机会。

四、南通内河水运发展的现状

南通拥有可通航河流294条，航道里程3 515.9千米，位居江苏省第二，航道网密度41.15千米/百平方千米，居江苏省第一。同时，江苏省干线航道网规划明确了南通"一纵一横"222千米的三级主干航道，通过升级改造，南通的内河航道可直航千吨级船舶和集装箱船，将为沿海开发提供便捷的集疏运通道。2013年12月，总投资超过40亿元的连申线南通段工程通航，借助这条水上高速，千吨级船舶及万吨级船队可从南通腹地直达上海。南通拥有枢纽船闸五座，2010年建成的全省最大的船闸工程焦港船闸成为连云港至上海的国家级干线航道南通段的重要出江口门，为河海衔接提供了结构完善、通航有序的水运枢纽网络。

"十五"以来，南通全面推进"船舶公司化"工程，通过整合、重组、合作等形式，将原来的270家水路运输经营业户调整为72家，促进水路运输企业向集约化、规模化方向发展。南通全市2 263艘船舶公司化率达到99%。全力实施船型标准化工程也是南通的一大举措。此外，南通还引导水运企业从以往单一的普货运输向集装箱、油品、危险品等多品种运输转移，不断调优水路运力结构。全市水运总运力达到64.48万吨，初步形成了结构合理、协调有序、与海运相匹配的内河水运运力储备。

但是，南通内河水运发展也存在明显的不足：一是资金投入仍然偏少，二是河江海运力衔接不够，三是疏港功能发挥不畅。

五、对南通发展内河水运的建议

参考荷兰和德国在发展内河水运方面的成功经验，本课题组就南通发展内河水运的具体措施提出以下建议。

1. 加大内河水运基础设施的建设力度

基础设施建设是发展内河水运的先决条件。对此课题组提出以下3点建议：一是加快连申线、通启、通扬线内河航道等级提升工程，切实改变南通内河过载能力小、航道窄、水位浅、航道环境复杂等瓶颈制约，充分释放内河水运资源的潜在价值。二是以建设中的通州湾海港为起点，打造具备高级航道的内河运输网络，强化南通出江入海的转运能力，为实现海、江、河优势互补与同频共振以及打造连接通州湾与南通主城区的经济大走廊打下基础。三是借鉴荷兰先进经验，根治内河碍航闸坝。通过上述措施，为中西部内陆地区货物的出海入陆提供新的重要集疏通道，使南通成为名副其实的综合交通枢纽。

2. 多元化筹集内河水运基础设施建设资金

兴建基础设施需要长期投入巨额资金，南通可以借鉴德国的多元化模式筹集建设资金。对内河大型码头可积极引入有实力的外资、民间资本参与投资，政府通过制定港口规划进行监督管理。对内河小型码头，政府可通过组建政策性投资公司负责港口社会性或公益性基础设施的建设。政府可将已建设形成的泊位区通过市场公开招标，租赁给国内外企业，收取租金以补充建港资金和管理费用。包括装卸设备、仓库堆场、办公楼及港内道路系统在内的经营性设施，可由租赁港区泊位的企业投资建设。工程建设主体由企业自行决定，但建设内容必须符合港口规划的要求并接受港口管理部门的监督。

3. 推进"智慧内河水运体系"建设

欧洲经验表明，新技术对于提高内河运输的竞争力、降低运营成本、降低排放等发挥了巨大的作用。南通应通过以下4点举措全力打造集数字化和智能化于一体的高等级航道。第一，要采用先进技术对内河水运设施进行现代化改造，提升自动化水平，提高运行效率。第二，在大数据背景下，以"数据即服务（DAAS）"的理念加强内河水运信息化建设，提高对内河水运的监控、预测和管理能力。第三，在推进水水中转、水铁联运等建设中，要配套做好IT系统的建设，推进智能交通管理，开发应用以企业为主体的专用物流信息系统，加快建设交通运输物流公共信息共享平台。第四，要加快沿河、沿江、沿海港口电子数据交换系统与企业专用物流信息系统的有机对接，扩大物流公共信息互联互通范围，提升联运体系的运输能力。

4. 发展内河临港产业保证内河水运货源

发展内河临港产业，促进临港工业、临港物流业、水上休闲旅游和临港商业与贸业的协调发展。主要采取以下3点措施。第一，要明确目标定位，按照"大项目—产业链—产业群"的发展思路，推动内河临港产业发展，实现内河港口、产业与沿河区域的联动发展。第二，坚持"特色化、集约化、生态化、集群化"四大原则，发展特色产业，提高产业发展层次，将内河沿岸重点区域建设成为汇集现代物流业、先进制造业和旅游业等的综合产业体。临港工业要重点发展装备制造、新型建材、新能源等产业，同时配套仓储、金融、商贸、文教、休闲娱乐、医疗、房地产等生产或生活服务业，形成特色鲜明、结构优化、资源集约、协调发展的产业布局体系。第三，内河沿线可规划若干个涵盖技术研发、加工制造、商贸物流、企业孵化器、金融等多种功能的内河临港产业园区。入驻企业可获得银行结算、网络信息、物流配送等方面的一站式服务。内河临港产业园区可成为沿河区域经济的增长极和区域内创新活动的中心，发挥对区域经济发展的辐射和带动作用。

5. 重视内河沿线生态文明建设

在发展内河临港产业的同时，必须重视内河沿线的生态文明建设。可借鉴荷兰鹿特丹港扩建工程的经验，采取以下5点措施。第一，在制定规划的过程中重视环境保护，充分考虑资源环境的承载能力，在规划中加入依靠高科技促进节能低碳的政策，合理确定产业发展规模和排污限度，严格控制开发范围和开发强度。第二，在沿河港口码头配备船舶垃圾接收船、固态垃圾运输车，完善污油水和生活垃圾处置设备的配置。第三，通过制定优惠政策和给予经济补助的方式，推进LNG动力船舶和燃气动力船舶的普及，逐步淘汰燃油船舶等。第四，充分体现宜居和生态至上的理念，强化内河水资源保护和合理利用，加大重点生态功能区保护力度。第五，明确内河水资源开发利用红线、用水效率红线。加强内河水资源的统一调度，保障生活、生产和生态用水安全。

6. 提高内河集装箱运输在多式联运中的地位

内河集装箱运输具有明显的经济、环保、节能优势，更符合低碳绿色交通发展的需要。南通应大力发展内河集装箱运输,打造多式联运体系。具体建议如下:第一,突出政府的扶持政策在促进内河集装箱运输发展中的作用。欧洲经验表明,正是由于政府的积极作用,才促使德国和荷兰都成为世界多式联运最为发达的国家之一。第二,应以建成区域性综合交通枢纽为目标,按照"零距离换乘、无缝化衔接"要求,利用南通江海河联运的天然地理优势,加强内河水运与沿江、沿海港口以及铁路、公路、航空等枢纽有机衔接。加快形成公路、铁路、内河水运、航空、管道多式联运大通道,有效解决"最后一千米"的问题。第三,借鉴德国经验,在内河沿岸打造若干综合性货运中心,促进综合立体交通转型升级,助力江海联动开发和长江经济带北翼"桥头堡"建设。

7. 组建内河港航开发控股公司

为了提高开发效率,避免无序竞争。课题组建议引入市场运作模式,组建内河港航开发控股公司(以下称"控股公司"),统筹管理内河港口建设、内河水运、内河沿岸的开发工作。政府给予控股公司各项优惠政策和特殊开发权。有了内河岸线的特殊开发权,控股公司就具备了与公路、铁路、航道、内陆物流园、周边地区港口等设施开发者协调和对话的权利,以达到通过共同合作促进资源高效配置,实现协调发展的目的。控股公司按照政府制定的规划进行开发建设并明确建设时限。控股公司可以采用集团化的运作模式,以资本为纽带,通过区域性的投资、兼并、重组等方式对内河沿岸资源进行合理有效的整合,推进内河沿线合理有序的开发。在保证控股的情况下,控股公司还可通过招商引资和上市等方式募集发展资金,提高自身管理水平和运营效率。此外,控股公司未来可与负责沿海沿江港口建设及开发的国企进行进一步整合,推动海、江、河联动发展。

南通大学江苏沿海沿江发展研究院　冯　俊

南通大学江苏沿海沿江发展研究院　周威平

南通大学江苏沿海沿江发展研究院　杨凤华

南通市沿海地区发展办公室规划处　杨晓峰

以"三集中"推动
南通市新型城镇化研究

> **摘 要** 南通人多地少、资源约束突出的特点决定了其应该高度注重发展的集约化、集聚化,要素空间布局的区域分散化也是南通实现新型城镇化的关键性障碍。因此,"三集中"工程(乡镇企业向园区集中、农民向集中居住区集中、土地向规模经营集中)对于南通发展具有内在的必要性和客观的必然性。通过制定系统性方案深入推进"三集中",不仅能够为南通发展腾挪出大量的新发展空间,促进农村人口和乡镇企业的集聚和升级,而且能够形成新型工业化、新型城镇化、农业现代化的良性互动局面。实施"三集中"工程难度大、投入多、创新性强,必须遵循全局性、集聚性、市场性以及可持续性原则。

一、引言与概况

推进新型城镇化,是中央和江苏省确定的重大发展战略,也是南通建设长三角北翼经济中心和陆海统筹发展综合配套改革试验区的一个重要内容。由于传统城镇化道路"见物不见人",导致人口城镇化尤其是户籍人口城镇化严重滞后,因此新型城镇化强调以人为本。

以人为本的城镇化意味着城镇化过程必须以人的发展为根本,不仅要使居民从农村向城市集中,也要使他们能够享受城市文明、城市公共服务和保障,并在城镇更好的教育和文化环境作用下提升素质和文化水平,实现人口素质的全面转变。由于南通户籍居民中仍然有70%左右的农村户籍人口①,因此南通新型城镇化的首要任务是辖区内农村户籍居民的城镇化和市民化。本文探讨南通户籍农民工的市民化问题。

二、南通的人口分布分散化问题及其影响

(一)南通城镇化过程中的人口布局分散化问题

南通存在着城市人口、农民、农民工三类人群分布的分散化问题。具体如下:

第一,城市人口分散化。一方面是中心城市和中心城镇的人口集聚能力不强,人口分布呈现分散态势。从中心市区来看,2013年南通市区人口数量212.32万,占南通总人口比重27.70%,市区人口比重在全江苏省13个地级市中仅排在第12位,与全省第4的经济总量排名显著不符;其次是各个县(市)人口聚集能力不强,南通市所辖5个县(市)的城市化水平均低于南通市整体水平(2013年,海安52%,如皋52.21%,如东51.24%,启东52.34%,海门54.27%),在江苏省县级市中均处中等偏后水平;从建制镇来看,除去县(市)城关镇外,南通所辖5个县(市)的70个建制镇中非农业人口超过5万的只有4个镇,占5.7%;1~3万有18个,占25.7%;1万以下的36个,占51.4%。也就是说,大多数城镇非农人口规模达不到城市集聚效益的最低人口规模(5万)。另外一方面也可以从户籍人口来看,南通户籍人口城镇化率偏低。根据2010年第六次人口普查结果,南通户籍居民持有农村户籍的人口高达72%左右,户籍人口城镇化率仅为28%,这表明绝大多数南通户籍人口仍然是农民属性。这个数据也远低于江苏省平均户籍人口城镇化水平。

第二,农民分散化,更为准确的说法是农村居民点分散化。南通农村的一个重要特点是农村居民点严重分散化。由于历史上南通农村居民点长期

---

① 根据2010年第六次人口普查结果,南通户籍人口中,持有城镇户籍的人口约为28%,远低于常住人口城镇化水平。

处于自然发展中,缺乏基本的集中规划,使得南通农村住宅分布多数沿着道路、河流呈"一"字式、"非"字式或"满天星"式展开,相间分布于农田中,很多村庄只有行政村概念没有自然村(自然集聚)概念。除了住宅过度分散外,一户多宅、批少建多的现象极为普遍,且每户占地平均 0.6～0.7 亩,有的甚至超过 1 亩,远远超过了江苏省规定的人均 100 平方米(0.15 亩)、户均 220 平方米(0.33 亩)。极其分散化的农村居民点以及大幅超标的住宅用地造成了大量的土地占用和公共设施浪费。2005 年南通农村居民点建设占地 112 521.8 公顷(1 687 827 亩),占全南通城乡建设用地的 75.6%。这个数据远远大于江苏省 2005 年平均 57% 的水平以及全国平均 49% 的水平。农村居民点分散化不仅本身过度占用了建设用地和耕地,而且导致农村道路、供水、供电、通讯、公交等公共服务成本极高、占地极大,而且由于很多农村劳动力在城市务工,这些农村住宅大量闲置和沉淀,造成土地和财产的大量浪费。国内外经验表明,聚集和集中是农业现代化、农民现代化、农村现代化的必由之路。

第三,农民工的分散化。南通农民工大量零散地分布于乡村(中心城市农民工比例不大)。南通农民工的分散化主要来自于乡镇企业的分散化,"离土不离乡,进厂不进城"反映了南通农民职业转换与空间转换相分离的状态。作为乡镇企业大市,在早期的发展中,南通并没有把乡镇企业发展和小城镇建设有机结合起来,造成乡镇企业村村点火、处处开花、随意布点、无序建设,严重削弱了产业集中对小城镇积聚企业人气的功能。至 2013 年底,南通私营企业累计达 22.1 万家、总产值 778.1 亿元,两项指标均高居江苏省第二,这些私营企业有 40% 左右分布于乡镇之中①。数量多、分布零散、规模较小是南通乡镇企业的特征。以钢丝绳产业为例,南通钢丝绳产业产值占全国 1/2,但是企业数量占了全国的 2/3,大多数分布于乡镇农村。乡镇企业的分散化使得农民工不能向城镇集聚,直接影响了南通城市空间

---

① 由于近年乡镇企业数量缺少统计资料。从 2005 年当年的情况来看,南通乡镇企业数量 13.89 万户,占全部个体与私营企业总量(31.5 万家)的 44%。

扩展。

(二) 人口布局分散化的影响

首先,过度分散化的要素空间格局降低了南通市土地利用效率。南通是江苏人口最为密集的地区之一,人均建设用地、人均耕地都低于全国平均水平。一方面,南通人多地少、建设土地不足的矛盾突出,然而,另外一方面南通土地浪费的现象也比较突出,这种土地浪费主要体现在乡镇和农村。2013年南通市每平方千米土地产值为0.63亿元,土地产出效率处于江苏中等偏后水平,然而南通市区的经济密度1.25亿元/平方千米,名列全江苏13个地级市的市区第6位,崇川区更是高达5.19亿元/平方千米,不逊于苏南各市的中心市区。但是由于小城镇建设低水平扩张,低层级产业园区过多,农村居民点布局散乱、人均用地超标,土地节约和集约利用水平不高,从而从整体上拉低了南通土地效率水平。因此,南通新型城镇化的文章必须从乡镇开始做起。

其次,分散化的要素格局严重阻碍了南通的新型城镇化和现代化进程。从空间角度来看,城镇化是伴随着工业化进程的要素集中配置过程,具体表现为人口和其他生产要素向城市集中以及社会经济生活由乡村分散型向城市社区集中型过渡。当农民从以个体劳动为基本生产方式,以封闭、分散的传统村落聚居方式,转化为机械化大生产下的城市聚居方式时,这种劳动力、资本及多种经济要素在空间地域上的高度集中和组合,所产生产的聚集效益和规模效益都是空前巨大的,因此城镇化被认为是推动现代化的最核心的力量。正是由于要素集聚与集中对国民经济的发展和社会现代化所产生的难以估量的推动作用,因此,加快城市化成为我国政府努力追求的政策目标。而分散化的要素格局势必阻碍这种要素集中所产生的巨大发展推力。

第三,分散化的要素空间格局与工业化后期转型升级的要求不符。分散化的要素空间格局是阻碍产业规模化、高度化的重要障碍。根据弗里德曼空间结构演化理论,工业化阶段中后期是中心—外围体系形成阶段,是大量经济社会要素向区域经济中心集聚阶段,要素的集聚化构成了工业化后期现代大工业集聚化生产进而经济整体升级的必要条件。过度分散化并且远离城市的生产服务和生活服务，这使得南通的乡镇企业难以产生集聚升级效应，难以形成产业价值链来提升工艺和质量。

第四，分散化的空间结构格局不利于南通人口现代化。城市化的最重要作用就是大幅提高人口素质和人力资源水平，而这种提升很大程度上是在潜移默化中完成的。人口分布的过度分散化使得城市文明很难照顾到这些人，从而阻碍了南通整体人力资本水平的提升。

南通正处于经济转型升级和实现基本现代化的关键时期，也是资源环境约束加剧、社会矛盾凸显的困难叠加期，面对新形势、新调整，必须深刻认识分散化的产业和要素空间格局造成的经济转型缓慢、资源环境恶化、社会矛盾增多等问题，以新型城镇化建设为契机，以制度体制改革为手段，以更大的改革勇气、智慧和魄力来实现南通城镇化发展的历史性转折。

三、以"三集中"推进南通的新型城镇化

一直以来南通农村都处于小农经济分散化布局的状态。改革开放以来南通的工业化高速推进，但是这并没有同步推进农村人口向城镇集聚，除了户籍制度的阻碍，很重要原因在于南通工业化一定程度上是在农村进行，这样一种分散化的工业化态势大大减弱了南通人口从镇到县再到中心城市的逐级提升和精炼的现代化过程，从而导致了南通城镇人口集聚度不够、土地效率不高、城镇功能不健全、环境污染诸多问题，而这些问题也是新型城镇化需要解决的核心问题。

2005年江苏省城乡建设工作会议提出，"农民集中居住"是江苏村庄建设的"重要导向"，要"积极稳妥推进农村三集中"，并在江苏村镇布局规划中提出，每个行政村原则上规划建设两个集中居住点。2010年苏州市指出，"三集中"（工业向园区集中，农民向小区集中，土地向种田能手集中）是苏州实现城乡一体化和经济转型升级最重要的措施和主要经验，通过"三集中"，成功化解了苏州市"三化"（新型工业化、新型城镇化和农业现代化）中的基本难题，是"三化"得以顺利推进的基础和关键。截至2010年年底，苏

州已经有82%的农村工业企业进入了镇工业园区,35%的农户进入了新建的集中居住区,61.3%的土地实现了规模经营。

特别值得注意的是,由于近年来一些地方政府在操作"三集中"的过程中仅从政绩角度出发,操之过急过快,造成了严重的经济社会问题,也引发了各方的严重批评。但是,不能由此简单地认为"三集中"工程应该被批判或者停止。判断一个地区人口和土地的集中速度是否合适,不应该以主观感受为标准,而应该以是否与经济发展水平相适应、是否与人口发展规律相适应、是否符合大部分农民意愿为标准,过快或者过慢的集中都不利于经济社会发展转型。南通的人口集中和土地集中水平严重滞后于经济发展与工业化水平,"三集中"对南通发展有着内在的必要性和客观的必然性。

通过乡镇企业向园区集中、农民向集中居住区集中、土地向规模经营集中的"三集中"工程,不仅能够实现人口的生活集中、产业的地理集中、资本的效能集中、资源的配置集中、土地的利用集中,也能够大幅度提高农村建设用地和宅基地的利用效率,提升农业规模化和集约化水平,提升人力资源水平,还能够推动工业企业的规模化集聚和转型升级,从而极大推动新型城镇化、新型工业化和农业现代化的良性互动。"三集中"是从粗放工业化与城镇化走向新型工业化和城镇化的必备之路,对南通当前阶段的转型升级和现代化实现意义重大。具体分析如下:

企业向园区集中。南通工业化过程中的一个很大问题和教训在于,工业布局过于分散(尤其是乡镇企业),缺乏聚集效益和规模化效益。工业企业地理上的集中是现代产业集群的基本条件,企业集中化能够推动人口集约、产业集约、土地集约、资金集约、信息集约与技术集约,这既是城镇化的基本要求,也是产业转型升级的基本要求。原因是:① 通过企业集中化对发展资源的深度融合,实现优势互补,资源共享,拥有更高的发展平台,激发出强劲的竞争活力与创新动力。② 通过形成集群化、规模化、价值链化来节约信息成本、技术成本和交易成本,能够实现产业超常规、高水平、跨越式的发展,为乡镇产业转型升级提供条件。③ 可以最大限度地提高公共服务水平,节约公共服务成本。工业园区能够提供具有较为完善的公共设施,交通、通讯、商业金融、服务业及教育、文化娱乐、卫生和社会保障事业,能够形成较高的聚合效应,降低产业发展成本,增加盈利,为产业结构调整提供更好的条件,营造产业发展良好的环境和工作平台,加快产业集聚升级。④ 乡镇企业集中能够推动南通农村人口的集中化,从而提升人力资源水平,为产业转型升级和基本现代化提供要素支撑。⑤ 乡镇企业集中化是壮大乡镇产业规模、提升产业竞争力的有效途径。加快产业集中,培育产业集群是区域经济发展战略的重要组成部分,也是提升区域经济综合竞争力、推进工业化向高级阶段发展的必经途径。要从全局和战略的高度,把加快产业集中、培育乡镇产业集群作为南通市走新型工业化道路的现实选择。

农民向集中居住区集中。农民集中居住是南通新型城镇化建设的一个重要课题,也是一项事关农业现代化、农村城镇化建设的重要战略任务。过度分散的农村居民点布局,不仅影响了农村基础设施的集中布局和建设,也阻碍了工业化过程中人口从镇到中心城市的逐级集中过程,导致南通土地浪费和人力资源提升速度缓慢。农民集中居住能够极大推动南通新型城镇化,原因是:① 集中居住有助于提升农村基本服务水平。在过度分散化居住的情况下,煤气、自来水、公共汽车、电话、医院、垃圾处理等公共服务成本极高。集中居住能发挥规模效应,大幅提高农村公共服务水平;② 集中居住能够大幅度提升南通农村人力资源水平。700多万南通人口中,有500多万农村户籍人口,要实现南通的现代化,农村人口的现代化是最大的困难和最主要的目标。集中居住有助于进行教育和职业培训,有助于进行社区化管理,从而提升人口素质。③ 集中居住有助于提升土地利用效率。南通土地浪费主要体现在农村建设用地的浪费。通过向乡镇集中居住区集中能够大幅度地节约建设用地(根据经验,集中化居住能节约农村建设土地使用40%~70%以上),这些土地能够直接用于工业建设。④ 集中居住有助于农业的规模化经营。南通农村住宅大多零散地分布于农田之中,非常不利于土地的连片化、规模化和机械化经营。通过农民集中居住可以使得农田连片,从而有助于推进农业规模经营。⑤ 集中居住有助于提升南通农民财产性收入。根据2010年南通劳动与社会保障局对南通农村的调查,南通农村相当数量的农民已经实现了城镇置业,甚至居家外迁,两头占地、占房现象相当普遍。大量的农村房屋财产被闲置浪费。

土地向规模经营集中。农业的规模化、机械化是农业现代化的必备条件,发达国家的农业户均经营面积在 30~300 公顷之间。南通人口稠密,人均耕地仅 0.89 亩,户均耕地不足 2 亩。在这种土地规模下,不仅难以发展现代农业,也很难提升农民收入。事实上,由于近年来务农收入对南通农村人口的生存意义大幅度下降(不足 15%),导致一些农村土地长期疏于管理,农产品的商品率和土地效率提升缓慢,耕地不能发挥应有效用。土地向规模经营集中是农业现代化的基本要求,原因是:① 规模经营是农业产业化的基本要求。从农业产业化的要求来看,只有实行规模经营,才能降低成本,增加利润,提高经济效益。② 规模经营是农业专业化的基本要求。只有实行规模经营,各个地区的农业生产才能统一规划,才能纳入现代产业链,才能实现更加专业化地生产。③ 规模经营是农业机械化的基本要求。只有实行规模经营,才能扩大地块面积,统一使用大型农业机械进行耕作、收割、脱粒、烘干、防治病虫害、兴修水利道路等农业基础设施。

三个集中之间相互促进、相互影响。农村工业企业向园区集中是动力,没有乡镇产业向园区集中,农民的集中居住以及土地规模化经营就缺乏足够的拉动力;农民向集中居住区集中是平台和载体,没有农民的集中居住,产业集中和土地规模经营也不能得到良好的保障;土地向规模经营集中是重要基础,没有土地的规模经营,小农经济的格局难以真正被打破。因此,"三集中"必须协同推进、融合发展。通过将土地集中、人口集中、产业集中三方面统筹起来通盘考虑,通过制定系统的方案来整体推进,最终形成南通农村的新型工业化、新型城镇化以及农业现代化的良性互动局面。

四、南通实施"三集中"的难点和阻力

2005 年以后,南通部分乡镇在产业集中、农民集中和土地经营集中方面进行了一些试点,也取得了一些成绩和经验。尤其是在农业规模化经营方面,一些乡镇以特色农业板块为抓手,以高效设施农业为重点,农业规模

化水平不断提升。然而,从南通农村的总体情况来看,由于缺乏重视和整体规划,并且推进力度较小,因此成效并不显著。"三集中"分别面临一定的困难和阻力。

从乡镇企业集中区来看,大多数乡镇企业集中区并没有以工业园区的方式实现集中。一些乡镇虽然象征性地建立了工业园区,但并没有进行实质性的投入,这导致很多园区基础设施条件较差,另外也缺乏政策激励推动企业进入工业园区,有些工业园区只有三五家企业。企业和乡镇政府积极性不足的原因包括:一是乡镇企业集中区建设需要拆迁和基础设施建设的资金投入,这将增加乡镇财政支出。二是村镇之间的利益冲突。企业集中可能使得村集体失去土地、房屋等租赁收益,失去原来的利润分成,失去增长的政绩等,因此一些企业所在地政府不愿意让本地企业转移。三是对于企业主来说,将工厂放在乡村可以比较容易逃避一些税费,或者减免部分税费,在排污等环境危害方面得到相对较为宽松的监管等,因此企业缺乏转移的内在激励。

农民向集中居住区集中并不是要农民放弃农村户籍和相关收益,但是,南通除了个别富裕的乡镇和一些划归城市的乡镇外,大多数乡镇在这方面并没有实质性推动。一些富裕乡镇虽然集中了,但是仍然是采用独立式住宅建设,成本高,效果差,并不具有普遍示范效果。因此,南通农村集中居住区很大程度上仅仅停留在概念上。普遍的困难在于:一是多头管理,农村集中居住区建设涉及农办、各级政府、国土局、农业局等部门,形成多头管理,关系难以协调。二是难以协调农民的多种利益诉求。尽管南通农村住宅利用率极低,但是这些住宅普遍是独栋小楼并且装修投资相对较大,农民不愿意放弃投入了大量资金的住宅和宅基地。三是各级政府缺乏专项的财政资金来建设集中居住区并对农民的原有住宅进行补偿。

土地向规模经营集中的关键是土地使用权流转。在土地经营权流转方面南通进行了较大力度的推进,但是从土地使用权流转面积占比来看,其与南通经济发展水平还是不相适应,低于江苏省平均水平。另外,土地流转的面积绝大部分在5亩以下,构不成一定规模,属于低水平流转,委托租赁、委托经营和入股等市场化规模化方式流转的面积还较少。这背后的原因,一是土地承包期内的土地流转受到承包合同的限制。二是多头管理,农地流转一方面由党委下属部门农办负责发包,另一方面由政府农业局主管调田,诸多烦琐的手续阻碍了流转。三是涉及的土地调整问题难以解决,由于土地调整"必须有三分之二以上的村民参加的村民会议通过",但是在大多数村民外出打工的情况下,很难凑齐足够的人数。四是土地形成规模后,其经营效果不如想象的那么理想,使得大多数农民持观望态度。此外,还存在农民传统观念中对土地过分依赖等方面的原因。

五、南通实施"三集中"的基本原则

新型城镇化就是要优化城乡布局,让工业要素向城市集聚,让农业要素向农村集聚,让农村更像农村,城市更像城市,这样才能望得见山、看得见水、记得住乡愁。南通是人口大市和经济大市,构建科学合理的新型城镇化布局,必须走区域协同、全域协调的新型城镇化道路

相对于近年来东南沿海其他城市推进农村产业和农民集中进程过快、过急的现象,南通农村的工业集中和农民集中则表现出滞后的特征,而这种滞后已经严重阻碍了南通经济社会的现代化进程。对于乡镇"三集中"的重要性,需要放在南通经济社会全面转型以及实现现代化的大格局中来理解和把握。"三集中"不仅能够为南通发展腾挪出新的发展空间,而且能够解决南通经济转型升级和基本现代化中的"木桶短板"(乡镇企业转型升级和农村现代化无疑是南通现代化进程中的"短木板")。

乡镇企业向园区集中是"三集中"工程的重点。乡镇工业集中区规划建设要尽量依托原有的园区、工业用地,降低整合成本,做到物尽其用。对已建规模偏小、基础设施不配套、布局不合理的乡镇园区进行整合,尽量形成块状连片开发。企业原来的各个村镇的利益可以通过股份制或者"飞地"经济的形式来进行税收分成和收益分成。农民向集中居住区集中是"三集中"工程的难点所在。农民到集中居住区居住的根本目标是改善和提高农村居民生活水平,提高人口素质。农民集中居住区建设要以改善人居环境为重

点,以鼓励引导农民进城入镇居住为突破口,努力实现工业化、城镇化互动并进,全力开创以工促农、以城带乡、城乡互动、和谐发展的农村现代化建设事业的新局面。

"三集中"无论从哪一方面来看,都是创新性强、难度大、投入多、利益协调难,需要各级政府密切配合,大胆创新。既要实事求是、因地制宜,又要坚持全局性、集聚性、资源型、市场性与可持续性的原则。

(1)全局性原则。首先要有整体的规划,规划要做到"五个结合",即与土地利用总体规划相结合,与小城镇建设总体规划和交通建设规划相结合,与环境保护规划相结合,与开发本地资源和产品优势相结合,与工业结构调整和远景发展规划相结合。其次,在城乡总体发展战略规划的框架下,按照有利于发挥区位、资源和原有工业基础优势的要求,强化经济区域概念,淡化行政区域概念,鼓励编制统一规划,尽量以产业而不是乡镇为单位,可以考虑由多个乡镇联合建办园区,形成规模优势。要在南通市形成整体的、有特色的工业载体网络。

(2)集约性原则。一是产业集中要打破区域界限,重点向中心镇、企业密集区、特色产业带等优势区位集聚,原则上一镇一区,也可乡镇由多个联办,突出主导产业规模的壮大。二是农民集中要按照城乡一体化和"能城不镇、能镇不村"的总体发展要求,积极引导和鼓励农民由村庄向城镇转移、由自然村向集中居住区集聚,逐步达到镇区城市化、农村社区化。合理确定农村集中居住区的布局和规模,全面推进土地集约利用,切实改进农村建房模式,全面推行联建式建房,严格控制独立式住宅建设,全面禁止零散建设。三是土地承包经营权流转要与农业区域布局、农业基地建设、土地整体开发结合起来,与培育土地规模经营主体结合起来,实现土地集中连片经营和生产要素优化配置。

(3)依法、自愿、有偿的原则。"三集中"必须要尊重各类主体的意愿,在法律的框架下,主要通过市场手段而非行政手段来推进。首先,对于乡镇企业向园区集中,可以对由村镇迁入园区的企业予以融资、税收、贷款贴息方面的扶持力度,并优先享受省级扶持集聚发展基金。其次,市级财政每年安排一定的工业向集中区集中的专项资金,用于奖励、补贴早搬快迁的企业。市(县)、区、镇也要安排专项经费,用于工业搬迁补贴。新增企业必须入园。其次对仍然分散在农村的企业则严格执行环保、土地等政策,逐步收缩其分布区域。对于农民集中居住,必须在工业反哺农业、城市支持农村的基础上,降低农民集中居住的成本,从政策和法制上保证农民的利益不受伤害,采取多种手段激励已经实现职业转换农民的积极性,使本地农民工自觉自愿向非农转移、向城镇集中。第三,对于推进农村土地承包经营权流转,必须严格按照法律法规进行,不得改变土地所有权的性质和土地的农业用途,不得侵占农民利益。既要充分尊重农民的意愿,不得强迫或阻碍农民流转土地承包经营权,又要充分尊重市场规律,切实保障农民的经济利益。

(4)市场性原则。一方面要依据市场性原则来筹集资金,另一方面也要依据市场性原则来推进企业和农民集中。要充分发挥市场对资源的配置作用,建立政府、企业、农民、投资者的收益平衡机制,合理分配和使用腾挪出来的农村建设用地,充分调动各方面的积极性,切实为农民进城入镇和农民集中居住营造最优的环境。尤其是在解决农民集中居住的问题上,对于财政较为困难的乡镇,要允许农民集资在乡镇规定的区域或者集中居住点建设多层楼房,并加大对其合法产权的保障①。

(5)可持续发展原则。要合理开发城镇土地和空间资源,尽可能利用山坡荒地和存量土地,提高单位土地投资密度;高度重视环境效益,保护生态环境;做到一次规划,分期实施,分步到位,并为中、长期发展留有充分的余地。

六、小 结

在南通发展过程中,产生了分散化的要素空间结构,农居散落于田间,工业散布于乡镇中,大量产业工人"离土不离乡,进厂不进城"。这种分散化

---

① 各地实践表明,村民集资、政府补贴的方式建房能够极大地推动村民集中。徐州市近年的农村城镇化建设基本采用这种方式,并且取得了很好的成效。

的要素空间结构,使得南通城镇人口集中度不高,建设用地使用效率低下,城市功能难以健全,产业转型升级受阻。新型城镇化是南通市发展的重大战略,新型城镇化的重要目标就是"让城市更像城市,让农村更像农村",让原本属于工业的要素更加集聚在城镇,而让农业要素更加集中于农村。

通过企业向工业园区集中、农民向集中居住区集中、土地向规模经营集中这样的"三集中"工程,实现产业的地域集中、资本的效能集中、资源的配置集中、土地的利用集中,使中心村和中心镇提档升级,从而形成强大的空间吸引域。一是能够均衡南通城镇发展布局,促进大中小城市和小城镇协调发展,形成大中小城市和小城镇合理有序的发展格局,实现城镇化的可持续发展。二要能够大幅提升资源配置效率,形成大中小城市和小城镇合理分工、特色突出、功能互补的产业发展格局。通过特色化发展推动中小城市和小城镇的自身造血功能,改善投资环境,强化服务体系建设。三要促进产城融合,推动产业支撑城镇化发展。推动乡镇企业集聚化发展和转型升级,通过政策引领,夯实优势产业、转移传统产业、重构新兴产业,壮大镇域实体经济,支撑全市城镇化的逐级提升和可持续发展。四是突出新型城镇化的"以人为本"原则,促进全方位的"人的城镇化",更好地保障本地农民工的市民待遇和社会福利,使得全体南通人能够共享城市文明和社会发展的成果。

南通大学江苏沿海沿江发展研究院　陈长江

(本研究报告为江苏省2013年社会科学基金项目13XZB016《以农民工市民化推动南通中心城市人口集聚研究》研究成果)

营业税改征增值税对南通地区服务业影响及对策研究

> **摘　要**　"营改增"有利于消除重复征税对服务经济发展的制约,使市场细分和分工协作不受税制影响;有利于在一定程度上完整和延伸二、三产业增值税抵扣链条,促进二、三产业融合发展;有利于服务业的出口。"营改增"对南通税收收入、财政收支分配制度、南通服务业总体和服务业的内部结构会产生深远的影响。南通要借"营改增"试点的契机,推动南通服务业与制造业企业分离以发展生产性服务业专业化的进程、培育和引进一批具有较强竞争力的知名服务业企业、积极打造长三角北翼服务外包首位城市。

2011年,经国务院批准,财政部、国家税务总局联合下发营业税改征增值税试点方案。从2012年1月1日起,在上海交通运输业和部分现代服务业开展营业税改征增值税试点。至此,货物劳务税收制度的改革拉开序幕。自2012年8月1日起至当年年底,国务院将扩大"营改增"试点至10省市。截至2013年8月1日,"营改增"范围已推广到全国试行。2014年1月1日起,铁路运输和邮政服务业纳入营业税改征增值税试点,至此交通运输业已全部纳入"营改增"范围。自2014年6月1日起,将电信业纳入营业税改征增值税试点范围。那么在"营改增"试点的交通运输业、部分服务业,其内部分布受到什么影响,这些试点行业在南通经济中的发展程度各不相同,政府如何因势利导以促进生产性服务业、现代服务业和新兴服务业,是南通当前需要深入研究、加快突破创新的问题。

一、营业税改征增值税对服务业影响理论分析

（一）营业税改增值税降低服务业企业税收负担

增值税与营业税的最大区别是,增值税的税收负担不仅与纳税人的收入水平有关,还与纳税人成本中可以获得抵扣的项目有关。由于服务业种类多,各种行业的相关成本中可以抵扣的项目所占收入的比重不同,直接影响着服务性企业改征增值税后将承担的税负。以交通业为例,交通运输企业主要成本来自外购货物、新增固定资产以及外购劳务,无论在生产型增值税下还是在消费型增值税下,按照增值税17%或13%的税率计算,改征以后的税负有所增加。如果按3%的征收率对其收入全额进行征税,企业的税负也比原来的营业税税负增加了。为了不加重运输企业的税负,对策之一是对其实行比13%更优惠的增值税税率,所以营改增以后交通运输业的税率设定为11%,但这样又会形成多档税率的局面,也会造成增值税的抵扣链条不完善,从而导致企业税负不公。对策之二是对增值税先征后返,即先按现行的税率对运输企业征收增值税,再在一定时间内对其给予一定程度的税收返还,以减轻其税负。但是税收的先征后返会占用企业的货币资金,影响企业的发展,加重税收财政部门的管理负担,提高征收成本。

（二）营业税改增值税促进二、三产业融合发展

南通现有的生活性服务业占比较高,2010年底批发零售和住宿餐饮传统服务业在服务业增加值中占比达30.9%,与2005年持平,现代物流、金融服务、商务服务、科技服务等生产性服务业占比33%,具有高集聚度、高附加值、高成长性的文化创意、服务外包等新兴服务业尚处于起步阶段,此外,服务业与现代制造业的融合度不高。本次"营改增"促进二、三产业融合发展,促进各类投资和生产要素向现代服务业加速聚集。

（三）营业税改增值税促进企业实现主辅业分离

"营改增"对物流等现代服务业的大规模减税,客观上对于传统国企改变当前大而全、小而全的经营模式是个很好的契机。实施"营改增",是推进

制造业升级、解决服务业发展滞后问题的重要措施。通过打通二、三产业增值税抵扣链条,不仅能够促进工业领域专业化分工,做大做强研发和营销,使企业结构真正从"橄榄形"转变为"哑铃形",产业层次从低端走向中高端,而且会促进一些研发、设计、营销等内部服务环节从主业剥离出来,成为效率更高的创新主体,实现主业更聚焦、辅业更专业。"营改增"促进企业实现主辅业分离,上市公司和国有企业的生产性服务业务转为向外部发包,部分生产性服务业逐步从制造业中分离出来,使得企业的主业轻装上阵,而生产性服务业也得以做优做强。

(四)营业税改增值税重新划分增值税纳税人标准提升纳税效率

从征纳双方的效率来看,目前增值税的运行中存在小规模纳税人规模大、征管不到位等问题,交通运输业改征增值税后,大部分交通运输企业仍只能实行简便征收,难以实行真正意义上的增值税。为了真正实现税制改革,必须合理制定一般纳税人和小规模纳税人的划分标准,扩大一般纳税人范围,提高一般纳税人的比重,以保证增值税的抵扣链条广泛延伸,内在机制有效运行,而在目前,重新制定纳税人划分的标准,需要时间进行大量的测试检验;把企业会计制度的健全作为纳税人划分的主要标准,会增加企业的管理成本;把更多的企业纳入一般纳税人管理,会增加税务机关的征收管理成本,对金税工程的要求更高。在这些措施仍未实施的情况下,对交通运输业改征增值税并不能很好地达到改革的目的。

二、南通市"营改增"试点前后服务业现状分析

近年来,南通市服务业总量不断上升(见图1),2005年南通市服务业增加值总量为491.1亿元,2010年南通市服务业增加值总量为1 246.89亿元,2010年比2005年增加了1.54倍。2013年南通全市服务业增加值达到2 093.08亿元,2013年服务业增加值比2010年增加了0.68倍。自2005年以来,从服务业的增速来看,每年全市服务业增加值总量平均增长14.18%,从增速来看,2005年至2007年增速不断上升,虽然2007年以后

的增速有所下降,但是一直保持在13%左右,服务业增加值总量不断上升。

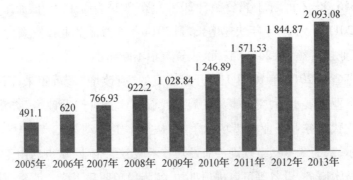

图1　2005—2013年南通市服务业增加值总量变化(单位:亿元)

如图2所示,从2012年2月至2014年2月,南通市对服务业投资总额与对工业投资总额的差距越来越小,2013年南通完成服务业投资1 440.75亿元,同比增长28.5%,比全省平均水平高6.2个百分点,增幅仅低于徐州(28.9%)、扬州(28.6%),列江苏省第3位。分县(市)区情况看,市区完成服务业投资806.70亿元,同比增长22.9%。县区完成服务业投资634.00亿

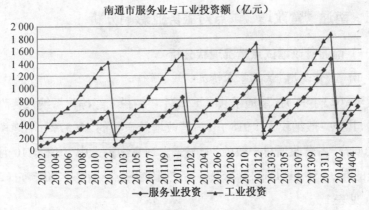

图2　2010—2014年南通市服务业与工业投资额①

---

①　该数据由南通统计局自2010年开始公布。

元,同比增长36.4%,比市区和全市服务业投资增幅分别高13.5和7.9个百分点。2013年12月对服务业投资额和对工业投资额分别为1 440.75亿元和1 856.06亿元,工业投资额自2010年至2014年平稳上升,而服务业投资额在2011年到2014年快速增长,到2014年5月服务业投资额为665.11亿元、工业投资额为824.17亿元,投资差距不断缩小。

江苏省从2012年10月1日开始试点的"营改增"。近年来,南通大力提升服务业发展水平,突出聚集发展现代服务业,现行"营改增"办法,有利于增强现代服务业企业的市场竞争力,从根本上推动第三产业转型升级。调查显示,南通3家从事软硬件研发与技术服务的企业,试点后由于成本中的外购技术服务、设备等可以进项抵扣,实际税负明显下降。前8个月,这3家企业上缴税金(营业税金及附加+应交增值税)242万元,企业付税率(上缴税金/营业收入)为3.6%,同口径付税率比去年同期下降2.5个百分点;企业共实现营业收入6 682万元,同比增长54.2%;每百元主营业务收入中的成本由去年1—8月份的80元降至72元;企业共实现利润总额839万元,同比增长3.8倍。由此可见,"营改增"试点政策效应明显显现,进一步激发了现代服务业发展活力。

三、南通"营改增"试点对服务业影响分析

(一)南通营改增试点情况现状分析

1. 南通"营改增"试点基本情况

截至2013年6月,南通市共有12 324户纳税人经确认后纳入营改增试点范围,其中一般纳税人1 918户,占营改增总户数的15.57%;小规模纳税人10 406户,占营改增总户数的84.43%。现有纳税人中2012年10月1日前移交的有9 251户(1 692+7 559);后期新增试点纳税人3 073户(226+2 847)(见表1)。

表1 南通"营改增"纳税人情况表

行业		一般纳税人			小规模纳税人			试点纳税人合计
		2012年10月移交户数	2012年10月后新增户数	合计	2012年10月移交户数	2012年10月后新增户数	合计	
合计		1 692	226	1 918	7 559	2 847	10 406	12 324
交通运输业	陆路	401	47	448	1 676	943	2 619	3 067
	水路	61	0	61	71	6	77	138
	小计	466	47	513	1 752	949	2 701	3 214
研发和技术服务		241	93	334	440	423	863	1 197
信息技术服务		183	16	199	575	113	688	887
文化创意服务		150	16	166	1 780	533	2 313	2 479
物流辅助服务		321	16	337	758	196	954	1 291
有形动产服务		161	15	176	661	179	840	1 016
鉴证咨询服务		170	23	193	1 593	454	2 047	2 240

2. 试点行业税收规模

试点以来(指2012年10月至2013年6月,下同),南通市"营改增"纳税人实现应税服务销售额(不含税)90.81亿元,按原营业税口径测算税额38 114.24万元,现代服务业30 547.06万元;"营改增"后实际入库增值税7 551.02万元,较原营业税口径减少税额16.16万元;现代服务业入库增值税19 525.44万元,较原营业税口径减少税额11 021.62万元,合计减税11 037.78万元(见表2)。

表2　南通"营改增"纳税人税收对比表

行业 （单位：万元）	应税服务 销售额	按原营业税 计算税额	增值税 入库税额	减少税额
交通运输业	239 483.21	7 567.18	7 551.02	16.16
其中：一般纳税人	202 452.81	6 398.98	6 439.42	-40.44
现代服务业	668 637.71	30 547.06	19 525.44	11 021.62
其中：一般纳税人	499 096.64	21 823.22	14 444.55	7 378.67
合计	908 120.92	38 114.24	27 076.46	11 037.78

3. "营改增"后小规模纳税人税负变化情况

交通运输业和现代服务业的营业税率分别为3%和5%，"营改增"后小规模纳税人的增值税征收率统一为3%，而且增值税为价外税，因此，税改后交通运输业小规模纳税人税负略有减轻，而现代服务业税率从5%下降到3%，税负减轻40%。

4. "营改增"后一般纳税人税负变化情况

增值税一般纳税人购进的应税货物及劳务可进项抵扣，应税货物及劳务占比直接影响企业的最终税负。因此，企业的经营模式和发展程度不同，"营改增"实施后税负变动将产生两极分化现象。

交通运输业一般纳税人税负增减不一。交通运输业是本次"营改增"的主要行业，从统计数据看，涉及企业最多，影响面最广。试点后交通运输业一般纳税人由原3%的营业税税率改为11%的增值税税率，11%的增值税税率换算成价内税为9%，税率差6个百分点。如果缺乏有效的增值税可抵扣进项，将导致个别企业实际税负大幅增加。

有形动产租赁是此次"营改增"中增值税税率最高的一个行业，由原5%的营业税率转为17%的增值税税率，换算成价内税为14.5%，税率提高9.5个百分点。"营改增"初期，租赁企业因可抵扣进项较少导致实际税负在短时间内大幅增加，但随着租赁业的增值税发票可作进项抵扣，业务量有所提升，租赁企业投入固定资产的积极性得到提高，从而降低了企业的税负。

表3 南通"营改增"现代服务业税负分析表

行业	一般纳税人户数	试点以来应税服务销售额	增值税额	增值税负	营业税负
合计	1 405	668 478.6	19 525.44	2.92%	5%
研发和技术服务	334	50 260.37	1 985.19	3.94%	5%
信息技术服务	199	20 105.47	593.73	2.95%	5%
文化创意服务	166	120 683.69	3 939.87	3.26%	5%
物流辅助服务	337	340 235.69	8 278.47	2.43%	5%
有形动产租赁	176	39 089.71	1 354.85	3.47%	5%
鉴证咨询服务	193	98 103.62	3 373.33	3.44%	5%

4. 非试点行业增值税一般纳税人税负同步减轻

"营改增"前,非试点行业增值税一般纳税人购买或接受6个领域的现代服务业不能作进项抵扣,试点后增加抵扣项目,因此,"营改增"不仅有利于降低试点行业税负,非试点行业一般纳税人增值税税负也将有所下降。

(二)"营改增"对南通税收收入的影响分析

1. 税收增减情况

试点以来,南通市4 457户纳税人缴纳增值税比原营业税口径测算税额减少,减收15 062.6万元;323户税款增加,增收4 024.79万元。税收减少额明显大于税收增加额,合计减少税收收入11 037.8万元,"营改增"政策的结构性减税目的初见成效。

2. 分行业比对情况

试点以来,交通运输业619户税款减少,减收1 680.43万元;127户税款增加,增收1 663.10万元,增减税款基本持平。现代服务业3 838户税款减少,减收13 382.20万元;196户税款增加,增收2 361.69万元,税款减收基本集中在现代服务业。其中物流辅助业受企业可抵扣进项的占比影响,税收增减变动明显,689户税收减少,减收7 525.12万元,占总税收减少额的49.96%;58户税收增加,增收1 725.00万元,占总税收增加额的42.86%(见表4)。

表4 南通"营改增"税收变化企业分行业一览表

行业	税收减少户数	税收减少额（万元）	税收增加户数	税收增减额
合计	4 457	15 062.60	323	4 024.79
交通运输业	619	1 680.43	127	1 663.10
现代服务业	3 838	13 382.20	196	2 361.69
其中：研发和技术服务	303	726.32	30	87.26
信息技术服务	273	479.26	12	17.71
文化创意服务	1 279	2 227.60	27	64.84
物流辅助服务	689	7 525.12	58	1 725.00
有形动产服务	335	729.44	22	317.77
鉴证咨询服务	959	1 694.42	47	149.11

3. 发票抵扣情况

试点以来，南通市接受营改增纳税人开具的增值税专用发票331 814份，税额30 149.7万元；接受营改增纳税人自开的货物运输业增值税专用发票91 492份，税额26 359.5万元；接受营改增纳税人代开的货物运输业增值税专用发票87 533份，税额13 877.1万元。这些专用发票已进入增值税抵扣链条，使南通市其他纳税人也能享受"营改增"政策，最终实现整体减负。

（三）"营改增"对南通财政收支的影响分析

1. 对财政收支的影响

"营改增"试点企业增值税由国税部门征收，目前在财政收入级次上，维持原归属地方公共预算的营业税收入改征收增值税后归属不变。"营改增"对财政收支的影响主要来自两个方面：一是"营改增"政策的结构性减税，试点以来南通市减少税收11 037.80万元，占同期地方公共财政预算370.59亿元的0.29%，对财政收入的影响基本可控；二是部分企业因"营改增"造成的税负增加，地方财政可能会通过财政补贴等形式进行过渡期扶持。

2. 对分配制度的影响

"营改增"还涉及财政分配政策的改革,增值税是中央和地方共享税,而营业税是地方税,"营改增"意味着中央收入扩大,而地方收入大大缩小。虽然目前"营改增"所增收的增值税全部归地方,但随着试点地区及试点行业的不断扩围,这种过渡性政策将来是否改为共享税,尚待观察。为防止"营改增"会加重中央和地方的事权与财政不匹配,建议中央完善中央和地方的收入分配体制,将"营改增"与拟议中的房产税改革、资源税改革以及个人所得税和政府间转移支付办法调整改进等统筹考虑,多种因素的利益调整更利于局部问题的处理。

(四)"营改增"试点对南通服务业总体影响

"营改增"对南通实施结构性减税、促进产业转型升级和经济结构调整产生了积极而重要的影响,试点成效初步显现。

1. 区域经济增长再添活力

增值税的核心特征是抵扣机制,优势在于能够有效避免重复征税。"营改增"后使得增值税的抵扣链条更加完整,重复征税现象得以缓解。在促进南通服务业发展的同时,也降低了制造业税收负担,有利于二产、三产同步协调发展。而且减税对区域经济发展的杠杆作用显著,但宏观政策效果存在一定时滞,2014年的减税将为未来三到五年的经济增长增添动力,从而推动南通市经济转型升级。

2. 企业竞争力有效提升

"营改增"后,二产、三产的增值税抵扣链条被打通,避免了营业税不能抵扣的缺陷,提高了企业索取购入应税货物及劳务的增值税专用发票的积极性,有利于规范企业经营。在目前银行业闹"钱荒"的大背景下,随着银根收紧,企业税负下降也缓解了资金周转方面的压力,不少企业将减少的税款投入新的应税服务项目,形成良性循环,提升了企业竞争力。本次试点将有形动产租赁列入增值税范围,相关租赁费用可以抵扣,无形给部分缺乏资金的企业增加了选择渠道,以便进一步扩大经营规模,做大做强。

3. 行业内部分工得到深化

"营改增"前,企业外购服务所含营业税无法得到抵扣,企业更愿意自行提供所需服务。许多企业为降低成本,成立仓储、物流等部门,既制约了南通市服务业的提升,又不利于企业自身发展。"营改增"后企业积极推进主辅分离,将设计、营销等内部服务环节从主业中剥离出来,形成创新性更高的创新主体,使企业结构从传统的"橄榄型"模式向现代高效的"哑铃型"模式转变,从而使企业的主业更聚焦,辅业更专业,有效促进了南通市行业分工的精细化和科学化。

4. 产业结构优化转型升级

"营改增"通过助推现代服务业发展,避免产业结构不均衡,为推动我市产业结构调整发挥了重要作用。

一是推动设备更新,形成"带动"效应。由于设备采购可以形成抵扣,带动试点企业进行设备更新改造。据了解,南通市的交通运输、物流辅助设备采购额明显上升,为装备制造等产业提供了新的市场空间。南通市的试点纳税人上半年共申报抵扣固定资产进项税额3.82亿元(包含混业经营),换算投资额22.47亿元,试点纳税人固定资产抵扣税额占比4.21%,远高于非试点的一般纳税人。

二是采购应税服务,获得"溢出"效应。由于购买的服务项目可以抵扣,激发制造业采购现代服务的积极性,推动了服务业与制造业的比翼齐飞。南通市原增值税一般纳税人,上半年共接受应税服务新增抵扣进项税金1.15亿元,各行业都成为营改增试点抵扣政策的受益者,江苏熔盛重工、嘉吉粮油(南通)有限公司等14户企业新增服务业进项税金超100万元,共增加抵扣2 700万元。随着试点的推进,改革效应将进一步显现,推动相关产业之间更为广泛地融合发展。

5. 出口服务贸易加速发展

近年来,尽管面对复杂多变的国际经济形势和国内环境,南通市外贸出口依然保持增长姿态。"营改增"后,加大了出口服务的政策扶持,改变了过去因服务业出口无法退税造成在国际经济中的劣势,对出口服务贸易实行零税率和免税政策,必将激励我市出口服务贸易加速发展。试点以来,全市审核通过出口服务免抵退税额115万元。

四、相关对策建议

"营改增"的减税效应有利于南通现代服务业的发展,有利于产业结构转型升级,有利于企业规范经营,促进企业的发展,推动南通经济的发展。由于"营改增"必然减少地方政府税收收入,这需要地方政府转变观念,依托本次"营改增"试点的税务制度引导,给予服务业发展以更大的配套政策支持。为了更好地发挥"营改增"正面效应,控制潜在风险,促进南通市经济转型发展,建议如下。

(一)以"营改增"为切入点,提升南通现代服务业发展水平

从上述分析发现,南通市"营改增"一般纳税人的申报情况存在"二低"现象:一是"营改增"应税服务收入占全部销售收入的比例低,一年期间南通市"营改增"应税服务收入90.81元,占全部销售收入的占比1.10%,全省应税服务收入1 113.62亿元,占比为2.18%,南通与省平均相比,低1.08个百分点。二是现代服务业增值税占"营改增"增值税的比例低,半年期间南通市现代服务业增值税19 525.44万元,占"营改增"增值税的比例72.11%,全省平均水平为74.91%,苏南平均水平为80.95%。这充分说明了南通市现代服务业产业相对于全省而言略低,税收少,经济决定税收,建议加快南通市现代服务业的发展,提升南通市产业结构的水平,进而提高"营改增"的税收贡献率。依据南通的江海资源,打造上海航运中心北翼的重要组合港和长三角北翼的现代物流中心,催生新兴现代服务业,使生产要素向现代服务业集聚,需要相关地方政府转变"以工兴市"的发展战略。构建合理的以生产性服务业和现代服务业为主的服务业行业内部结构,加快推进商贸服务、餐饮娱乐等传统服务业提档升级,实现传统服务业的高端化、高质化;加快构筑结构合理、功能完备、特色鲜明的现代服务业体系,加快凝聚金融保险、现代物流、房地产业、文化旅游、企业总部等现代服务业。

(二)加强"营改增"行业风险管理,提高"营改增"税收征管水平

从半年期间"营改增"的实施情况分析,应加强以下两方面的风险管理。一是加强交通运输业小规模纳税人代开货物运输业增值税专用发票风险管理。"营改增"试点期间南通全市交通运输业小规模纳税人通过代开货物运输业增值税专用发票2 701户,金额37 030.4万元,税金1 111.6亿元。平均每户开票金额在4 115元以上。在"营改增"的税收政策中,交通运输业小规模纳税人货物运输业增值税专用发票抵扣存在"剪刀差"的问题,即代开专用发票按3%的征收税款,一般纳税人按7%抵扣进项税金,所以我们认为交通运输业小规模纳税人代开货物运输业增值税专用发票存在税收风险;应加强对代开货物运输业增值税专用发票风险应对,将代开货物运输业增值税专用发票纳入健康良性的轨道上发展。二是加强交通运输业一般纳税人风险管理。

我们对"营改增"期间(2012年10月至2013年6月)南通单一的交通运输业一般纳税人申报情况进行分析:南通全市共有一般纳税人513户,申报营业收入202 452.81万元,增值税6 439.42万元,税负率3.18%,逐户分析税负率有高有低,高低差距大,低的不到1%,高的接近10%。同为交通运输业,税负率差异如此之大,低税负率的企业存在很大的税收风险,应加强风险管理,提高低税负企业纳税水平。

(三)改进"营改增"应纳增值税的计算方法和税率

新增值税申报表中"营改增"应纳增值税的计算公式为:

$$当期"营改增"应纳增值税 = \frac{当期应纳增值税}{货物销项税 + "营改增"销项税金} \times "营改增"销项税金$$

这一计算方法是将进项税金由应税货物和应税服务进行平均承担,而一般情况下"营改增"的进项税金远比货物的少。这一计算对企业应纳税增值税的总量不产生影响,但影响了应税服务的增值税,进而影响了地方一般预算收入,建议按实际情况确定"营改增"增值税,保证地方一般预算收入。

调整小规模纳税人代开货物运输业增值税专用发票抵扣税率。"营改

增"政策规定：小规模纳税人代开货物运输业增值税专用发票按照7%抵扣进项税金,这一"剪刀差"的税收政策一方面会增加税收风险,另一方面与货物销售的小规模纳税人相比,存在税收待遇不公平的现象。所以,我们建议"营改增"后按3%进行抵扣。

(四) 调整一般纳税人认定政策

"营改增"一般纳税人销售额标准为500万元,这与工商企业的一般纳税人标准之间的差距太大,造成"营改增"小规模纳税人数量过多,代开发票的量过大,管理难度加大。"营改增"政策规定：对应税服务年销售额超标的个体工商户,不强制认定一般纳税人；而工商业个体工商户是必须认定的,这在政策上不公平。同时,部分税负率高的"营改增"企业,可能为规避高税负,将一般纳税人公司改头换面为小规模纳税人个体工商户,以此来逃避税收。

(五) 开展运行分析检测完善财政扶持政策

开展运行分析检测。梳理排查"营改增"的关键环节和薄弱环节的风险点、制定严密可行的防控措施,确保试点纳税人发票及业务的真实性,切实防范可能出现的各类风险,及时分析改革前后试点企业与下游企业税负增减变动情况和改革对财政收入的影响,掌握改革过程中出现的新情况、新问题。

加大招商引资力度。以"营改增"为契机,吸引更多大项目、大企业落户南通,增强经济发展实力。引导更多资源向现代服务业积聚,大力引进高素质的服务人才,通过设立总部经济或二级分支机构等形式,创办现代物流和服务企业,拓展发展空间和业务辐射能力,推动区域经济的新一轮增长,构筑现代服务体系。

完善财政扶持政策。在对部分重点企业出台扶持政策的基础上,对半年累计税负增长加大的企业适时推出补贴政策,解决因江苏省内部分地区已兑现扶持政策产生的区域差异,防止水源外流。经统计,试点以来,税负增长额10万元以上的企业共有59户。建议对这部分企业在政策需求调研的基础上,及时兑现相关扶持政策；对税负增加额10万元以下的企业,建议采用年度结算的方式。针对生产企业因"主辅分离"出去产生的困难和负担,在政策管理、财政补助等方面积极扶持,鼓励有基础、有实力的企业在精细化、专业化的经营方向上扩大规模,做大做强。

南通大学商学院　沈小燕

南通市委秘书处　郝三旺

南通沿海开发集团有限公司　杨宏兵

（本研究报告为2012年南通大学江苏沿海沿江发展研究院招标重点课题《营业税改征增值税对南通地区服务业影响及对策研究》的研究成果）

启东市科技创新现状及政策带动效应研究

> **摘　要**　本文在全面梳理启东科技创新政策的基础上,总结启东科技创新成效,分析启东科技创新政策中存在的不足。指出要充分发挥政策的带动效应,在制定政策时注重加大科技创新投入力度、提升科技创新产出水平和强化科技创新要素保障。

党的十八大报告强调,科技创新是提高社会生产力和综合国力的战略支撑,必须把实施创新驱动发展战略摆在国家发展全局的核心位置。实施创新驱动,政策带动是关键。制定出台符合区域实际的科技创新政策,能有效发挥科技创新对经济发展和社会进步的引领与支撑作用。本文就启东市科技创新政策的现状和成效,分析科技政策的带动效应,提出完善科技政策的相关建议。

一、启东市科技创新政策的基本情况

近年来,启东市积极抢抓长三角一体化发展、江苏沿海开发及上海自贸区建设等战略机遇,不断巩固放大崇启大桥建成通车、吕四港加快开发的发展优势,围绕南通陆海统筹发展综合配套改革试验区新探索,坚持实施创新驱动战略,全力打好科技引领攻坚战,在创新发展上实现新突破,先后获得全国科技百强县(市)、国家知识产权强县工程试点市、全国科技进步示范县(市)等称号。这些成就的取得,离不开政策带动。近年来,启东市积极贯彻执行国家、江苏省、南通市科技创新政策,结合自身实际,制定形成了以财政、税收、人才、知识产权、科技奖励为主要内容的政策体系。

(一)财政科技投入政策

根据江苏省《关于市县级财政科技投入考核办法》和南通市《关于鼓励和促进科技创新创业若干政策》等文件精神,启东市先后出台《关于激励工业企业做大做强和推进项目加快建设的实施意见》《科技创新重大项目评选奖励办法》等文件,进一步营造全社会支持创新、鼓励创新的良好氛围。

1. 本级科学技术财政支出

"十一五"末,启东市本级科学技术支出13 200万元,占当年本级财政一般预算支出的4.5%。2013年,启东市本级科学技术支出29 109万元,占当年本级财政一般预算支出的4.8%,近三年科技支出呈逐年递增趋势(见图1)。"十一五"末,本级科学技术支出增长率比本级财政经常性收入高出1.1个百分点,2013年高出6.7个百分点。

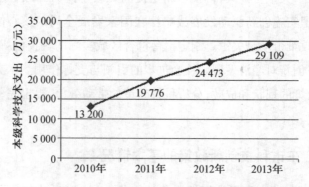

图1　2010—2013年启东市本级科学技术财政支出额

2. 科技补贴资金

"十一五"末,启东市科技补贴资金为1 600万元,2013年补贴资金达2 200万元,同比增长37.5%(见图2),补贴资金高于南通地区的平均水平。

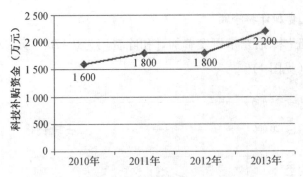

图2　2010—2013年启东市科技补贴资金

（二）鼓励企业研发投入政策

2010年,江苏省政府将研发投入占地区生产总值比重列入经济社会预期目标,鼓励地区加大研发投入。启东市根据南通市相关文件出台了《企业研发投入奖励办法》,加大对研发企业的奖励。《企业研发投入奖励办法》将奖励企业以当年销售收入为标准划分为三类：销售额500万~5 000万元、销售额5 000万~20 000万元、销售额20 000万元以上。对三类企业的研发投入占销售收入的比例分别达到6%、4%、3%,并且入库税收比上年增长25%、15%、10%以上的,分别按研发投入总额的2%、1.5%、1%给予奖励。

1. 企业R&D经费

"十一五"末,启东市企业R&D经费为7.96亿元,2011年为10.25亿元,2012年为13.95亿元,2013年为15.66亿元,呈逐年递增趋势。近三年启东市企业R&D经费支出均高于南通地区R&D经费支出的平均值（见图3）。

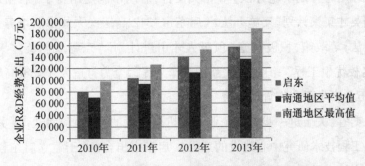

图3　2010—2013年启东市企业R&D经费支出额

2. 研发费加计扣除额

"十一五"末,启东市研发费加计扣除费用为9 170万元,2013年达到21 845万元(见图4)。

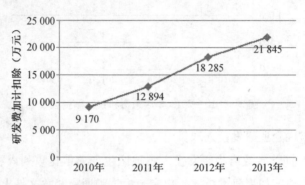

图4 2010—2013年启东市研发费加计扣除额

(三)高新技术产业发展政策

根据国家《高新技术企业认定管理办法》和南通市《高新技术企业认定实施办法》等相关文件,启东市出台了《关于激励工业企业做大做强和推进项目加快建设的实施意见》,规定获得省级以上高新技术企业认定的,每个企业奖励5万元;认定为国家重点新产品的,每个产品奖励3万元;认定为省高新技术产品的,每个产品奖励2万元。

(四)科技人才引进政策

根据江苏省《高层次创业创新人才引进计划实施办法》和《高层次创业创新人才培育计划实施办法》等相关文件,启东市制定出台了《启东市"东疆双创英才集聚计划"实施办法》《启东市"312高层次人才梯队培养计划"实施办法》等政策,积极实施"顶级人才引进计划""东疆双创英才集聚计划""名校优生工程""沪启人才互动合作工程",全力打造人才政策高地。

(五)产学研合作管理政策

根据省《关于进一步加强企业研发机构建设的意见》和南通市《关于促进企业工程技术研究中心建设的意见》,启东市出台《关于建立启东科技创业园的实施意见》,对批准认定为国家级、省级、南通市级科技孵化器的,由市政府分别给予150万元、100万元、50万元的奖励。另出台《启东市产学研合作专项资金使用管理办法》，旨在加快推进产学研相结合的科技创新体系建设，引导和扶持企业技术创新活动，吸引和支持更多的高校、科研机构与本地区企业开展合作，提高本区域企业的自主创新能力。

二、启东市科技创新成效

（一）高新技术产业发展方面

1. 高新技术产业产值

"十一五"末，启东市高新技术产业产值达328.55亿元，2013年达到571.68亿元，增长74%。近三年启东市高新技术产业产值均高于南通地区的平均水平（见图5）。

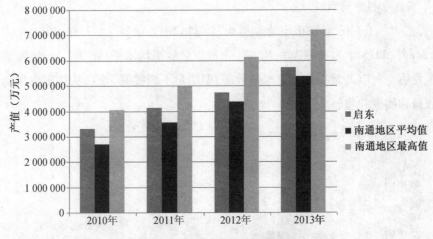

图5　2010—2013年启东市高新技术产业产值

从高新技术产业产值占规模工业的比例指标看，"十一五"末，启东市高新技术产业产值在规模工业中的占比达38.4%，高出南通全市平均水平6个百分点。2013年占比达41.85%，呈逐年递增态势。

2. 国家、省、南通有关部门累计认定的高新技术企业数

"十一五"末，启东高新技术企业数为27家，2013年达54家，为"十一五"末的2倍，呈逐年递增趋势（见图6）。

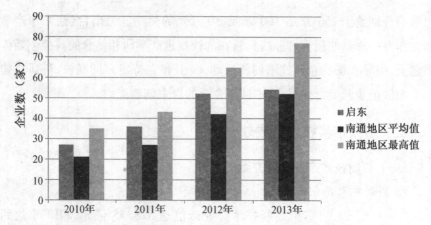

图6 2010—2013年国家、省、南通有关部门累计认定的高新技术企业数

（二）知识产权保护方面

1. 专利申请数

"十一五"末，启东市申请专利4 246件，2011年为7 521件，2012年为5 248件，2013年为4 671件，均高于南通地区的平均水平（图7）。近年来启东发明专利申请量在数量上增速放缓，但质量不断提高，正在从注重数量向数量和质量并重转变。

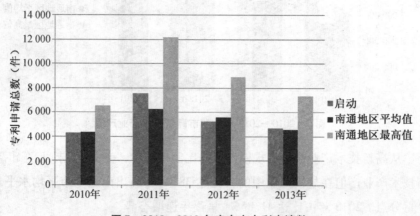

图7 2010—2013年启东市专利申请数

2. 技术市场成交合同金额

"十一五"末为3.81亿元，2011年为3.88亿元，2012年为4.01亿元，

2013年为4.02亿元,呈逐年递增趋势。

(三)科技人才引进方面

1. 引进人才数量

从引进人才数来看,"十一五"末,启东市引进人才6 121人,到2013年达8 072,增长31.1%(图8),表明启东市吸引人才的能力逐步提升,人才环境得到进一步优化。

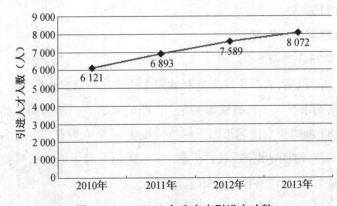

图8 2010—2013年启东市引进人才数

从引进博士与硕士人才来看,"十一五"末,启东市引进博士与硕士人才计144人,到2013年达185,增长28.5%,其中2012年引进人数达237人,为近几年最高(见图9),表明启东市人才集聚度全面提升。

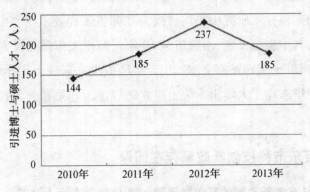

图9 2010—2013年启东市引进博士与硕士人才数

2. 人才密度

从科技特派员数量上看,"十一五"末,启东市拥有 53 名科技特派员,2011 年达 230 人,2012 年达 255 人,2013 年达 265 人,较"十一五"末增长 40%。

从万人拥有专业技术人员数量上看,"十一五"末启东市每万人拥有 890 名专业技术人员,2011 年为 885 人,2012 年为 898 人,2013 年为 911 人,保持高位增长态势。

(四) 产学研合作方面

1. 产学研合作项目

"十二五"以来,启东市共实施有效产学研合作项目 356 个,其中 126 项成果通过南通市级以上科技成果鉴定,47 项成果达到国际同类产品领先或先进水平,85 项成果获南通市以上科技进步奖,4 项成果获江苏省科技进步奖。神通阀门、海四达电源、双林生物、艾力斯药业等企业获省科技成果转化专项资金 1.1 亿元,在南通全市名列前茅。

2. 创新基地与平台建设

企业孵化器建设方面,"十一五"末启东市认定为国家或省级的科技企业孵化器有 3 个,在孵企业 118 个,2013 年孵化器为 6 个,在孵企业 235 个。企业工程技术研究中心建设方面,"十一五"末启东市企业工程技术研究中心共有 98 家,省级 22 家、南通市级 76 家,其中东岳药业、秋之友建立的工程技术研究中心均被列为江苏省工程技术研究中心。2013 年有 11 家,其中省级 1 家、南通市级 10 家。院士工作站建设方面,"十一五"末启东市院士工作站有 2 家,2013 年已成立 6 家院士工作站,其中东岳药业引进华东理工大学田禾院士建立的院士工作站被列为江苏省企业院士工作站。

三、启东市科技创新政策存在问题

(一) 科技创新政策的系统性不够。一是就全市面上政策而言,多综合性政策。近年来启东市出台的科技创新政策涉及税收优惠、人才队伍建设、知识产权保护等方面,政策主要集中于2009年颁布的《关于激励工业企业做大做强和推进项目加快建设的实施意见》,为一综合性政策,但在科技金融支持、政府采购等方面还存在不少空白,尚不能称为一个完善、健全的政策体系。二是就单项政策而言,多为资金奖励性措施。科技投入上,2010年启东市政府就发展重大创新项目、加强企业研发投入和支持优秀专利,相继颁布《启东市科技创新重大项目评选奖励办法》《启东市企业研发投入奖励办法》《启东市优秀专利项目评选奖励办法》等三个奖励性政策,缺乏财政科技投入的稳定增长配套政策。

(二)科技创新政策的支撑性不够。一是政策支持的力度不够。从科技财政投入看,2013年启东市科技支出2.91亿元,比昆山市(10.96亿元)少8.05亿元,比常熟市(4.14亿元)少1.23亿元,比江阴市(3.19亿元)少0.28亿元(见图10)。从R&D经费支出看,2013年启东市企业R&D经费支出在GDP中的占比达2.3%,较昆山市、江阴市研发投入占比(均为2.9%)仍有一定差距(见图11)。二是缺乏政策支持的全面性。部分奖励措施受益者多为规模企业,对在孵企业和小微企业的帮助扶持不足,尤其一些自主创新能力强、成长性高、发展潜力大的科技型小微企业,难以享受资金支持、人才培养、创业服务、技术创新、税费减免等政策。

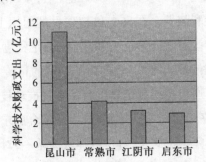

图10　2013年昆山市、常熟市、江阴市、启东市科技财政支出

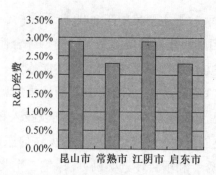

图11 2013年昆山市、常熟市、江阴市、启东市R&D经费支出在GDP中的占比

（三）科技创新政策的有效运用不够。一是在企业研发费用加计扣除方面。虽然启东市已经出台关于企业研究开发费用税前加计扣除方面的政策文件，但在2013年，南通市享受研发费用加计扣除政策的企业为430家、减免税收12.86亿元，而启东市享受加计扣除政策的企业为83家、减免税收仅为2.2亿元，享受减免税额占南通市的17.1%。二是在高新技术企业所得税优惠方面。2013年，南通市享受高新技术企业所得税优惠政策的企业为251家、减免税收10.03亿元，而启东市享受优惠政策的企业仅为82家、减免税收仅0.8亿元，享受减免税额仅占南通市的8%。

（四）科技创新政策的执行力度与宣传力度不够。一是部门内部缺乏协调机制，影响政策的执行力度。在资源配置上，条块分割，造成在一些领域里资金的重复配置和浪费。在重大科技项目的组织上，科技政策与产业政策、投资政策、消费政策之间缺乏有机衔接，一定程度上削弱了扶持政策的落实力度。二是宣传形式的单一，影响了政策的宣传力度。"十一五"以来，国家、江苏省及南通市相继制定和出台了系列推动技术创新战略的新政策，但启东市对政策多以层转方式落实，未很好结合启东市科技创新现状和企业发展实际进一步完善。此外，宣传载体较为单一，对科技创新政策的宣传以网站上公布政策为主，存在更新科技政策措施不及时、结合启东实际解读不全面等问题。

四、启东市科技创新政策对策研究

当前启东市正处于全面转型、加速崛起的关键时期,应坚持把科技创新摆在优先发展的位置,围绕创建国家可持续发展试验区、国家知识产权示范市、江苏省创新型县(市)等工作目标,针对目前启东科技创新政策的存在问题,不断完善科技创新政策体系,开创启东科技创新发展新局面。

(一)发挥财税政策的支持引导作用,建立健全有利于加大科技创新投入力度的政策体系

一是财政投入政策再倾斜。基于目前启东 R&D 经费占 GDP 比例偏少的现状,建立健全财政科技投入稳定增长机制的相关政策,重点增加政府研发经费直接投入力度,努力使政府对科技的投入增幅高于同期财政支出的增长幅度。切实优化财政科技投入结构,完善对启东科研机构、孵化器、研究中心的资金支持机制。把握重点,提高政府 R&D 活动经费的使用效率,根据战略性新兴产业发展战略,因地制宜,选择具有启东地方特色的创新领域予以重点支持。

二是税收优惠政策再倾斜。加快由优惠型税收政策向激励型税收政策转变,着力构建激励型的税收政策体系。将激励侧重点由产业链下游调整到上游,由简单鼓励企业规模化发展转向重点鼓励自主创新,由现行的对产业的普惠政策激励逐步调整到重点鼓励海工装备、新能源及光电、电动工具、新医药和节能环保五大产业集群上来。此外,借鉴或复制上海自贸区税收优惠政策,重点探索建立进口研发设备、研发耗材免税等优惠政策。

三是政府采购政策再倾斜。完善现行政府采购政策,使政府首购、订购和导购成为对企业科技创新方向的引导,促进科技创新资源要素的合理配置。更加突出将创新产品和技术采购作为政府采购的目标导向,优先采购本地区创新产品,让政府采购的战略意图真正惠及自主创新企业。完善自主创新产品认定程序和相关管理办法,动态调整、更新自主创新产品目录。建立科技产品信息备案制度,对于收录进《政府采购自主创新产品目录》的科技创新项目产品要专人专责,负责跟进到底。

(二)鼓励企业和科研院所自主创新,建立健全有利于提升科技创新产出水平的政策体系

一是完善创造和保护知识产权类政策。建立健全知识产权保护综合管理、司法保护和企业自我保护等方面的政策体系,不断加强知识产权法律法规宣传普及工作,提高企业自主知识产权保护意识和能力。重点明确科技成果的产权关系,探索实行企业股权和分红激励试点,完善以人才资本价值实现为导向的分配激励政策,确立与现代企业相适应的人才资本产权激励制度。制定《启东市专利权质押贷款贴息资金管理办法》,积极引导科技与金融两种资源的有效对接,推动知识产权资本化与产业化。

二是完善技术转移与成果转化类政策。研究完善科技创新基地与平台建设政策,制定出台《启东市公共科技创新平台管理暂行办法》,鼓励企业与高等院校建立"校企联盟"等合作载体,开展技术研发,转化科技成果。搭建科技成果交易平台,完善科技成果交易中介服务,进一步促进研发机构同企业、企业与市场的供需对接。对由企业主导的产学研重大成果产业化项目、国内外高校和科研院所等在启东市进行转化的重大合作项目、市内企业与国内外高校和科研机构共建的产学研联合体,给予资金优先支持。

三是完善高新技术企业和产品发展类政策。坚持把提升高新技术企业创新能力作为完善区域创新体系的重要内容,大力强化高新技术企业创新主体地位,制定完善《启东市高新技术企业和产品认定管理办法》,确定企业研究开发活动及费用归集标准,明晰各指标内涵及其测度方法。建立完善启东市促进高新技术产业发展的若干政策措施,对高新技术产业发展给予财政、税收、金融、人才等方面的支持,重点培养一批创新实力强、科技优势明显、产业化程度高的高新技术企业。

(三)坚持服务市场经济的导向要求,建立健全有利于强化科技创新要素保障的政策体系

一是完善人才队伍建设类政策。围绕加快沿海开发战略需要,坚持才

企适用、才尽企用的原则,研究制定《启东市重点产业紧缺人才资助实施细则》《启东市重点产业紧缺人才专业目录编制暂行办法》,支持企业采用多种方式引进创新创业领军人才、高级经营管理人才、紧缺急需人才以及外籍工程师、外国专家智力。深入实施人才强市战略,全面落实顶级人才引进计划、东疆双创英才集聚计划、沪启人才互动合作工程,统筹抓好以高层次人才和高技能人才为重点的各类人才队伍建设。研究人才激励保障政策,完善科技人才经费投入方式,探索资金投入新渠道。

二是完善金融支持类政策。完善科技信贷管理政策,强化科技贷款审批,鼓励科技小贷公司、担保公司、天使基金、私募股权基金等各类新兴投资基金来启东发展。出台政策督促金融机构加强公司法人治理和内控机制建设,构建外部监管与内部控制相结合的风险防控体系。研究制定《启东市科技贷款风险补贴专项资金管理办法》和《启东市科技成果转化风险补偿专项资金暂行管理办法》,鼓励金融机构对具有良好市场前景和社会效益的科技型中小企业进行风险补偿贷款支持,缓解科技型小企业融资难问题。

三是建立诚信绩效评价体系。依照项目规律,本着允许尝试、宽容失败的精神,对已经投入的项目进行客观、理性的"回头看",分析成败原因、不断调整优化,提高有效性与成功率。适时开展全市企业信用体系总体规划建设,建立《启东市企业信用体系建设实施方案》,完善企业信用体系管理规范和标准,搭建企业信用征信系统和公共管理平台,通过建立较为完善的守信激励和失信惩戒制度,提高职能部门的市场监管能力和公共服务水平,在全社会营造倡导诚信的良好氛围。

四是完善组织保障类政策。突出科技工作考核的激励和导向作用,认真分析各板块各指标现状,按照主要指标"南通创第一、全省争位次、全国有影响"的要求,进一步完善启东市《关于2014年度各镇(乡)、园区工作目标管理绩效考核的意见》《关于开展单项夺杯竞赛活动的意见》,提高科技和人才考核权限比重。完善启东市四套班子挂钩联系园区、联系重大项目、联系重点工作企业的制度,建立专门队伍对自主创新能力强、科技成果转化好的企业进行帮扶指导。不断加大科技创新政策的宣传力度和教育科普类政策落实力度，加强发展高新技术产业，培育科技型企业、知识产权工作推进等的经验的宣传和推广，大力营造全社会争创发展的良好氛围。

启东市人大常委会　潘国红

启东市委办公室　沈衍冰

启东市委办公室　施　亮

启东市委办公室　祝凤祥

启东市科技局　李　曙

后　记

2014年以来，根据国际国内经济形势的深刻变化，中国出台了"一带一路"和长江经济带国家重大战略。这两大国家重大战略与江苏沿海开发、新型城镇化、中国(上海)自由贸易区、苏南自主创新示范区等国家战略一起构成了江苏沿海沿江发展面临的新机遇和新挑战。

为了更好地应对机遇和挑战，南通市沿海地区发展办公室、启东市人民政府及南通市沿海开发集团与南通大学江苏沿海沿江发展研究院通力合作，组织了高水平、多层次的系列研究课题，形成了卓有成效的、有重大影响的理论和应用研究成果，并在《光明日报》《新华日报》《中国社会科学报》等国内有影响的媒体上发表，多篇成果被《新华日报》引用，同时得到了江苏省、南通市等主要领导的批示采纳。这本《2014年江苏沿海沿江发展研究报告集》收录了2014年以来代表性的研究成果22篇。

在此，谨向支持研究院工作的单位、部门以及专家学者表示衷心的感谢！

南通大学江苏沿海沿江发展研究院

2015年6月10日